La jurisprudence et la doctrine

Collection

Le droit aujourd'hui

La collection « Le droit aujourd'hui » regroupe des études juridiques concernant des problèmes d'actualité nationale et internationale, dans divers domaines (éthique, politique, questions de société…).

Déjà parus

Geneviève Iacono, *Voyages au cœur des propriétés publiques*, 2016.
Nitish Monebhurrun, *La fonction du développement dans le droit international des investissements,* 2016.
Djiby Sow, *La légalité de l'intervention militaire française au Mali. Contribution à l'étude du cadre juridique de la lutte armée contre le terrorisme international*, 2016.
Emmanuel Tessier, *Le stade en droit public. Recherche sur le régime juridique des enceintes sportives*, 2015.
Sophie Huvé, *La Russie et l'ONU. L'Organisation des Nations unies, cadre et instrument de la politique extérieure russe (1999-2015)*, 2015.
Claudine Pérez-Diaz, Marie-Syvie Huré, *Violence conjugale, missions et finalités concrètes de l'intervention pénale*, 2015
Jean-Grégoire Mahinga, *Le statut du tribunal international du droit de la mer, Commentaire article par article*, 2015
Peggy Larrieu, *Neurosciences et Droit pénal, Le cerveau dans le prétoire*, 2015.
Anthony Falgas, *La Voie de fait administrative. Recherche sur la justification d'une notion prétorienne*, 2015.

Boris Barraud

La jurisprudence et la doctrine

L'Harmattan

Du même auteur

Mesurer le pluralisme juridique – Une expérience, L'Harmattan, coll. Le droit aujourd'hui, 2017

La recherche juridique – Sciences et pensées du droit, L'Harmattan, coll. Logiques juridiques, 2016

Théories du droit et pluralisme juridique – Tome II : La théorie syncrétique du droit et la possibilité du pluralisme juridique, Presses Universitaires d'Aix-Marseille, coll. Inter-normes, 2016

Théories du droit et pluralisme juridique – Tome I : Les théories dogmatiques du droit et la fragilité du pluralisme juridique, Presses Universitaires d'Aix-Marseille, coll. Inter-normes, 2016

L'État – Entre fait et droit, L'Harmattan, coll. Logiques juridiques, 2015

Repenser la pyramide des normes à l'ère des réseaux – Pour une conception pragmatique du droit, L'Harmattan, coll. Logiques juridiques, 2012

5-7, rue de l'Ecole-Polytechnique, 75005 Paris

http://www.harmattan.fr

ISBN : 978-2-343-11552-8
EAN : 9782343115528

Sommaire

Le dialogue de la jurisprudence et de la doctrine est naturel et bienfaisant.

Georges Vedel, « Les bases constitutionnelles du droit administratif », *Études et Documents du Conseil d'État*, 1954, p. 53.

Introduction

À Rome, la doctrine était appelée « *iurisprudentia* », terme renvoyant à l'idée de prudence ou même de sagesse des jurisconsultes. L'intimité problématique entre la jurisprudence et la doctrine remonte ainsi jusqu'à une confusion historique de l'un et l'autre termes.

Aujourd'hui, la jurisprudence et la doctrine désignent des objets bien différenciés. Il faut néanmoins gager qu'elles se considèrent moins telles de simples collaboratrices que telles des sœurs profondément liées l'une à l'autre. Cet ouvrage sera consacré à cette relation entre la jurisprudence et la doctrine qui, si elle a été longtemps tumultueuse, l'une ayant pu en venir à renier l'autre, n'en est pas moins devenue une relation intense, quasi-fusionnelle.

Certes, au XIXe s., la doctrine voulait être l'interprète fidèle du Code. C'est la loi qui était alors son égérie. Mais, désormais, la jurisprudence l'a supplantée et s'est affirmée telle l'idole des professeurs de droit. À l'heure du droit « global », à l'ère du droit « postmoderne », la doctrine en vient de plus en plus souvent à constater et à étudier la « jurisprudentialisation » et la « jurisprudentialité » du droit. Elle se focalise ainsi sur la part importante de normes à portée générale et impersonnelle qui, dans un nombre croissant de branches du droit, ont été forgées par les juges à mesure qu'ils ont été confrontés à des cas particuliers et non par un Parlement qui semble peiner de plus en plus à répondre à des demandes de droit qui jaillissent de toutes parts. Toutefois, cet intérêt de la doctrine pour la place centrale de la jurisprudence parmi les sources du droit est un phénomène qui est loin d'être immémorial et les rapports entre la jurisprudence et la doctrine ont bel et bien pris tantôt des allures de coup de foudre, tantôt des allures de divorce.

En ce livre, il s'agira plus exactement de revenir sur le difficile mais inéluctable accueil de la jurisprudence par la doctrine. Seront spécifiquement étudiées la jurisprudence et la doctrine françaises ; et le point de vue sera pour une part historique et pour une part actuel.

Tous les liens entre la jurisprudence et la doctrine ne seront donc pas traités en ces pages. Il s'agira uniquement de s'intéresser *à l'histoire et à l'actualité de l'acceptation, de l'identification, de la compréhension et de la discussion de la jurisprudence par la doctrine*.

Si cet ouvrage portera sur la jurisprudence abordée du point de vue de la doctrine, nul doute qu'il y aurait également beaucoup à dire de la doctrine envisagée sous l'angle de la jurisprudence. En effet, les propositions et analyses des commentateurs du droit peuvent dans bien des cas influencer les magistrats au moment de faire évoluer le droit positif au moyen d'une nouvelle jurisprudence. Nul doute que les « interprétations authentiques » des juges sont loin de demeurer toujours indifférentes aux « interprétations scientifiques » des professeurs.

Ainsi déjà Maurice Hauriou pouvait-il estimer que la doctrine exercerait un « magistère sur la jurisprudence »[1]. Aujourd'hui, Denis Mazeaud explique que « la doctrine est une source du droit car très souvent les juges jugent dans le sens que

---

[1] M. HAURIOU, « Police juridique et fond du droit », *RTD civ.* 1926 (cité par O. BEAUD, « Doctrine », in D. ALLAND, S. RIALS, dir., *Dictionnaire de la culture juridique*, Lamy-Puf, coll. Quadrige-dicos poche, 2003, p. 385).

leur indique les auteurs, lesquels les influencent largement »[1] ; tandis que Gérard Cornu enseignait que « les définitions en droit, même d'origine jurisprudentielle, sont surtout doctrinales »[2]. Dans le même temps, des auteurs font de la doctrine, au même titre que l'équité, que la pratique et même que les codes de conduite privés, un genre de normativité concurrent ou complémentaire par rapport à la normativité juridique classique[3]. Et cette normativité originale ne saurait laisser les juges indifférents, *a fortiori* en des temps de transition vers un « nouveau droit » contraint de faire une place aux sources non étatiques de normes[4]. Les mouvements du monde juridique conduiraient à l'écroulement du droit moderne — droit légicentré tout en intégrant une part importante de jurisprudence — et à l'avènement du droit postmoderne, un « droit de consultants »[5] résolument tourné vers la doctrine.

En effet, si l'on enseigne que « la doctrine et la jurisprudence sont les tuteurs de la loi »[6], il paraît également vrai, et de plus en plus vrai, que la doctrine soit le tuteur de la jurisprudence. Plus le droit contemporain mute et se complexifie, plus la doctrine est appelée à jouer un rôle

---

[1] D. MAZEAUD, « Les grandes mutations du droit des obligations », conférence à l'École doctorale de sciences juridiques de Grenoble, 17 juin 2012.

[2] G. CORNU, « Linguistique juridique », in D. ALLAND, S. RIALS, dir., *Dictionnaire de la culture juridique*, Lamy-Puf, coll. Quadrige-dicos poche, 2003, p. 953.

[3] Y. CARTUYVELS, H. DUMONT, Ph. GÉRARD, I. HACHEZ, F. OST, M. VAN DE KERCHOVE, dir., *Les sources du droit revisitées – Volume 3 : Normativités concurrentes*, Publications des Facultés universitaires Saint-Louis-Anthémis (Bruxelles), 2013.

[4] Pour François Ost et Michel van de Kerchove, la doctrine « exerce une fonction pratique de source complémentaire du droit » (F. OST, M. VAN DE KERCHOVE, *Jalons pour une théorie critique du droit*, Publications des Facultés universitaires Saint-Louis (Bruxelles), 1987, p. 43).

[5] F. ZÉNATI, « La portée du développement des avis », in Th. REVET, dir., *L'inflation des avis en droit*, Economica, 1998, p. 109.

[6] J.-C. BÉCANE, M. COUDERC, J.-L. HÉRIN, *La loi*, 2e éd., Dalloz, coll. Méthodes du droit, 2010, p. 62.

cardinal, notamment à l'égard de la jurisprudence, les juges ayant — semble-t-il — de plus en plus besoin d'être orientés, d'être éclairés, si ce n'est d'être guidés.

En outre, il est remarquable que, dans certains pays, notamment au Brésil et au Portugal, une décision de justice ne peut modifier la teneur du droit positif qu'à condition qu'il existe un accord de la communauté juridique à ce sujet, communauté qui englobe les juges, les professeurs et les avocats[1]. Et il faut rappeler le fameux article 1er du Code civil suisse, lequel dispose qu' « à défaut d'une disposition légale applicable, le juge prononce selon le droit coutumier, et, à défaut d'une coutume, selon les règles qu'il établirait s'il avait à faire acte de législateur. Il s'inspire des solutions consacrées par la doctrine et la jurisprudence »[2]. Où doctrine et jurisprudence se rejoignent en tant que conseils du législateur[3] ; mais il est certain que la doctrine peut aussi souvent devenir la conseillère de la jurisprudence[4].

Historiquement, il est même arrivé que la doctrine fasse le droit quasi-formellement. Ainsi, dans le droit romain, les opinions de certains jurisconsultes s'imposaient aux magistrats telles de véritables lois. Au Moyen-Âge, après la renaissance du droit romain favorisée par la doctrine de l'époque, la « *communis opinio doctorum* » (l' « opinion commune des

---

[1] J.-L. BERGEL, *Théorie générale du droit*, 5e éd., Dalloz, coll. Méthodes du droit, 2012, p. 80-81.

[2] De même, l'article 38 du statut de la Cour Internationale de Justice range parmi les différentes sources du droit international, aux côtés des traités et des coutumes, « les décisions judiciaires et la doctrine des publicistes les plus qualifiés des différentes nations, comme moyen auxiliaire de détermination du droit ».

[3] *Cf.*, par exemple, P. DEUMIER, « La doctrine collective législatrice : une nouvelle source du droit ? », *RTD civ.* 2006, p. 63 s.

[4] *Cf.*, par exemple, P. ANCEL, « Le Dalloz, source du droit », *RRJ* 2006, p. 453 s.

docteurs ») bénéficiait d'une même autorité[1]. Sous l'Ancien Régime, l'influence des maîtres sur la construction du droit a été ô combien décisive, que ce soit au moment de codifier les coutumes ou au moment de forger un droit national en lieu et place du droit régionalisé. Le droit des juges suivait alors largement le droit des professeurs.

Aujourd'hui, la doctrine joue un rôle en amont et en aval des décisions juridictionnelles : en amont, elle peut être « consultée » par les juges et leur donner de précieuses indications ; en aval, il lui revient de comprendre, d'expliquer et, éventuellement, de critiquer ces décisions juridictionnelles[2]. En ce sens, Adhémar Esmein assignait deux objectifs à la doctrine : « éclairer la jurisprudence acquise et préparer la jurisprudence à venir »[3]. Et Georges Vedel pouvait, il y a peu, montrer combien « la juridiction administrative est à l'écoute de la doctrine : elle la lit, entend ses arguments, y répond aussi »[4] ; quoiqu'elle le fasse plus en aparté ou insidieusement qu'au vu et au su de tous.

Il faut dire que, de l'aveu même de certains magistrats, des formules sont parfois introduites dans les décisions de justice alors que les juges sont conscients du caractère incertain de leur portée ou de leur périmètre juridique, cela dans l'attente des commentaires de la doctrine. Aussi peut-on noter que « la

---

[1] J.-L. BERGEL, *Théorie générale du droit*, 5e éd., Dalloz, coll. Méthodes du droit, 2012, p. 80.

[2] Philippe Jestaz et Christophe Jamin notent ainsi que « la doctrine ne se place pas seulement en aval de la loi ou de la jurisprudence mais aussi en amont d'une correction, d'une réforme, d'un revirement de jurisprudence ou d'un aboutissement que ses propos appellent d'une façon au moins implicite » (Ph. JESTAZ, Ch. JAMIN, *La doctrine*, Dalloz, coll. Méthodes du droit, 2004, p. 233).

[3] A. ESMEIN, « La jurisprudence et la doctrine », *RTD civ.* 1902, p. 5 s.

[4] G. VEDEL, « Jurisprudence et doctrine : deux discours », *Rev. adm.* 2001, p. 7.

boutade “j’attends de lire votre commentaire pour comprendre ce que j’ai décidé” n’est pas toujours une coquetterie »[1].

Surtout, les jurisprudences sont en partie dépendantes de la doctrine puisqu’il appartient à cette dernière de faire connaître et, par conséquent, de faire prospérer les décisions de justice revêtant un potentiel effet jurisprudentiel. Un jugement ou un arrêt non ou peu commenté dans les revues juridiques ou bien encore largement commenté mais par des auteurs « jugeant les juges » mal avisés risquera fort de ne jamais devenir jurisprudence. À l’inverse, les commentateurs peuvent pousser un jugement ou un arrêt à devenir jurisprudence en saluant abondamment son bienfondé et sa légitimité juridique, si ce n’est sa légitimité éthique ou déontologique. La doctrine dispose donc d’une certaine mainmise sur la jurisprudence. On serait presque tenté de dire qu’elle a droit de vie et de mort sur la jurisprudence.

Mais le contraire est aussi vrai : si la doctrine peut élaborer des propositions de droit — que Kelsen qualifiait significativement de « jurisprudence des concepts »[2] —, leur éventuelle intégration au sein du droit positif dépend de leur réception par les jurislateurs que sont le Parlement, le Gouvernement et les juges. Ces derniers sont ainsi des acteurs essentiels de la force normative des projets de droit issus de la doctrine en ce qu’ils les font (ou non) passer de la force normative potentielle à la force normative effective[3].

---

[1] J. PINI (cité par E. KERVICHE, « Débats et discussions », in M. FATIN-ROUGE STÉFANINI, L. GAY, J. PINI, dir., *Autour de la qualité des normes*, Bruylant (Bruxelles), coll. À la croisée des droits, 2010, p. 305).

[2] H. KELSEN, « Qu’est-ce que la théorie pure du droit ? » (1953), *Dr. et société* 1992, p. 555.

[3] M. BOUTONNET, « La force normative des principes environnementaux, entre droit de l’environnement et théorie générale du droit », in C. THIBIERGE, dir., *La force normative – Naissance d’un concept*, LGDJ-Bruylant (Paris-Bruxelles), 2009, p. 479. Au-delà, la réception des projets de droit doctrinaux par les différents acteurs en pratique est sans doute également importante

La jurisprudence et la doctrine doivent donc s'appuyer l'une sur l'autre afin de renforcer leurs positions respectives, cela alors qu'elles sont souvent comprises telles des autorités plutôt que telles des sources du droit en bonne et due forme — elles ne peuvent même pas se situer au sous-sol de la pyramide des normes puisqu'aucune règle constitutionnelle, législative ou règlementaire ne leur confère quelque validité juridique. La jurisprudence et la doctrine se présentent ainsi davantage tels des alliés que tels des concurrents ; elles sont poussées à coopérer afin d'étendre leurs empires dans le monde du droit.

C'est pourquoi auraient pu être étudiées au sein du présent ouvrage les diverses collaborations entre la jurisprudence et la doctrine, dont les ouvrages tels que *Les grands arrêts de la jurisprudence administrative* ou *Les grands arrêts de la jurisprudence civile* sont peut-être la forme la plus aboutie. En ce sens, la publication du premier livre de ce genre, en 1936 et par Henri Capitant, a sans doute été un tournant important dans l'histoire de la littérature juridique, bien que ce tournant ait été insuffisamment mis en exergue.

Reste que ce livre ne portera que sur un des aspects des rapports entre jurisprudence et doctrine[1] : seront étudiées la jurisprudence dans la doctrine, la jurisprudence saisie par la doctrine, la jurisprudence à l'épreuve de la doctrine et la jurisprudence inspiratrice de la doctrine ; mais ne seront pas évoquées ici la doctrine dans la jurisprudence, la doctrine saisie par la jurisprudence, la doctrine à l'épreuve de la jurisprudence ni la doctrine inspiratrice de la jurisprudence. Si, pour paraphraser Georges Vedel, « le dialogue de la jurisprudence et

---

(P. DEUMIER, « L'utilisation par la pratique des codifications d'origine doctrinale », *D.* 2008, p. 494).

[1] Sur les liens entre jurisprudence et doctrine, *cf.* A. ESMEIN, « La jurisprudence et la doctrine », *RTD civ.* 1902, p. 5 s. ; Ph. JESTAZ, Ch. JAMIN, « Doctrine et jurisprudence : cent ans après », *RTD civ.* 2002, p. 1 s.

de la doctrine est naturel et bienfaisant »[1], ne sera donc pas traité l'ensemble de ce dialogue mais seulement la question de la réception de la jurisprudence par la doctrine.

En cette introduction, il conviendra, avant d'interroger plus avant la jurisprudence, d'identifier la doctrine[2]. Cela paraît indispensable dès lors qu' « il existe de nombreuses incertitudes quant à la définition de la doctrine »[3] et que « la notion de doctrine est devenue incompréhensible »[4]. Ensuite, et pour le restant de l'ouvrage, pourra être recherché le traitement que cette doctrine réserve au phénomène jurisprudentiel, les premières des tâches qui lui incombent consistant à définir précisément la jurisprudence puis à répondre à la question de son admission au rang de source du droit.

1. La doctrine

Le terme « doctrine » trouve son origine étymologique dans le mot latin « *doctrina* » signifiant « enseignement ». Dans le langage courant, une doctrine est un « ensemble de principes,

---

[1] G. VEDEL, « Les bases constitutionnelles du droit administratif », *EDCE* 1954, p. 53).

[2] Sur la doctrine, *cf.* en premier lieu Ph. JESTAZ, Ch. JAMIN, *La doctrine*, Dalloz, coll. Méthodes du droit, 2004. Également, A. BERNARD, Y. POIRMEUR, dir., *La doctrine juridique*, Puf, 1993 ; O. BEAUD, « Doctrine », in D. ALLAND, S. RIALS, dir., *Dictionnaire de la culture juridique*, Lamy-Puf, coll. Quadrige-dicos poche, 2003, p. 385 s. ; *Droits* 1994, n° 20, « Doctrine et recherche en droit » (notamment, A. SÉRIAUX « La notion de doctrine juridique », *Droits* 1994, n° 20, p. 65 s.).

[3] P. DEUMIER, *Introduction générale au droit*, 2e éd., LGDJ, coll. Manuel, 2013, p. 309.

[4] R. LIBCHABER, *L'ordre juridique et le discours du droit – Essai sur les limites de la connaissance du droit*, LGDJ, 2013, p. 367. *Cf.*, également, F. TERRÉ, « La doctrine de la doctrine », in *Mélanges Philippe Simler*, Dalloz, 2007, p. 59 s.

d'énoncés, érigés ou non en système, traduisant une certaine conception de l'univers, de l'existence humaine, de la société etc., et s'accompagnant volontiers, pour le domaine envisagé, de la formulation de modèles de pensée, de règles de conduite »[1].

En droit, on parle moins « des doctrines » que de « la doctrine » ; on serait presque tenté d'écrire « la Doctrine ». En effet, ce mot y est utilisé dans un sens spécifique — mais discuté — et récent. Il n'est guère cité parmi les vieux dictionnaires ou répertoires juridiques d'Ancien Régime. Selon le *Dictionnaire historique de la langue française*, les juristes n'emploieraient le terme « doctrine » que depuis 1840, cela afin de désigner l' « ensemble des travaux destinés à exposer le droit, par opposition à la législation et à la jurisprudence »[2]. Ainsi, parmi l'ensemble des textes qui portent le droit au sens large[3], ceux qui ont pour auteurs non des parlementaires, des ministres ou des magistrats mais des professeurs et autres commentateurs devraient être appelés « doctrine »[4]. La doctrine serait le droit savant ou le droit des savants.

Toutefois, on recourt également à ce mot afin de désigner non les textes produits par les professeurs et autres

---

[1] V° « Doctrine », in *Trésor de la langue française*.

[2] V° « Doctrine », in *Dictionnaire historique de la langue française*, Le Robert, 1995. Olivier Beaud observe toutefois que la « préface-manifeste » du premier numéro de la revue *Thémis*, publié en 1819, se donnait déjà pour principe d' « étudier la jurisprudence des arrêts et la doctrine des auteurs » (cité par O. BEAUD, « Doctrine », in D. ALLAND, S. RIALS, dir., *Dictionnaire de la culture juridique*, Lamy-Puf, coll. Quadrige-dicos poche, 2003, p. 385).

[3] Mais sans doute pas parmi l'ensemble des textes qui portent le droit au sens strict (*cf.* C. SINTEZ, « Les propositions sur le droit sont-elles du droit ? De la force normative du rapport Catala », in C. THIBIERGE, dir., *La force normative – Naissance d'un concept*, LGDJ-Bruylant (Paris-Bruxelles), 2009, p. 243 s.).

[4] En ce sens, par exemple, R. LIBCHABER, *L'ordre juridique et le discours du droit – Essai sur les limites de la connaissance du droit*, LGDJ, 2013, p. 368 (« la doctrine est l'ensemble des écrits prenant le droit pour objet »).

commentateurs du droit positif mais ces professeurs et autres commentateurs eux-mêmes : *les savants du droit*[1]. La doctrine serait dès lors une catégorie particulière de juristes : celle qui comprend les chercheurs ou, plus simplement, observateurs qui analysent et expliquent le droit positif. C'est davantage de cette manière que sera comprise la doctrine en ces pages, sa conception organique et sa conception textuelle, loin d'être antinomiques, se rejoignant dans tous les cas largement.

Étudier l'appréhension de la jurisprudence par les professeurs de droit ou étudier l'appréhension de la jurisprudence par les ouvrages, articles et autres discours produits par les professeurs de droit revient peu ou prou à étudier le même objet. Si est donc considéré que la doctrine est un ensemble d'auteurs, considérer qu'elle serait un ensemble d'écrits n'aurait guère modifié le propos du présent livre. Observer le traitement réservé à la jurisprudence par les chercheurs en droit n'est guère différent d'observer le traitement réservé à la jurisprudence par les publications de ces chercheurs en droit.

La définition de la doctrine ici retenue n'en demeure pas moins une définition qui est loin de susciter l'unanimité. Pour ne prendre qu'un exemple, Jean Carbonnier proposait deux acceptions de la doctrine : elle serait soit un contenu, l'ensemble des opinions émises par les juristes à l'occasion de leurs travaux, soit un contenant, c'est-à-dire l'ensemble des ouvrages juridiques ; mais il ne voyait pas dans la doctrine les auteurs de ces opinions portées par ces ouvrages juridiques.

Ensuite, si la doctrine peut néanmoins être approchée tel un corps particulier de juristes, celui-ci englobe-t-il tous les juristes quels qu'ils soient dès lors qu'à une occasion ou une autre ils commentent le droit positif ou bien n'intègre-t-il que les

---

[1] En ce sens, par exemple, G. CORNU, « Linguistique juridique », in D. ALLAND, S. RIALS, dir., *Dictionnaire de la culture juridique*, Lamy-Puf, coll. Quadrige-dicos poche, 2003, p. 957 (« la doctrine recouvre tous ceux qui étudient et enseignent le droit »).

juristes-chercheurs — dont commenter le droit positif est la profession — ou plus restrictivement encore que les juristes-universitaires ? Il paraît préférable de retenir la deuxième option et de voir dans la doctrine *une communauté scientifique*, un ensemble de chercheurs professionnels dont le droit constitue l'objet d'étude. Est ainsi considéré en ces lignes, avec Jacques Chevallier, que la doctrine est « le champ social spécifique que forment les professionnels spécialisés dans la production et dans la transmission du savoir juridique, professionnels chargés de connaître et de faire connaître le droit »[1].

Cela pose toutefois question concernant les branches du droit à tendance jurisprudentielle telles que le droit administratif puisque se retrouvent exclus de la doctrine les rapporteurs publics dont les conclusions sont pourtant souvent qualifiées de « doctrine administrative ». Il faut gager que cette « doctrine administrative » ne saurait être inclue dans la doctrine au sens strict. D'ailleurs, les rapporteurs publics se montrent souvent réservés, si ce n'est hostiles, à l'égard de la doctrine comprise comme doctrine universitaire, tandis que les professeurs acceptent difficilement de les intégrer à leurs côtés au sein de la doctrine[2]. La doctrine, ce n'est donc pas les auteurs qui commentent et prédisent le droit au titre d'une compétence légale mais les auteurs qui commentent et prédisent le droit *au titre d'une compétence scientifique*. Telle que comprise en ces pages, elle est « l'ensemble des personnes qui, ayant pour mission d'enseigner le droit, ont pour vocation de réfléchir sur le droit »[3].

Ensuite, pareille conception implique de ne pas retenir l'opposition de la doctrine et de la science du droit mais de

---

[1] J. CHEVALLIER, « Doctrine juridique et science juridique », *Dr. et société* 2002, p. 104.

[2] *Cf.* M. DEGUERGUE, « Les commissaires du gouvernement et la doctrine », *Droits* 1994, n° 20, p. 125 s.

[3] M. GOBERT, « Le temps de penser de la doctrine », *Droits* 1994, n° 20, p. 97.

plutôt rapprocher l'une et l'autre, de définir la doctrine par la science du droit, de faire de la doctrine l' « organe de la science du droit »[1]. On explique que « la science du droit entend se placer en dehors du droit, tandis que la doctrine entend, au contraire, s'impliquer délibérément en lui »[2]. La doctrine, telle que conçue en ces lignes, désigne au moins pour une part les scientifiques du droit qui étudient le droit d'un point de vue externe, les auteurs faisant œuvre de politique juridique et envisageant le droit d'un point de vue interne n'étant évidement pas exclus du cercle de la doctrine. Cette dernière peut donc aussi bien chercher à créer de « pures » connaissances sur le droit que chercher à contribuer à la création ou à l'application du droit sous un angle plus ou moins idéologique et plus ou moins pragmatique[3].

Il sera néanmoins surtout question de la doctrine des scientifiques du droit, qui façonnent le savoir sur le droit, au sein du présent ouvrage dès lors que son objet sera la compréhension du phénomène jurisprudentiel par la doctrine et non les apports de la doctrine à la jurisprudence.

En outre, si la doctrine peut être conçue telle une « entité »[4], mieux vaut sans doute ne pas retenir une conception excessivement corporatiste et ne pas en déduire une quelconque

---

[1] J. BONNECASE, *Introduction à l'étude du droit – Plus spécialement destinée aux étudiants de première année de licence des facultés de droit*, Librairie du recueil Sirey, 1926, p. 52 (cité par O. BEAUD, « Doctrine », in D. ALLAND, S. RIALS, dir., *Dictionnaire de la culture juridique*, Lamy-Puf, coll. Quadrige-dicos poche, 2003, p. 386).

[2] É. PICARD, « Science du droit ou doctrine juridique », in *Mélanges Rolland Drago*, LGDJ, 1989, p. 12.

[3] Ainsi peut-on expliquer que la doctrine possède « une conception à certains égards intéressée de la connaissance du droit : elle entend le connaître et le révéler en lui-même, dans un but en définitive opératoire, efficient, qui concerne le droit lui-même. En tant qu'entreprise cognitive, même lorsqu'elle se présente avec les traits d'une science, elle apparaît donc fondamentalement téléologique ou téléonomique » (*ibid.*).

[4] Ph. JESTAZ, Ch. JAMIN, « L'entité doctrinale française », *D.* 1997, p. 167 s.

solidarité — sur le modèle de la solidarité gouvernementale — qui interdirait aux professeurs de droit de tenir des positions personnelles, d'emprunter des voies divergentes et de faire œuvre de proposition[1], cela même si, de fait, le suivisme et le dogmatisme semblent imprégner les facultés de droit plus fortement que d'autres facultés de sciences humaines et sociales. D'ailleurs, d'aucuns expliquent l'usage, commun dans la littérature juridique, de la première personne du pluriel par le fait que chaque auteur écrirait au nom de la doctrine (« *selon nous*, la jurisprudence s'égard… », « *de notre point de vue*, la loi est trop bavarde… », « *nous pensons* qu'une réforme serait souhaitable… » etc.).

Concernant une même problématique, le visage de la doctrine peut pourtant se présenter sous des jours très variables dès lors que les auteurs tiennent parfois des discours différents, si ce n'est des discours incompatibles et contradictoires. La doctrine ne saurait donc constituer un corps de pensée parfaitement organisé et homogène dont les tendances et les dessins seraient rigoureusement cohérents et harmonieux. Et on peut sans doute s'en réjouir tant « la division de la doctrine est son moteur »[2].

Or la jurisprudence n'a pas été la dernière des questions à susciter le débat au sein de la doctrine et à engendrer des « joutes doctrinales » ou des « querelles doctrinales »[3] mémorables, quoiqu'en certains temps de « crise doctrinale » bien plus que dans les périodes calmes au cours desquelles les auteurs tendent à considérer la problématique résolue et à s'en détourner.

---

[1] L. AYNÈS, P.-Y. GAUTIER, F. TERRÉ, « Antithèse de l'"entité" », D. 1997, p. 229 s.

[2] Ch. ATIAS, « La controverse doctrinale dans le mouvement du droit privé », *RRJ* 1983, p. 427 (cité par P. DEUMIER, *Introduction générale au droit*, 2e éd., LGDJ, coll. Manuel, 2013, p. 311).

[3] Réf. à Y. GUENZOUI, « Les querelles doctrinales », *RTD civ.* 2013, p. 47 s.

Par ailleurs et enfin, le mot « doctrine » peut aussi revêtir en droit sa signification la plus ordinaire et désigner alors une opinion ou un ensemble d'opinions sur le droit, sous un angle macro-juridique (donc généralisant) davantage que sous un angle micro-juridique. Tel est le sens de « doctrine » lorsqu'on évoque « la doctrine de tel professeur » ou encore « la doctrine de la Cour de cassation »[1]. Toutefois, on préfèrera dans ces cas parler de « théories » ou de « philosophies » du droit plutôt que de « doctrines » du droit[2].

Il y aurait bien entendu beaucoup plus à dire de la doctrine, laquelle n'hésite pas à faire œuvre réflexive et à se prendre pour objet. Notamment, les travaux historiques ou comparatistes relatifs à la doctrine sont toujours fort intéressants. Et pourraient être étudiées les diverses fonctions de la doctrine[3],

---

[1] Et tel est le sens de « doctrine » dans l'œuvre de Kant *Premiers principes de la doctrine du droit* (1796) et dans les œuvres des autres philosophes de son temps. Ainsi, par exemple, P. DUBOUCHET, *Philosophie et doctrine du droit chez Kant, Fichte et Hegel*, L'Harmattan, 2005.

[2] En ce sens, il est remarquable que, en 2005, au moment de republier un ouvrage de Georg Jellinek paru en 1904 sous le titre « L'État moderne et son droit – Première partie : Doctrine générale de l'État », l'éditeur a remplacé « doctrine » par « théorie » : *L'État moderne et son droit – Première partie : Théorie générale de l'État*, trad. G. Fardis, Éditions Panthéon-Assas, coll. Les introuvables, 2005.

[3] Pascale Deumier décrit ainsi : « Dans un droit perçu comme un système rationnel, la doctrine doit assurer de nombreuses fonctions : didactique, elle tente de donner une présentation de l'état du droit permettant sa compréhension et sa transmission ; pédagogue, elle forme les juristes, construit et expose leur clés de lecture et de compréhension du droit ; informative, elle suit, sélectionne, commente l'actualité juridique et l'insère dans l'état du droit préexistant ; critique, elle dénonce le manque de cohérence de certaines solutions ou leur manque de pertinence en termes de portée juridique, économique ou sociale ; constructive, elle propose des solutions, s'avance à des prédictions ; systémique, elle tente, par l'analyse et la synthèse, de maintenir une cohérence d'ensemble aux diverses solutions ponctuelles ; empirique, elle travaille sur la pratique des acteurs sociaux, souvent de façon collective ; engagée, elle combat pour des causes et, dans la contestation, peut

ainsi que ses dérives et ses crises[1], ou encore la question de son autorité, qui peut-être se délite et, par conséquent — une doctrine sans autorité étant vouée à disparaître —, met sa pérennité en doute. Mais l'objet de ce livre interdit de plus longuement interroger la doctrine et il convient à présent de se tourner en direction de la jurisprudence, afin de l'étudier du point de vue doctrinal.

La doctrine désormais identifiée — elle serait *l'ensemble des chercheurs en droit, dont la profession consiste à étudier, comprendre, expliquer et critiquer le droit* —, il est temps d'aborder ce qui constitue le sujet de ce livre : l'étude, la compréhension, l'explication et la critique par la doctrine d'un élément bien particulier du droit, à savoir le phénomène jurisprudentiel.

En premier lieu, il conviendra de rechercher en quels termes la doctrine conçoit la jurisprudence, de quelle manière elle la définit. Sur ce point, il importera déjà de distinguer la notion de jurisprudence et la notion de juridiction. Ensuite, il s'agira d'observer sous quelles conditions et dans quelle mesure la doctrine accorde à la jurisprudence la qualité de source du droit. Telle sera la principale problématique développée en ces pages, sous un angle historique et sous un angle actuel. Si la doctrine n'hésite pas à voir en elle-même la « source principale du

---

même se faire pétitionnaire » (P. DEUMIER, *Introduction générale au droit*, 2e éd., LGDJ, coll. Manuel, 2013, p. 310-311).

[1] *Cf.*, notamment, Ph. JESTAZ, « Déclin de la doctrine ? », *Droits* 1994, n° 20, p. 85 s. Le recul de la doctrine peut s'expliquer par le fait que l'influence de la doctrine est toujours plus grande avant que le droit ne soit formé et structuré. Lorsque, concernant une problématique donnée, toutes les pistes restent envisageables et peuvent être approfondies, les auteurs ont nombre de commentaires et de propositions à faire. Les vides législatifs, règlementaires et jurisprudentiels sont ainsi le « paradis » de la doctrine. Mais, en des temps de surrèglementation tels que les temps actuels, ces vides se font rares et il ne reste plus à la doctrine qu'à comprendre et expliquer les lois, règlements et jurisprudence, loin des grandes innovations et des grandes constructions.

droit »[1] — ce qui est sans doute discutable[2], notamment d'un point de vue kelsénien[3] —, que sort a-t-elle réservé dans

---

[1] D. LEGEAIS, « Les mutations de la norme : le renouvellement des sources du droit en question », in M. BEHAR-TOUCHAIS, N. MARTIAL-BRAZ, J.-F. RIFFARD, dir., *Les mutations de la norme*, Economica, coll. Études juridiques, 2011, p. XI.

[2] Dès lors que sa seule puissance provient de sa compétence, de sa capacité à expliquer et à proposer et de sa force de persuasion, et dès lors qu'elle ne possède aucune habilitation officielle à établir le droit, la doctrine est peut-être davantage une « autorité » du droit, suivant le terme de François Gény (F. GÉNY, *Méthode d'interprétation et sources en droit privé positif*, LGDJ, 1899, n° 138), qu'une source du droit, ou bien une source matérielle mais non une source formelle, une source d'inspiration mais non une source véritable, éventuellement une « source documentaire » ou une « source heuristique ». Ce débat est important, et des auteurs peuvent retenir que la doctrine se définirait comme « l'ensemble des règles de droit qui procèdent de l'opinion commune des grands juristes » (A. LECA, *La genèse du droit – Essai d'introduction historique au droit*, 3e éd., Librairie de l'Université d'Aix-en-Provence, 2002, p. 127), mais ces pages ne sont pas le lieu où l'approfondir. *Cf.* P. DEUMIER, « Les autorités des doctrines », in J. FOYER, G. LEBRETON, C. PUIGELIER, dir., *L'autorité*, Puf, coll. Cahiers des sciences morales et politiques, 2008, p. 291 s. ; P. ANCEL, « Le Dalloz, source du droit », *RRJ* 2006, p. 453 s.

[3] Ainsi Kelsen expliquait-il qu' « aucune autre théorie plus que la théorie pure du droit n'a davantage pris position contre cette jurisprudence des concepts (droit créé par la doctrine). Elle souligne en effet avec insistance que la science du droit ne pourrait être source du droit, que la déduction de normes juridiques à partir de concepts juridiques n'est que pur droit naturel et enfin qu'aucune parcelle de droit nouveau ne pourrait se déduire de la connaissance du droit positif, si celle-ci restait contenue dans ses propres limites. La théorie pure du droit a, la première, révélé les motifs totalement non-scientifiques qui conduisent la science du droit traditionnelle à résister de manière si désespérée à une pure séparation de la théorie et de la pratique du droit, de la science et de la politique du droit. C'est du reste cette résistance qui a favorisé cette regrettable jurisprudence des concepts. Là réside en effet essentiellement sa pureté, en ce qu'elle souhaite n'être qu'une science et non pas une politique » (H. KELSEN, « Qu'est-ce que la théorie pure du droit ? » (1953), *Dr. et société* 1992, p. 567-568). Kelsen distinguait les « interprétations authentiques » et les « interprétations scientifiques ». Les interprétations scientifiques sont celles de la doctrine, qui ne dispose d'aucun titre officiel pour dire ce qu'est le droit mais dont le métier consiste à rechercher le plus grand nombre possible de significations d'un texte de droit donné. La fonction de la doctrine est donc

l'histoire de la pensée juridique et quel sort réserve-t-elle aujourd'hui à la jurisprudence ?

2. Juridiction et jurisprudence

« L'État de droit est un État des juges », écrivait Jean Carbonnier[1]. Les juges sont, en effet, le cœur de l'activité juridique des États, ainsi que le décrivent les tenants d'une approche réaliste de la juridicité et des phénomènes juridiques. Mais seule une infime partie de l'activité juridictionnelle des juges est en même temps une activité jurisprudentielle. En effet, la jurisprudence correspond aux *règles de droit produites par les autorités étatiques rattachées au pouvoir judiciaire*.

Une juridiction est une institution indépendante qui met un terme aux litiges qui lui sont soumis par des décisions obligatoires prises en se référant aux règles juridiques en vigueur et applicables, si bien que lors de chaque jugement est édictée au moins *une norme à portée individuelle*, la « norme juridictionnelle » pouvant être définie comme la norme individuelle de comportement que le juge, au regard des prescriptions de la loi, impose aux parties en conflit[2].

---

une fonction de connaissance et les résultats de ses travaux n'ont aucun effet juridique direct, car ce sont seulement des descriptions. À l'inverse, les interprétations authentiques, qui sont celles des juges, sont établies dans un cadre officiel puisqu'ils sont les autorités que la Constitution et la loi habilitent à appliquer le droit, ce qui oblige à l'interpréter. Il ne s'agit alors pas de descriptions mais de prescriptions.

1 J. CARBONNIER, « L'État dans une vision civiliste », *Droits* 1992, n° 15, p. 35.

2 *Cf.* L. CADIET, « La qualité de la norme juridictionnelle », in M. FATIN-ROUGE STÉFANINI, L. GAY, J. PINI, dir., *Autour de la qualité des normes*, Bruylant (Bruxelles), coll. À la croisée des droits, 2010, p. 233 s.

Seulement ces normes à portée individuelle ne sont-elles que très difficilement intégrables parmi le droit positif.

Ce sont *les normes à portée générale*, édictées plus ou moins explicitement pour les besoins de certains procès, qui doivent être qualifiées de « jurisprudentielles ». Les centaines de normes à portée individuelle édictées chaque jour par les juridictions ordinaires ne sont pas autant de normes nouvelles contribuant au développement du droit ; elles ne présentent aucun intérêt mis à part pour les parties en litige. Seuls les jugements et autres arrêts qui s'accompagnent d'un *effet jurisprudentiel*, qui deviennent « coutume des tribunaux »[1], jouent un rôle dans l'évolution du droit.

Trois millions de décisions de justice sont rendues tous les ans en France[2], tandis que, dans le même temps, une centaine de lois sont définitivement adoptées. Si les trois millions de normes individuelles qui résultent de ces décisions de justice étaient comptabilisées au moment d'évaluer les importances respectives des différents pôles émetteurs de normes, ce serait la qualité de source du droit de la loi qu'on viendrait à contester.

Ce qui importe n'est donc pas que le juge soit le « législateur des cas particuliers »[3] mais que, de temps à autre, il se fasse véritable « législateur ». Ce n'est qu'alors qu'il faut parler de « jurisprudence ». Aussi est-il proposé de ne pas opposer « pouvoir juridictionnel » et « pouvoir jurisprudentiel »[4], de ne pas opposer « normes juridictionnelles » et « normes

---

[1] P. DEUMIER, *Le droit spontané*, Economica, coll. Recherches juridiques, 2002, p. 194.

[2] P. DEUMIER, *Introduction générale au droit*, 2e éd., LGDJ, coll. Manuel, 2013, p. 286.

[3] G. RIPERT, *Les forces créatrices du droit*, LGDJ, 1955.

[4] Pour une analyse contraire, *cf.* D. LINOTTE, « Déclin du pouvoir jurisprudentiel et ascension du pouvoir juridictionnel en droit administratif », *AJDA* 1980, p. 632 s.

jurisprudentielles »[1], mais de voir dans ces dernières une partie de ces premières ; autrement dit, il s'agit de considérer que les « normes juridictionnelles » peuvent revêtir une portée générale comme une portée individuelle et que, lorsqu'elles se parent d'une portée générale, elles sont, plus précisément, des « normes jurisprudentielles »[2]. La jurisprudence n'est pas l'opposé du jugement mais *la conséquence, parfois, du jugement*, le résultat extraordinaire de l'activité juridictionnelle ordinaire[3], l'« ombre portée du contentieux »[4].

Ensuite, ne saurait être ignoré que seule une infime partie des décisions de justice produit un effet jurisprudentiel, intéresse *le droit positif et non seulement le droit relatif*, c'est-à-dire le droit qui régit les rapports entre les parties à un litige. Quantitativement, le contentieux est des milliers de fois plus dense que la jurisprudence ; qualitativement, au

---

[1] Pour une analyse contraire, *cf.* É. SERVERIN, « Juridiction et jurisprudence : deux aspects des activités de justice », *Dr. et société* 1993, p. 339 s.

[2] Sur la notion de « norme jurisprudentielle », *cf.* B. STIRN, « La qualité de la norme jurisprudentielle », in M. FATIN-ROUGE STÉFANINI, L. GAY, J. PINI, dir., *Autour de la qualité des normes*, Bruylant (Bruxelles), coll. À la croisée des droits, 2010, p. 261 s. ; F. ZÉNATI, *La jurisprudence*, Dalloz, coll. Méthodes du droit, 1991.

[3] *Cf.* J. HILAIRE, « Jugement et jurisprudence », *Arch. phil. droit* 1995, p. 181 s.

[4] Ph. JESTAZ, « La jurisprudence, ombre portée du contentieux », *D.* 1989, p. 149 s. En outre, il faut d'ores et déjà et définitivement rejeter la définition de la jurisprudence comme « ensemble des décisions de justice rendues pendant une certaine période » (V° « Jurisprudence », in G. CORNU, dir., *Vocabulaire juridique*, 8e éd., Puf, coll. Quadrige, 2007). De même, ne saurait être retenue l'acception selon laquelle la jurisprudence serait l'« ensemble des pratiques judiciaires telles que la méthode du syllogisme, l'appel à l'équité ou le recours aux fictions et présomptions » (M. DEGUERGUE, « Jurisprudence », in D. ALLAND, S. RIALS, dir., *Dictionnaire de la culture juridique*, Lamy-Puf, coll. Quadrige-dicos poche, 2003, p. 884).

contraire, la jurisprudence est des milliers de fois plus digne d'intérêt — aux yeux de la doctrine — que le contentieux[1].

En ce sens, une étude empirique menée dans les années 1970 a évalué à 1,5 % la part des arrêts de la Cour de cassation qui engendrent un tel effet jurisprudentiel[2], confirmant que « la plupart des jugements ne deviennent pas jurisprudences »[3] ; or c'est évidemment au niveau des cours suprêmes des ordres juridictionnels que ce pourcentage est le plus élevé, ce qui indique que le taux de jurisprudence au sein des jugements des juridictions ordinaires est proche de 0 %.

Les juges disposent d'un « pouvoir de souveraineté », c'est-à-dire d'un « pouvoir de domination sur les justiciables », comme l'écrivait Hauriou[4]. Ils disent le droit grâce à leur pouvoir de *juris-dictio* et ordonnent grâce à l'*imperium*, pouvoir de commandement traduit concrètement par l'apposition de la formule exécutoire à la fin du jugement[5]. Quant à l'établissement du droit, le travail de *juris-dictio* au sens propre, il arrive que ce droit dit par le tribunal vaille de façon générale et non seulement concernant le cas d'espèce. C'est alors que le tribunal devient source jurisprudentielle (appelée aussi « source prétorienne ») du droit.

En outre, dans le présent livre, les juges, tribunaux, cours et autres conseils sont envisagés en ce qu'ils participent à la

---

[1] Sur cette distinction, par exemple, C. BÉROUJON, « Contentieux au singulier et jurisprudence au pluriel », *RTD civ.* 1995, p. 549 s.

[2] A. TUNC, « La Cour de cassation en crise », *Arch. phil. droit* 1985, p. 157.

[3] J. CARBONNIER, *Théorie sociologique des sources du droit*, Association corporative des étudiants en droit de l'Université Panthéon-Sorbonne, 1961, p. 72.

[4] M. HAURIOU, *Principes de droit public à l'usage des étudiants en licence et en doctorat ès sciences politiques*, 2e éd., Librairie du Recueil Sirey, 1916, p. 38.

[5] L. DEPAMBOUR-TARRIDE, « Juge (dans la longue durée) », in D. ALLAND, S. RIALS, dir., *Dictionnaire de la culture juridique*, Lamy-Puf, coll. Quadrige-dicos poche, 2003, p. 867.

fonction de création du droit (la « *legis-latio* »[1]) et non en ce qu'ils participent à la fonction d'application du droit (la « *legis-executio* »[2]). Certes, les organes en cause ont officiellement pour fonction de rendre la justice en appliquant des règles élaborées ailleurs, principalement dans l'enceinte du Parlement, mais ce qui est intéressant du point de vue de la doctrine — ou du point de vue d'une certaine frange de la doctrine — est qu'ils sont très régulièrement amenés à *faire œuvre créatrice.* Il ne s'agit donc pas de proposer ici une étude de la justice comprise comme fonction et que Sophocle, dans *Antigone*, décrivait « assise aux côtés des dieux infernaux »[3], spécialement car devant appliquer des règles préexistantes pouvant éventuellement être contraires à la justice comprise cette fois en tant qu'idéal.

« *Jus dicere* », qui a donné « juridiction », signifiait, dans l'ancien droit romain, prononcer du droit, édicter une formule créatrice de droit, non appliquer une règle préexistante à un cas concret. Néanmoins, en France, l'office du juge ou de la juridiction consiste bien à appliquer à des faits d'espèces une ou plusieurs règle(s) pertinente(s) piochée(s) au sein du corpus du droit positif. Juger consiste à appliquer une ou des règle(s) générale(s) et abstraite(s) à des données factuelles afin de trancher une situation conflictuelle par une décision obligatoire et qui peut être exécutée en recourant à la force publique.

La jurisprudence est tout autre chose. Mais qu'est-ce exactement ? Le premier défi posé par la jurisprudence à la doctrine est de répondre à cette question : si la jurisprudence est un phénomène juridique, celui-ci se reconnaît en fonction de la définition de la jurisprudence retenue par la doctrine. Or cette définition est moins précisément fixée qu'on pourrait le penser

---

[1] M. TROPER, *Pour une théorie juridique de l'État*, Puf, coll. Léviathan, 1994, p. 97.

[2] *Ibid.*

[3] Cité par A. SÉRIAUX, *Le Droit – Une introduction*, Ellipses, 1997, p. 12.

au premier abord et la jurisprudence semble être aujourd'hui toujours une notion nébuleuse.

3. La définition de la jurisprudence, première pierre d'achoppement de la doctrine

Le terme « jurisprudence » est parfois considéré comme étant l'un des plus difficiles à saisir de tout le vocabulaire juridique[1]. Son sens paraît pourtant aller de soi, actuellement, dans l'antre des facultés de droit. Néanmoins, « jurisprudence » est de temps à autre utilisé dans des acceptions différentes de celle présentement retenue, si ce n'est dans des acceptions incompatibles avec elle. Par exemple, les historiens du droit peuvent expliquer que, « au Bas-Empire, l'étatisation galopante a fait disparaître la jurisprudence comme source créatrice de droit »[2]. La jurisprudence serait ainsi le propre des sources privées du droit, s'opposant aux normes issues des sources étatiques.

Dans cette citation, la jurisprudence désigne la doctrine des jurisconsultes — Rome n'a jamais séparé l'activité de praticien et la fonction doctrinale — et on enseigne que c'est au IIe s. avant J.-C. qu'est apparu le terme « jurisconsulte », au moment de la fondation du droit civil, désignant « ces laïcs qui tendent désormais à supplanter les prêtres »[3]. Leur connaissance est la « jurisprudence », définie par Ulpien, un peu sentencieusement, comme « la connaissance des choses divines et humaines, la

---

[1] D. DE BÉCHILLON, *Qu'est-ce qu'une règle de droit ?*, Odile Jacob, 1997, p. 49.

[2] J.-M. CARBASSE, « Professeurs à la faculté de droit », in D. ALLAND, S. RIALS, dir., *Dictionnaire de la culture juridique*, Lamy-Puf, coll. Quadrige-dicos poche, 2003, p. 1242.

[3] Ch. CHÊNE, « Enseignement du droit », in D. ALLAND, S. RIALS, dir., *Dictionnaire de la culture juridique*, Lamy-Puf, coll. Quadrige-dicos poche, 2003, p. 617.

science du juste et de l'injuste »[1]. Le travail du « jurisprudent » est d'exercer la justice en faisant connaître le bon et l'équitable, en séparant l'équité et l'iniquité, en distinguant le licite et l'illicite[2]. À Rome, le nom « *iurisprudentia* » désignait donc ce qui est aujourd'hui entendu à travers le mot « doctrine »[3]. Or, en ces lignes, la jurisprudence est bien une pure source étatique de règles de droit, non forcément officielle en soi, mais émanant d'organes officiels, constitutifs de l'appareil public.

Le recours à l'étymologie du mot « jurisprudence » n'est guère pertinent en l'occurrence puisque celui-ci est né de la réunion des deux mots latins, « *iuris* » et « *prudentia* », signifiant « prudence du droit », « sagesse du droit » ou, autrement dit, « équité » — on retient parfois qu'il faudrait les traduire par « science du droit »[4], mais cela paraît moins juste. C'est de la sorte qu'Ulpien utilisait « jurisprudence » et c'est encore cette compréhension qui prévaut dans les pays anglo-saxons, où la jurisprudence est assimilée à la science du droit, à la prudence du juriste ou à la recherche du bon droit.

Originellement, donc, la jurisprudence pouvait caractériser potentiellement toutes les sources du droit, en tant qu'elles exprimaient la prudence du droit, la justice dans son acception matérielle[5], la justice comprise comme « grande ambition du droit »[6]. Dans nombre de langues romanes et notamment en français, le nom « jurisprudence » a acquis un tout autre

---

[1] ULPIEN, in *Digeste*, 529, I, 1, 10 (cité par J.-P. CHAZAL, « Philosophie du droit et théorie du droit, ou l'illusion scientifique », *Arch. phil. droit* 2001, p. 307).

[2] *Ibid.* (cité par J.-P. CHAZAL, « Philosophie du droit et théorie du droit, ou l'illusion scientifique », *Arch. phil. droit* 2001, p. 307).

[3] G. PIERI, « *Ius* et *iurisprudentia* », *Arch. phil. droit* 1985, p. 53.

[4] P. DEUMIER, *Introduction générale au droit*, 2e éd., LGDJ, coll. Manuel, 2013, p. 285.

[5] M. DEGUERGUE, « Jurisprudence », in D. ALLAND, S. RIALS, dir., *Dictionnaire de la culture juridique*, Lamy-Puf, coll. Quadrige-dicos poche, 2003, p. 883.

[6] J. CARBONNIER, « Il y a plus d'une définition dans la maison du droit », *Droits* 1990, n° 11, p. 6.

sens, étranger à son étymologie. Ce sens, observe un professeur, ne s'est imposé qu'au XVIIe s.[1] — mais, au XIXe s., la jurisprudence pouvait être décrite comme la « science des lois »[2], à mille lieues de sa signification contemporaine.

Et de citer de Ferrière, auteur d'un dictionnaire qui a connu de nombreuses rééditions au XVIIIe s., selon qui « la jurisprudence est l'induction que l'on tire de plusieurs arrests qui ont jugé une question de la même manière ». Où apparaît la notion de jurisprudence telle qu'entendue en ces lignes, laquelle n'est pas une autre que celle acceptée aujourd'hui par la majorité des juristes français[3], cela même si d'aucuns relèvent combien elle demeure entourée d'hésitations[4] et de malentendus[5], ce qui justifie de réfléchir à sa signification exacte avant de décrire le phénomène qu'elle désigne et son appréhension par la doctrine.

Au terme d'un processus d'appauvrissement de son sens, la jurisprudence correspond désormais, dans les pays romano-germaniques, à « l'autorité de ce qui a été jugé constamment

---

1 A. LECA, *La genèse du droit – Essai d'introduction historique au droit*, 3e éd., Librairie de l'Université d'Aix-en-Provence, 2002, p. 134. Mais, en 1607, Louis Charondas le Caron voyait encore dans la jurisprudence la « science ou sagesse civile » et en faisait la principale partie de la philosophie morale (L. CHARONDAS LE CARON, *Pandectes ou Digestes du droit françois*, 1607, L. I, ch. 3 (cité par J.-P. CHAZAL, « Philosophie du droit et théorie du droit, ou l'illusion scientifique », *Arch. phil. droit* 2001, p. 307)).

2 G. TOULLIER, *Le droit civil français*, t. I, 3e éd., 1820, n° 1 (cité par J.-P. CHAZAL, « Philosophie du droit et théorie du droit, ou l'illusion scientifique », *Arch. phil. droit* 2001, p. 309).

3 C.-J. DE FERRIÈRE, *Dictionnaire de droit et de pratique*, Brunet, 1762 (cité par A. LECA, *La genèse du droit – Essai d'introduction historique au droit*, 3e éd., Librairie de l'Université d'Aix-en-Provence, 2002, p. 134).

4 Notamment, Ch. GRZEGORCZYK, « Jurisprudence : phénomène judiciaire, science ou méthode ? », *Arch. phil. droit* 1985, p. 35.

5 *Cf.* Ph. JESTAZ, « La jurisprudence : réflexions sur un malentendu », *D.* 1987, p. 11 s.

dans le même sens »[1] ; aux « solutions suggérées par des ensembles de décisions suffisamment concordantes rendues par les juridictions sur des questions de droit »[2] ; plus sûrement encore, à la « détermination juridictionnelle d'une règle de droit »[3] ; à « l'ensemble des règles de droit qui émanent des juges, voire l'ensemble des décisions juridictionnelles des seules Cours suprêmes, ou encore l'ensemble des décisions apportées par les tribunaux dans une branche du droit déterminée »[4]. La jurisprudence est ainsi *l'ensemble des règles de droit consacrées par les juridictions* à l'occasion de leurs activités de résolution des litiges, d'engagement des responsabilités ou, éventuellement, de condamnation des auteurs d'infractions.

Si *la répétition de la même solution* est normalement ce qui fait naître la jurisprudence[5] — si bien qu'il s'agit d'une forme de « droit spontané » public[6] —, il faut aussi retenir que certaines cours, suprêmes tout particulièrement, sont capables de *poser des jurisprudences en un seul et unique arrêt de principe*. En somme, plus le juge est haut placé dans la hiérarchie des institutions juridictionnelles, moins il a besoin de répéter à de nombreuses reprises sa solution pour qu'elle acquiert qualité jurisprudentielle[7].

---

[1] M. DEGUERGUE, « Jurisprudence », in D. ALLAND, S. RIALS, dir., *Dictionnaire de la culture juridique*, Lamy-Puf, coll. Quadrige-dicos poche, 2003, p. 884.

[2] V° « Jurisprudence », in S. GUINCHARD, G. MONTAGNIER, dir., *Lexique des termes juridiques*, 16e éd., Dalloz, 2007, p. 384.

[3] E. VERGÈS, *Les principes directeurs du procès judiciaire*, th., Université Aix-Marseille III - Paul Cézanne, 2000, p. 37.

[4] M. DEGUERGUE, « Jurisprudence », in D. ALLAND, S. RIALS, dir., *Dictionnaire de la culture juridique*, Lamy-Puf, coll. Quadrige-dicos poche, 2003, p. 884.

[5] J.-L. BERGEL, « Le processus de transformation de décisions de justice en normes juridiques », *RRJ* 1993, p. 1055.

[6] P. DEUMIER, *Le droit spontané*, Economica, coll. Recherches juridiques, 2002, p. 105.

[7] D. DE BÉCHILLON, *Qu'est-ce qu'une règle de droit ?*, Odile Jacob, 1997, p. 49.

L'incorporation de la jurisprudence au sein des sources du droit et, plus exactement, parmi les sources formelles du droit n'en est pas moins délicate et ne nécessite pas moins quelques explications. Y réside la principale problématique que la doctrine doit résoudre afin de préciser la place de la jurisprudence dans le droit.

4. La jurisprudence au nombre des sources du droit ? Principale problématique à résoudre par la doctrine

La doctrine joue un rôle décisif à l'égard de la jurisprudence en ce qu'elle en fournit la notion générique et, ensuite, en ce que c'est souvent elle qui identifie et met en lumière les règles de droit issues de l'activité nomo-créatrice des cours et tribunaux. Si la doctrine n'est pas une source formelle du droit mais plutôt une autorité, elle n'en exerce pas moins une fonction importante dans l'architecture et dans le fonctionnement des sources du droit, son rôle de révélateur ne se cantonnant guère au seul cas des jurisprudences. Ensuite, voir dans la jurisprudence une source du droit, et même une source du droit essentielle, amène à contribuer au débat relatif à *l'acceptabilité de l'idée moderne de jurisprudence*, cela même s'il faut croire que, effectivement, il s'agit là d'un « combat d'arrière-garde »[1] tant désormais est rarement contestée la qualité de source du droit de la jurisprudence. Le moins que l'on puisse dire est que, en France, il n'en a pas toujours été ainsi.

Les sociétés un tant soit peu organisées ont rapidement mis en place des arbitres publics, des juges officiels chargés de régler les conflits en stricte justice ; mais la question de savoir

[1] Ph. MALAURIE, P. MORVAND, *Introduction au droit*, 4e éd., LGDJ, coll. Droit civil, 2012, n° 370.

si ces juges officiels peuvent participer à la création du droit, *i.e.* à l'élaboration d'un corpus de règles générales, impersonnelles et permanentes, de manière officielle ou non officielle, a été très problématique. Par exemple, Carré de Malberg n'écrivait pas autre chose que « juger, c'est *constater* et *déclarer* le droit applicable à chaque justiciable ou le droit *existant* pour chacun d'eux »[1], tandis que Georges Ripert faisait du tribunal le « législateur des cas particuliers »[2] et que Maurice Hauriou convenait que « le pouvoir de domination de l'autorité judiciaire doit s'identifier avec la domination du droit positif [*i.e.* du droit législatif], sous peine de prévarication du juge »[3].

Sous l'Ancien Régime, les Parlements rendaient des arrêts de règlement et la « *juris dictio* » désignait un « pouvoir règlementaire général »[4] — ce qui ne signifie pas que la jurisprudence était alors une source cardinale du droit, faute de séparation des pouvoirs. Puis, la Révolution française et les grandes codifications du début du XIXe s., associées à la consécration de l'article 5 du Code civil selon lequel « il est défendu aux juges de prononcer par voie de disposition générale et réglementaire sur les causes qui leur sont soumises », ont profondément bouleversé la conjoncture juridique, à tel point que la loi, au sens strict, cannibalisait désormais l'attention des juristes. Néanmoins, à la fin du XIXe s., était créée la Librairie de la société du recueil général des lois et des arrêts et, depuis

---

[1] R. CARRÉ DE MALBERG, *Contribution à la théorie générale de l'État spécialement d'après les données fournies par le droit constitutionnel français*, t. I, Librairie du Recueil Sirey, 1920, p. 699 (non souligné dans le texte original).

[2] G. RIPERT, *Les forces créatrices du droit*, LGDJ, 1955 (cité par J. MORAND-DEVILLER, *Droit administratif*, 13e éd., LGDJ, coll. Cours, 2013, p. 267).

[3] M. HAURIOU, *Principes de droit public à l'usage des étudiants en licence et en doctorat ès sciences politiques*, 2e éd., Librairie du Recueil Sirey, 1916, p. 38.

[4] J. GAUDEMET, « Pouvoir d'ordre et pouvoir de juridiction – Quelques repères historiques », *L'Année canonique* 1985-1986, n° 24, p. 84 (cité par O. BEAUD, *La puissance de l'État*, Puf, coll. Léviathan, 1994, p. 45).

lors, les exégètes ont peu ou prou disparu — ou, plutôt, les exégètes de la jurisprudence ont remplacé les exégètes de la loi[1] —, quand les adeptes de l'étude des jugements, arrêts et décisions sont devenus de plus en plus nombreux.

La question du pouvoir créateur du juge a alors divisé la pensée juridique, les uns insistant sur le besoin de garantir la séparation des pouvoirs et l'autorité relative de la chose jugée, les autres convenant que le réalisme et le pragmatisme ne pouvaient qu'amener à constater l'existence de véritables précédents dans le droit français — et non seulement dans son pan administratif[2]. Entre les deux, se trouvaient les auteurs acceptant la qualité de source matérielle des juges, soit leur qualité d'« autorité »[3], mais non leur qualité de source formelle, par exemple en évoquant la « doctrine de la Cour de cassation »[4]. Certaines décisions de justice jouent assurément un rôle de sources matérielles en ce qu'elles inspirent le législateur, en ce que des lois les reprennent ; en témoigne, parmi de nombreux exemples, la loi du 17 juillet 1970 qui a légalisé la jurisprudence sur la protection de la vie privée[5].

---

[1] G. RIPERT, *Les forces créatrices du droit*, LGDJ, 1955 (cité par Ph. JESTAZ, *Les sources du droit*, Dalloz, coll. Connaissance du droit, 2005, p. 63).

[2] Par exemple, J. MAURY, « Observations sur la jurisprudence en tant que source du droit », in *Mélanges Georges Ripert*, t. I, LGDJ, 1950, p. 27 s. *Cf.*, en particulier, F. ZÉNATI, *La jurisprudence*, Dalloz, coll. Méthodes du droit, 1991.

[3] Par exemple, J. CARBONNIER, *Essai sur les lois*, Defrénois, 1979 (cité par J.-L. BERGEL, *Théorie générale du droit*, 5e éd., Dalloz, coll. Méthodes du droit, 2012, p. 83).

[4] *Cf.* Institut des hautes études sur la justice, *L'image doctrinale de la Cour de cassation*, La documentation française, 1994 ; R. LIBCHABER, « Une doctrine de la Cour de cassation ? », *RTD civ.* 2000, p. 197 s.

[5] L. n° 70-643, 17 juill. 1970, *Tendant à renforcer la garantie des droits individuels des citoyens*. Il est remarquable que la collaboration du législateur et du juge a été organisée, en France, sur le plan institutionnel puisque, d'après le Code de l'organisation judiciaire, le Premier Président et le Procureur général peuvent, à l'occasion du rapport annuel de la Cour de

Mais tout le problème est ici de savoir si les sources juridictionnelles peuvent être des sources formelles du droit compris comme ensemble de normes générales, abstraites, impersonnelles et permanentes.

Il y a peu, Pascale Deumier considérait encore que, « suivie de fait mais non obligatoire en droit, la jurisprudence [...] embarrasse la doctrine qui hésite à la classer dans les sources du droit »[1] ; et Philippe Jestaz pouvait observer que le commentaire d'arrêt est devenu paradoxalement l'exercice favori des professeurs de droit puisqu'ils continuent à rechigner à accepter la qualité de source du droit de ces arrêts[2]. Quant à Jean-Louis Bergel, il estime qu'il tient un propos « hérétique » lorsqu'il évoque des « règles d'origine prétorienne »[3].

Afin de conférer un peu d'originalité au présent ouvrage, il pourrait être tentant de soutenir pareilles analyses ; l'objectivité et la lucidité amènent néanmoins à convenir que mettre en avant le caractère créateur de règles générales de l'activité juridictionnelle est aujourd'hui absolument banal, parfaitement orthodoxe[4]. Ce n'est plus qu'une petite minorité de professeurs qui soutient, à la suite de Montesquieu, que le juge ne serait rien

---

cassation, « appeler l'attention du Garde des Sceaux sur les constatations faites [...] à l'occasion de l'examen des pourvois et lui faire part des améliorations qui leur paraissent de nature à remédier aux difficultés constatées ».

[1] P. DEUMIER, « La réception du droit souple par l'ordre juridique », in Association Henri Capitant, *Le droit souple*, Dalloz, coll. Thèmes et commentaires, 2009, p. 134.

[2] Ph. JESTAZ, *Les sources du droit*, Dalloz, coll. Connaissance du droit, 2005, p. 63. Le professeur note également que, « bizarrement, le culte de la jurisprudence laisse subsister une importante réticence des juristes à l'idée que celle-ci soit une source du droit » (*ibid.*). Dans le même sens, Ch. ATIAS, *Épistémologie juridique*, Dalloz, coll. Précis, 2002, p. 22.

[3] J.-L. BERGEL, *Théorie générale du droit*, 5e éd., Dalloz, coll. Méthodes du droit, 2012, p. 277.

[4] *Cf.*, par exemple, *Arch. phil. droit* 2007, « La création du droit par le juge » ; *Arch. phil. droit* 1985, « La jurisprudence ».

de plus et ne pourrait rien être de plus que la « bouche qui prononce les paroles de la loi »[1] — ou, à la suite de Cicéron, la « loi parlante »[2] — et qui s'accroche à la pure réalité du droit positif selon laquelle les jugements n'ont aucune autorité au-delà des affaires sur lesquelles ils statuent. La plupart des auteurs conviennent qu'on ne peut aujourd'hui contester sérieusement aux juges leur capacité de créer des règles de droit.

5. La jurisprudence et la doctrine aujourd'hui : de questionnements sur la qualité de jurisprudence à des questionnements quant aux quantités de jurisprudences

Actuellement, ce qui est remarquable et par conséquent attire l'attention de la doctrine, plutôt que la qualité de source formelle de la jurisprudence, réside dans *l'importance quantitative de la jurisprudence* parmi l'ensemble du droit et plus particulièrement parmi les nouvelles branches du droit qui prospèrent à l'ère contemporaine. Certes, il est vrai que « le judiciaire a depuis longtemps abdiqué l'ambition des parlements d'ancien régime qui prétendaient résumer dans l'État judiciaire la totalité de l'État »[3], l'influence forte de la jurisprudence sur l'orientation et l'aspect du droit n'en est pas moins tout à fait saisissante.

---

[1] MONTESQUIEU, *De l'esprit des lois*, 1748, L. XI, chap. 6.

[2] CICÉRON, *Traité des lois*, 52 av. J.-C., L. III, chap. 1 (cité par A. SÉRIAUX, *Le Droit – Une introduction*, Ellipses, 1997, p. 74). Et le célèbre jurisconsulte ajoutait que « la loi est le magistrat muet » (*ibid.* (cité par A. SÉRIAUX, *Le Droit – Une introduction*, Ellipses, 1997, p. 74)).

[3] J. CARBONNIER, « L'État dans une vision civiliste », *Droits* 1992, n° 15, p. 35.

Cela fait toutefois peu de temps que rares sont devenus les opposants au juge créateur de droit. Le droit d'aujourd'hui rend cette position plus indéfendable encore qu'auparavant ; dans le droit « global » et « postmoderne », le juge est obligé de prendre en charge une large part de la production étatique des normes, cela sans doute afin de compenser les difficultés que rencontrent les parlements et gouvernement — « sources politiques » (quand la jurisprudence, en France, est une « sources non politique ») et « sources officielles » (quand la jurisprudence est une « source non officielle »).

Certains voient dans la justice le « premier des pouvoirs » — contre Carbonnier qui ne lui accordait « ni puissance ni gloire »[1] — et mettent en exergue l'immense rôle pratique de la « loi de la jurisprudence »[2]. Il faut dire que, « historiquement, le juge a précédé la règle, et le droit est souvent identifié au procès »[3], ce qui n'empêche guère qu' « il y [ait] un risque de déformation si l'on envisage le droit uniquement à travers le procès »[4]. Et un auteur de remarquer, de façon fort significative, que « les juges détiennent un pouvoir considérable, mais tributaire de toutes sortes de conditionnements qui font que, dans l'exercice de ce pouvoir, ils ne sont pas que des juges. Ils sont conduits à dépasser la fonction. Ils sont le pluralisme en actes »[5].

---

[1] *Ibid.*

[2] J.-L. BERGEL, *Théorie générale du droit*, 5e éd., Dalloz, coll. Méthodes du droit, 2012, p. 83.

[3] J. MORAND-DEVILLER, *Droit administratif*, 13e éd., LGDJ, coll. Cours, 2013, p. 267.

[4] J. CARBONNIER, *Théorie sociologique des sources du droit*, Association corporative des étudiants en droit de l'Université Panthéon-Sorbonne, 1961, p. 37.

[5] J.-J. SUEUR, « Analyser le pluralisme pour comprendre la mondialisation ? », in J.-Y. CHÉROT, B. FRYDMAN, dir., *La science du droit dans la globalisation*, Bruylant (Bruxelles), coll. Penser le droit, 2012, p. 111.

L'observation du droit contemporain invite à abonder dans le sens de ces constats dès lors que le pouvoir judiciaire tend à empiéter fortement sur la fonction créatrice, alors qu'il est déjà *le principal acteur de la fonction applicatrice*. En ces pages consacrées à l'appréhension du phénomène jurisprudentiel par la doctrine, il conviendra de se concentrer sur la fonction créatrice, ce qui n'est possible qu'à condition d'accepter que les magistrats, *de facto*, fassent œuvre créatrice et non seulement œuvre applicatrice.

Or il devient de plus en plus impossible de se borner à estimer qu'un juge servirait uniquement d'intermédiaire entre les sources plus ou moins générales de normes que sont la loi, la coutume ou la convention et leurs destinataires ultimes, à savoir les individus. Apparaît dépassée la conception que Carbonnier proposait du jugement : « Une opération psychologique par laquelle un personnage, mis à part par la société ou même par un groupe d'individus, fait du droit pour un cas particulier. Il ne crée pas une règle de droit susceptible d'être appliquée à un nombre indéfini de cas, il donne le droit pour un cas unique »[1]. Le jugement peut être cela, et dans la très grande majorité des cas il n'est que cela, mais il peut aussi contribuer au développement jurisprudentiel d'une matière juridique.

Le droit est composé à la fois d'une part de droit *ex ante* consacré par la loi et d'une part de droit *ex post* façonné par le juge. Or, ainsi qu'en témoigne notamment le droit administratif — qualitativement très jurisprudentiel mais quantitativement plutôt législatif[2] —, la tendance, à l'ère moderne du droit, a

---

[1] J. CARBONNIER, *Théorie sociologique des sources du droit*, Association corporative des étudiants en droit de l'Université Panthéon-Sorbonne, 1961, p. 178.

[2] En ce sens, *cf.* B. BARRAUD, « Les sources du droit administratif – Évolution et actualité de l'"exception administrative" », *Rev. adm.* 2013, p. 49 s. ; B. STIRN, « La qualité de la norme jurisprudentielle », in M. FATIN-ROUGE

semblé correspondre à un déclin de la place de la jurisprudence (coïncidant paradoxalement avec une prise de conscience toujours plus grande parmi les observateurs du besoin de l'étudier). Aujourd'hui, des branches du droit telles que le droit de l'internet ou le droit de l'environnement illustrent combien la jurisprudence occupe de plus en plus une position cardinale dans le droit.

Si « la jurisprudence, mieux que les articles du Code dans leur sècheresse, reflète tous les aspects mouvants et complexes de la vie sociale »[1], si, « en un mot, [elle] est l'"histoire en marche" »[2], cela ne peut que valoir à plus forte raison aujourd'hui qu'hier. Une société pourrait peut-être se passer de lois, mais elle ne pourrait pas se passer de juges ; seulement les juges sont-ils en mesure de faire la loi ?

Dans ce livre, avant de souligner combien la doctrine, actuellement, est préoccupée par la jurisprudence (*troisième partie*), cela bien que les normes jurisprudentielles soient les plus délicates qu'elle ait à identifier (*deuxième partie*), il faudra revenir sur la difficile acceptation, dans l'histoire de la pensée juridique, de la possible création juridictionnelle de normes générales, abstraites et pérennes (*première partie*).

Si, à présent, est largement accepté le fait que les juges soient des « gouvernés qui gouvernent »[3], longtemps a primé l'approche selon laquelle ils seraient des gouvernés bien davantage que des gouvernants. Dans le droit contemporain, les tribunaux se présentent à la fois sous les traits de gouvernés, à l'instar des parlementaires ou du Premier ministre, en ce qu'un ensemble de normes procédurales

---

STÉFANINI, L. GAY, J. PINI, dir., *Autour de la qualité des normes*, Bruylant (Bruxelles), coll. À la croisée des droits, 2010, p. 261 s.

[1] Ph. JESTAZ, *Les sources du droit*, Dalloz, coll. Connaissance du droit, 2005, p. 135.

[2] *Ibid.*

[3] A. SÉRIAUX, *Le Droit – Une introduction*, Ellipses, 1997, p. 161.

encadre leurs actions, et sous les traits de gouvernants, puisqu'une part non négligeable — et croissante — du droit leur est due.

Première partie

La jurisprudence longtemps délaissée par la doctrine

En cette première partie, il s'agira d'envisager le phénomène d'acceptation par la doctrine de la qualité de sources de normes à portée générale de certaines décisions juridictionnelles (*chapitre 2*) après avoir souligné combien, longtemps, elle n'a vu de droit que dans la loi (*chapitre 1*).

Lorsque les commentateurs en sont venus à considérer que la justice ne saurait s'accomplir qu'en « élevant le droit et son application au rang d'une science exacte »[1], cette ambition d'une justice scientifique a été plus ou moins favorable à l'idée de jurisprudence. Elle a ainsi mené, au cours du temps, du magistrat-logicien au magistrat-exégète loyal de la volonté du législateur puis au magistrat-sociologue guidé par l'équité et par la balance des intérêts en conflit. Ensuite, il reste que les échecs successifs de ces diverses manières de concevoir l'office des juges traduisent sans doute l'impossibilité de consacrer une technique univoque d'élaboration des jugements et des arrêts.

Au moment de réfléchir à la jurisprudence, à sa possibilité et à sa réalité, les membres de la doctrine doivent par conséquent prendre garde aux pièges du manichéisme et de la « loi de la bipolarité des erreurs »[2], cette sorte de balancier intellectuel qui ne permet à l'esprit de se délivrer d'un cercle d'égarements qu'en succombant aussitôt à d'autres fourvoiements.

---

[1] B. FRYDMAN, G. HAARSCHER, *Philosophie du droit*, 3e éd., Dalloz, coll. Connaissance du droit, 2010, p. 6.

[2] G. BACHELARD, *La formation de l'esprit scientifique*, Vrin, 1977, p. 20.

Chapitre 1. Le légicentrisme : la doctrine historiquement attirée par la loi plutôt que par la jurisprudence

Aujourd'hui encore, la présentation du droit s'appuie largement sur le « triptyque règle de droit, loi, État »[1]. La juridicité (fait d'être droit) est souvent réduite ou assimilée à la légalité (fait d'être loi), au détriment de la jurisprudence. Cette *emprise moderne* — confinant au « monopole »[2] — *de la loi sur la pensée du droit*, mais aussi, dans une certaine mesure, sur la réalité du droit, est aisément explicable. Et, au XXIe s., de plus en plus de branches du droit et de plus en plus de pensées du droit viennent remettre en cause ce légicentrisme, cela parce que des sources privées concurrencent la loi mais aussi parce que des sources publiques, au premier rang desquelles la jurisprudence, tendent à la subroger. La loi profite d'une force symbolique historique qui résiste difficilement à l'observation de la réalité du pluralisme juridique contemporain.

« Le monopole du législateur couvre la loi, non le droit », écrit Pascale Deumier[3]. Reste que la loi, au XXe s. et aujourd'hui encore dans les branches du droit qui ont acquis leurs caractères durant ce siècle, apparaît telle la source prépondérante ; il s'ensuit que *l'étude par la doctrine de ces branches du droit se réduit généralement à l'étude des lois qui les constituent*. L'amour de la loi n'est pas une donnée éternelle et, historiquement, il a pu être plus ou moins intense (*3*). En France, c'est essentiellement à partir de la Révolution et de

---

[1] P. CORNIOU, *Introduction générale au droit*, 9e éd., Dalloz, coll. Mémentos, 2005, p. 8.

[2] Ph. JESTAZ, Ch. JAMIN, *La doctrine*, Dalloz, coll. Méthodes du droit, 2004, p. 123.

[3] P. DEUMIER, *Le droit spontané*, Economica, coll. Recherches juridiques, 2002, p. 378.

l'édiction du Code civil qu'a été entretenu le « culte de la loi » dans la psyché juridique collective (*4*). Reste que, dans la pensée juridique collective, le phénomène législatif, parce qu'il a une prétention impérialiste qui le pousse à se présenter telle la source formelle du droit par excellence, s'oppose au phénomène jurisprudentiel bien plus souvent qu'il ne se combine avec lui — *a fortiori* il ne saurait être assimilé à lui (*2*). Et ce phénomène législatif n'est pas si aisé à identifier qu'on pourrait le croire au premier abord, même si la doctrine demeure plus hésitante à l'égard de la jurisprudence qu'à l'égard de la loi (*1*).

1. Le phénomène législatif à l'origine d'hésitations de la doctrine

Le phénomène législatif serait apparu dans l'Antique Athènes et le mot « loi » dans l'Antique Rome[1]. En France, la Révolution, mettant en avant les idées de raison et de volonté générale développées par les « Lumières » — selon l'article 6 de la Déclaration des droits de l'homme et du citoyen du 26 août 1789, « la loi est l'expression de la volonté générale » —,

---

[1] J. IMBERT, *Le droit antique*, 3e éd., Puf, coll. Que sais-je ?, 1976, p. 37 (cité par D. DE BÉCHILLON, *Qu'est-ce qu'une règle de droit ?*, Odile Jacob, 1997, p. 42). Toutefois, si « loi » dérive du latin « *lex* », des traducteurs de grands penseurs grecs n'hésitent pas à utiliser le nom « loi ». Par exemple, Démosthène pouvait proposer que « toute la vie des Hommes, qu'ils habitent une grande cité ou une petite, est régie par la nature et par les lois. Tandis que la nature est sans règle et variable selon les individus, les lois sont une chose commune, réglée, identique pour tous. Elles veulent le juste, le beau, l'utile : c'est là ce qu'elles cherchent. Une fois trouvé c'est là ce qui est érigé en disposition générale, égale pour tous et uniforme ; c'est là ce qui s'appelle la Loi » (DÉMOSTHÈNE, *Contre Aristogiton, Contre Philoclès*, 322 av. J.-C., L. I, chap. 15 (cité par J. IMBERT, *Le droit antique*, 3e éd., Puf, coll. Que sais-je ?, 1976, p. 37 et D. DE BÉCHILLON, *Qu'est-ce qu'une règle de droit ?*, Odile Jacob, 1997, p. 43)).

puis l'édiction et la prise de pouvoir juridique du Code civil ont permis à la loi de devenir *« la » source du droit par excellence*[1]. Au XXIe s., diverses branches du droit témoignent du fait qu'elle n'est plus qu'*une source du droit parmi d'autres*, si ce n'est une source secondaire du droit. Mais encore faut-il savoir reconnaître ce phénomène législatif, même si cela est sans doute plus aisé que de reconnaître le phénomène jurisprudentiel. En tout cas, l'un et l'autre sont incomparables. Et, s'il faudrait espérer qu'ils collaborent, le phénomène législatif est souvent peu conciliant avec le phénomène jurisprudentiel. L'un est aux sources du droit ce que le restaurant étoilé est à la gastronomie ; l'autre est aux sources du droit ce que la gargote est à la gastronomie. Cela n'empêche pas que l'on puisse, éventuellement, bien manger dans une gargote et trouver du « bon » droit dans la jurisprudence.

Le terme « loi » se retrouve dans les vocabulaires philosophique, scientifique et religieux ; il déborde du cadre juridique dont il est issu et dont il n'est évidemment pas question ici de sortir. Peut tout d'abord être rappelée la fameuse définition de Montesquieu en vertu de laquelle « les lois, dans la signification la plus étendue, sont les rapports nécessaires qui dérivent de la nature des choses »[2]. Seulement les lois de l'ordre juridique se différencient-elles des lois naturelles, morales ou sociales en ce que, au strict point de vue du droit, elles reposent sur la seule *volonté positive du législateur*, et en ce qu'elles présentent, par suite, un caractère artificiel qui exclut toute possibilité de rattachement à l'idée d'une nécessité constante et absolue.

Aussi, au premier abord, ne paraît-il guère possible d'hésiter ; le sens juridique et politique du nom « loi » semble donné sans débat aucun envisageable. Néanmoins, Philippe

---

[1] P. DEUMIER, Th. REVET, « Sources du droit (problématique générale) », in D. ALLAND, S. RIALS, dir., *Dictionnaire de la culture juridique*, Lamy-Puf, coll. Quadrige-dicos poche, 2003, p. 1432.

[2] MONTESQUIEU, *De l'esprit des lois*, 1748, L. I, chap. 1.

Jestaz considère qu'une loi serait toute « injonction d'un chef, que celle-ci soit écrite, orale ou même purement gestuelle, qu'elle soit individuelle ou générale »[1]. Il explique : « Est chef toute autorité publique ou privée capable de se faire obéir par la base ; capacité qui, au fond, est peut-être le vrai critère du législateur [...]. La loi est d'abord un ordre, n'importe lequel, à la seule exception de celui donné en la forme juridictionnelle. Elle ne s'arrête que là où commence le jugement »[2]. En ce sens, on souligne que, déjà à l'époque de la République romaine, la loi se définissait par opposition aux actes des magistrats[3].

Se trouve ainsi reprise la conception de la loi esquissée par Thomas Hobbes : « commandement adressé par un supérieur à un homme préalablement obligé de lui obéir »[4]. Cette appréhension de la loi est antinomique de celle de Rousseau la reliant à la volonté générale[5] ; tandis que Philippe Jestaz étudie, dans son ouvrage *Les sources du droit*, au sein de deux sections distinctes, « la législation publique et la législation privée »[6].

---

[1] Ph. JESTAZ, *Les sources du droit*, Dalloz, coll. Connaissance du droit, 2005, p. 28.

[2] *Ibid.*

[3] F. SAINT-BONNET, « Loi », in D. ALLAND, S. RIALS, dir., *Dictionnaire de la culture juridique*, Lamy-Puf, coll. Quadrige-dicos poche, 2003, p. 960. *Cf.*, également, L.-J. WINTGENS, « La légisprudence : étude pour une nouvelle théorie de la législation », *Arch. phil. droit* 2005, p. 251 s.

[4] Th. HOBBES, *Léviathan*, 1651, chap. 17.

[5] Selon Rousseau, « la volonté est celle du corps du peuple ou seulement d'une partie. Dans le premier cas, cette volonté déclarée est un acte de souveraineté et fait loi ; dans le second, ce n'est qu'une volonté particulière ou un acte de magistrature, c'est un décret tout au plus » (J.-J. ROUSSEAU, *Du contrat social*, 1762, L. II, chap. 2). Ensuite, « la loi réunissant l'universalité de la volonté et celle de l'objet, ce qu'un homme, quel qu'il puisse être, ordonne de son chef n'est point une loi, mais un décret. [...] Ce qu'ordonne même le souverain sur un objet particulier n'est pas non plus une loi, mais un décret » (*ibid.*, L. II, chap. 6).

[6] Ph. JESTAZ, *Les sources du droit*, Dalloz, coll. Connaissance du droit, 2005, p. 28. Le professeur développe son propos en ces termes : « L'État n'existe pas en tous temps ni en tous lieux. Ainsi, à la grande époque de la féodalité,

Il paraît dès lors indispensable de préciser le sens du terme « loi » retenu, les contours du phénomène législatif étudié en dépendant évidemment intimement — et même si ces contours sont dans tous les cas très différents de ceux du phénomène jurisprudentiel. Or il est peut-être préférable de suivre la trace, notamment, de Jellinek lorsqu'il professait que « la forme de la loi est exclusivement réservée à l'État »[1]. Reste qu'il ne semble pas possible de se passer d'une définition de la loi, y compris au sein d'un ouvrage consacré à la jurisprudence tant cette dernière ne peut se comprendre sans comprendre le phénomène législatif et le phénomène de légicentrisme de la pensée juridique qui l'a longtemps accompagné.

On va jusqu'à considérer que « le terme “loi” est à ranger parmi la pléiade de termes polysémiques du vocabulaire juridique »[2] ou que la loi dans un sens restreint devrait nécessairement se voir adjoint un suffixe[3] ; tandis que, ainsi que le démontrait Georges Burdeau, la notion de loi a historiquement beaucoup évolué[4] depuis que Cicéron l'a spécifiée comme étant

---

les seigneurs locaux édictaient des actes qu'il faut bien qualifier de législatifs. Si l'on généralise à partir de cet exemple, force est d'admettre la possibilité d'une législation privée, y compris dans des sociétés où l'État paraît régner en maître » (*ibid.*). Et, selon lui, « on peut dire que la loi a un caractère unilatéral : c'est un ordre qui ne requiert pas l'accord du destinataire. Elle se différencie donc du contrat qui est négocié par les parties » (*ibid.*, p. 29).

[1] G. JELLINEK, *L'État moderne et son droit – Première partie : Doctrine générale de l'État*, trad. G. Fardis, Fontemoing, 1904 (cité par S. GOYARD-FABRE, *L'État, figure moderne de la politique*, Armand Colin, coll. Cursus-philosophie, 1999, p. 32).

[2] P. DEUMIER, *Introduction générale au droit*, 2e éd., LGDJ, coll. Manuel, 2013, p. 172.

[3] F. SAINT-BONNET, « Loi », in D. ALLAND, S. RIALS, dir., *Dictionnaire de la culture juridique*, Lamy-Puf, coll. Quadrige-dicos poche, 2003, p. 959. Le suffixe devrait désigner soit l'objet de la loi, soit son auteur, soit son destinataire, soit son rang dans la « hiérarchie des lois ». Et il faudrait, tout d'abord, prendre soin de parler de « loi juridique » (*ibid.*, p. 960).

[4] *Cf.* G. BURDEAU, « Essai sur l'évolution de la notion de loi », *Arch. phil. droit* 1939, p. 7 s.

l' « esprit de Dieu »[1]. Et la Cour européenne des droits de l'homme, qui se consacre à des systèmes juridiques de tradition romano-germanique mais aussi de *common law*, de retenir une approche excessivement large de la loi, à tel point qu'une jurisprudence serait d'ordre législatif[2]. D'ailleurs, le nom anglais « *law* » se traduit par « droit » et non par « loi » — on parle « du » *common law* —[3] et l'adjectif « *legal* » signifie « juridique », non « légal »[4].

En ces pages, est logiquement adoptée une acception stricte de la loi, soit une acception formelle et étatiste — la jurisprudence ne saurait s'analyser telle une loi. Or cette loi comprise dans son sens le plus précis, en tant que source formelle du droit par excellence, tend à cannibaliser toutes les sources du droit.

---

[1] CICÉRON, *Traité des lois*, 52 av. J.-C., L. I, chap. 6 (« la loi n'est pas une invention de l'esprit humain, ni un décret des peuples, mais quelque-chose d'éternel qui gouverne le monde entier. […] La loi est l'esprit de Dieu » (cité par A. SÉRIAUX, *Le Droit – Une introduction*, Ellipses, 1997, p. 74)).

[2] Par exemple, CEDH, 24 avr. 1990, *Kruslin c/ France*. La Cour retient en effet une acception de la loi matérielle et non formelle : la loi doit être « accessible et prévisible » (CEDH, 26 avr. 1979, *Sunday Times c/ Royaume-Uni*).

[3] É. PICARD, « Common Law », in D. ALLAND, S. RIALS, dir., *Dictionnaire de la culture juridique*, Lamy-Puf, coll. Quadrige-dicos poche, 2003, p. 239.

[4] L'Angleterre réunit dans le terme « *law* » ce que le droit romain, et après lui les droits continentaux, distinguent en « *jus* » et « *lex* ». Le mot « *law* » recouvre aussi bien la « *statute law* » d'origine parlementaire que la coutume et les décisions des juridictions (D. BARANGER, « Angleterre (culture juridique) », in D. ALLAND, S. RIALS, dir., *Dictionnaire de la culture juridique*, Lamy-Puf, coll. Quadrige-dicos poche, 2003, p. 56).

2. La loi, source formelle du droit incomparable à la jurisprudence

Autant l'intimité problématique entre État et droit, que retenait, parmi bien d'autres exemples, Carré de Malberg[1], est douteuse, autant il paraît difficile de ne pas accepter *l'intimité problématique entre État et loi.* Toute loi est publique et, plus encore, toute loi est étatique, étant entendu qu'il s'agit ici de caractériser *la loi dans son sens le plus strict* et non quelque loi *lato sensu.* La loi doit se comprendre sous un angle principalement *formel et organique*, c'est-à-dire en référence à l'auteur de l'acte et aux conditions de forme et de procédure suivant lesquelles il agit.

« Loi » dérive du terme latin « *lex* » ou « *legis* » qui signifie « chose édictée ». Elle est la chose édictée par le législateur, par les organes étatiques disposant du pouvoir législatif, la « règle de droit écrite, générale et permanente élaborée par le Parlement », ainsi que le précisent les lexiques juridiques[2] — définition difficilement acceptable tant il paraît délicat de considérer de la sorte qu'une loi serait une norme en soi plutôt

---

[1] En particulier, R. CARRÉ DE MALBERG, *Confrontation de la théorie de la formation du droit par degrés avec les idées et les institutions consacrées par le droit positif français relativement à sa formation*, Librairie du Recueil Sirey, 1933 ; R. CARRÉ DE MALBERG, *Contribution à la théorie générale de l'État spécialement d'après les données fournies par le droit constitutionnel français*, t. I, Librairie du Recueil Sirey, 1920.

[2] V° « Loi », in S. GUINCHARD, G. MONTAGNIER, dir., *Lexique des termes juridiques*, 16ᵉ éd., Dalloz, 2007, p. 402. C'est là la définition classique que retenait déjà Kelsen : les lois correspondent aux « normes juridiques générales en forme de loi, c'est-à-dire celles qui ont été votées par le Parlement et [...] suivant un certain mode » (H. KELSEN, *Théorie pure du droit*, 2ᵉ éd., trad. Ch. Eisenmann, Dalloz, 1962, p. 309).

qu'*un acte normatif porteur de plusieurs normes*[1] ; il paraît donc préférable de caractériser la loi en tant que « texte voté par le Parlement »[2]. Et il est remarquable que ces ouvrages ajoutent une spécification de la « loi au sens large » comme « toute règle de droit d'origine étatique, qu'elle soit d'origine parlementaire ou non »[3], alors que Jean-Louis Bergel fait de la loi largement comprise « toute règle écrite, générale et permanente, édictée par les pouvoirs publics »[4], de sorte qu'une « loi privée » serait bien une *contradictio in adjecto* mais pas une « loi jurisprudentielle ».

Partant, dans son sens admissible le plus large, et contre qui incorpore les coutumes parmi les données législatives[5], la loi désigne tous les actes normatifs édictés par les organes étatiques, ce qui comprend la Constitution et tous les règlements, y compris ceux établis par les autorités spécialisées,

---

[1] Il est difficilement concevable que « "la loi" peut être synonyme de "règle de droit" » (P. DEUMIER, *Introduction générale au droit*, 2e éd., LGDJ, coll. Manuel, 2013, p. 172).

[2] V° « Loi », in G. CORNU, dir., *Vocabulaire juridique*, 8e éd., Puf, coll. Quadrige, 2007, p. 487. Mais il est, dans le même ouvrage, ajouté qu'une loi serait une « règle de droit suprême dans la hiérarchie des normes » (*ibid.*). Léon Duguit est un des très rares auteurs à effectivement définir la loi comme un acte et non comme une norme. Mais sa conception peut être ambiguë et il écrivait, notamment, que « tout acte émané de l'État contenant une règle de droit objectif est une loi. La loi est un acte-règle » (L. DUGUIT, *Traité de droit constitutionnel – Tome deuxième : La théorie générale de l'État – Première partie : Éléments, fonctions et organes de l'État*, 3e éd., De Boccard, 1928, p. 166).

[3] V° « Loi », in S. GUINCHARD, G. MONTAGNIER, dir., *Lexique des termes juridiques*, 16e éd., Dalloz, 2007, p. 402.

[4] J.-L. BERGEL, *Théorie générale du droit*, 5e éd., Dalloz, coll. Méthodes du droit, 2012, p. 62.

[5] A. POMADE, *La Société Civile et le droit de l'environnement – Contribution à la réflexion sur les sources et la validité des normes juridiques*, th., Université d'Orléans, 2009, p. 421.

mais aussi les jurisprudences et notamment les principes généraux du droit[1].

C'est là la conception de la « *lex* » qui prévalait à l'époque de la république romaine : il s'agit de tout acte impératif et unilatéral, par opposition aux actes indicatifs et incitatifs et par opposition aux conventions, accords de volontés[2] — sans doute ne faut-il voir dans l'usage du mot « loi » à l'article 1103 (ex 1134) du Code civil qu'une métaphore[3]. Ce sens large de « loi » est aussi à rapprocher de celui que retenait Bodin : « La loy est le commandement de celui qui a la souveraineté »[4] ; quel que soit son mode, « il suffit que la volonté royale signifie

---

[1] C'est le sens de la loi *lato sensu* que retenait, notamment, Carbonnier : « Toute règle de droit volontairement formulée par un organe spécialisé de la société, par un organe étatique » (J. CARBONNIER, *Théorie sociologique des sources du droit*, Association corporative des étudiants en droit de l'Université Panthéon-Sorbonne, 1961, p. 93). Nombre de professeurs retiennent qu'une loi serait une « règle écrite permanente et générale forgée par l'autorité publique » (A. LECA, *La genèse du droit – Essai d'introduction historique au droit*, 3e éd., Librairie de l'Université d'Aix-en-Provence, 2002, p. 109), une « règle juridique formulée par écrit, promulguée à un moment donné par un ou plusieurs individus investis de l'autorité sociale » (F. TERRÉ, *Introduction générale au droit*, 7e éd., Dalloz, coll. Précis, 2006, p. 194). Il faut redire combien il est surprenant de voir la loi désignée comme étant une règle plutôt qu'un acte normatif, c'est-à-dire comme étant une norme unique plutôt qu'un ensemble de normes. Jusqu'à Carré de Malberg retenait que « seule la règle de droit est une loi matérielle » (R. CARRÉ DE MALBERG, *Contribution à la théorie générale de l'État spécialement d'après les données fournies par le droit constitutionnel français*, t. I, Librairie du Recueil Sirey, 1920, p. 301).

[2] F. SAINT-BONNET, « Loi », in D. ALLAND, S. RIALS, dir., *Dictionnaire de la culture juridique*, Lamy-Puf, coll. Quadrige-dicos poche, 2003, p. 960.

[3] « Les contrats légalement formés tiennent lieu de loi à ceux qui les ont faits ». Ces contrats sont comme des lois dans leurs effets, mais ils ne sont pas des lois formellement parlant. *Cf.* L. AYNES, « Le contrat, loi des parties », *Cah. Cons. const.* 2004, n° 17, p. 120 s. ; J.-P. CHAZAL, « De la signification du mot loi dans l'article 1134 alinéa premier du Code civil », *RTD civ.* 2001, p. 265 s.

[4] J. BODIN, *Les six livres de la République*, 1576, L. I, chap. 8 (cité par O. BEAUD, *La puissance de l'État*, Puf, coll. Léviathan, 1994, p. 71).

commandement du Prince (et donc obéissance des sujets) pour mériter le nom de loy »[1].

En ces lignes où la loi doit être précisément distinguée de la jurisprudence, il est préférable de se focaliser sur les lois au sens strict, c'est-à-dire sur les actes à portée normative, dotés de force obligatoire et pouvant être exécutés par la contrainte[2], qui émanent du pouvoir législatif, du Parlement intervenant dans son domaine constitutionnel de compétence[3] et ayant vocation à représenter le peuple ou la nation. Cela fait de la loi la source du droit la plus politique de toutes. Une loi est donc un acte normatif élaboré et voté par la ou les assemblée(s) démocratique(s) de dimension nationale[4]. Partant, il faut reprendre la description que proposait Léon Duguit : « Au point de vue formel, est loi toute décision émanée de l'organe qui, d'après la Constitution du pays considéré, a le caractère d'organe législatif »[5] ; et il convient de suivre les professeurs qui

---

[1] O. BEAUD, *La puissance de l'État*, Puf, coll. Léviathan, 1994, p. 71. Plus tard, Jean-Jacques Burlamaqui a spécifié la loi telle « une règle commandée par le souverain d'une société à ses sujets, sous une certaine peine, afin qu'ils y conforment leurs actions » (J.-J. BURLAMAQUI, *Éléments du droit naturel*, 1775, p. 309 (cité par R. SÈVE, *Philosophie et théorie du droit*, Dalloz, coll. Cours, 2007, p. 308)).

[2] F. TERRÉ, *Introduction générale au droit*, 7e éd., Dalloz, coll. Précis, 2006, p. 399.

[3] Sur ce point, peut être citée la définition de la loi que proposait Alf Ross : « Une loi valide est édictée si un texte a été adopté et promulgué par les personnes compétentes, selon une procédure correcte, et si elle traite de matières relevant constitutionnellement du pouvoir législatif » (A. ROSS, *Introduction à l'empirisme juridique*, trad. E. Matzner, É. Millard, Bruylant-LGDJ (Bruxelles-Paris), coll. La pensée juridique, 2004, p. 205).

[4] *Cf.*, en particulier, B. MATHIEU, *La loi*, 3e éd., Dalloz, coll. Connaissance du droit, 2010 ; A. HAQUET, *La loi et le règlement*, LGDJ, coll. Systèmes, 2007.

[5] L. DUGUIT, *Traité de droit constitutionnel – Tome premier : La règle de droit, le problème de l'État*, 3e éd., De Boccard, 1927, p. 160. Duguit ajoutait que, « au point de vue matériel, est loi tout acte qui possède en soi le caractère intrinsèque de loi, et cela indépendamment de l'individu ou du corps qui fait l'acte. C'est l'acte législatif d'après sa nature propre, qui peut être en même

retiennent que, « dans nos systèmes de droit démocratiques, le concept de loi désigne la règle édictée par le Parlement selon les formes et les procédures définies dans la Constitution comme exprimant la volonté de la nation »[1] — mais à condition de remplacer le terme « règle » par l'expression « acte normatif ».

Peut-être même faut-il ne conserver aucun élément définitionnel matériel et se doter d'une acception purement formelle de la loi. Ainsi importerait-il peu que la loi ait une portée normative ou non ; d'aucuns savent que des textes dont personne ne nie la qualité législative sont parfois seulement déclaratifs — décoratifs ? —, le Conseil constitutionnel ayant d'ailleurs eu l'occasion de critiquer le dévoiement de la loi que cela entraîne. De plus, la généralité ne peut qu'être maladroitement considérée comme une condition de légalité ; il n'est pas vrai que la loi est générale en ce sens qu' « elle statue, non pas sur un fait ou sur un homme en particulier, mais d'une façon abstraite et pour le corps entier des citoyens »[2], puisque la pratique des lois à portée individuelle s'est amplement développée et que le Conseil constitutionnel, pourtant gardien de l'orthodoxie législative, n'y a jamais rien trouvé à redire[3]. En tout cas n'est-il

---

temps une loi formelle, mais qui aussi peut ne pas l'être, qui très souvent ne l'est pas » (*ibid.*, p. 161).

[1] D. DE BÉCHILLON, *Qu'est-ce qu'une règle de droit ?*, Odile Jacob, 1997, p. 20.

[2] R. CARRÉ DE MALBERG, *Contribution à la théorie générale de l'État spécialement d'après les données fournies par le droit constitutionnel français*, t. I, Librairie du Recueil Sirey, 1920, p. 269. Carré de Malberg considérait que, « quant à la décision qui porte sur un objet particulier, fût-elle émise par le législateur lui-même, elle ne constitue point une loi, mais un simple décret ou acte d'administration » (*ibid.*).

[3] Le Conseil constitutionnel a admis que le Parlement « valide » des décisions administratives à portée individuelle (Cons. const., déc. 24 juill. 1985, n° 85-192 DC, *Loi portant diverses dispositions d'ordre social*). Pourtant, la validation a pour effet juridiquement reconnu de transmuter en loi l'acte qu'elle vise, même s'il concerne une seule personne expressément désignée (CE, 6 févr. 1981, *Detattre*). Cela signifie donc que la norme validée devient une loi à part entière. Par voie de conséquence, la Constitution n'interdit en rien qu'il y ait des lois à portée individuelle.

pas lieu de faire de la loi quelque-chose de nécessairement général en ce que la volonté dont elle émane devrait être générale et l'intérêt qu'elle poursuit devrait être général[1]. Quasi-systématiquement, la loi répond à cette spécification[2],

[1] Cela bien que de nombreux textes à valeur constitutionnelle s'inscrivent dans la droite lignée de la Déclaration des droits de 1793 qui définissait, à son article 4, la loi en tant qu' « expression de la volonté générale » et ajoutait qu' « elle ne peut ordonner que ce qui est juste et utile à la société ; elle ne peut défendre que ce qui lui est nuisible ». C'était définir la loi par son contenu et donner ainsi une définition de la loi au sens matériel. Il n'était alors guère surprenant de voir Adhémar Esmein définir la loi telle « une règle impérative ou prohibitive posée par le souverain, qui statue non dans un intérêt particulier mais dans l'intérêt commun, non à l'égard d'un individu isolé mais à l'égard de tous, pour l'avenir et à toujours » (A. ESMEIN, *Droit constitutionnel*, t. I, 8e éd., Sirey, 1927, p. 22 (cité par L. DUGUIT, *Traité de droit constitutionnel – Tome deuxième : La théorie générale de l'État – Première partie : Éléments, fonctions et organes de l'État*, 3e éd., De Boccard, 1928, p. 163)). Il faut ici rappeler que le lien entre loi et généralité a surtout été établi par Rousseau qui écrivait que, « quand tout le peuple statue sur tout le peuple, il ne considère que lui-même ; et s'il se forme alors un rapport, c'est de l'objet entier sous un point de vue à l'objet entier sous un autre point de vue. Alors la matière sur laquelle on statue est générale, comme la volonté qui statue. C'est cet acte que j'appelle une loi. [...] Quand je dis que l'objet des lois est toujours général, j'entends que la loi considère les sujets en corps et les actions comme abstraites, jamais un homme comme individu, ni une action particulière. Toute fonction qui se rapporte à un objet individuel n'appartient point à la puissance législative » (J.-J. ROUSSEAU, *Du contrat social*, 1762, L. II, chap. 6). Et, « de même qu'une volonté particulière ne peut représenter la volonté générale, la volonté générale à son tour change de nature ayant un objet particulier et ne peut comme générale prononcer ni sur un homme ni sur un fait » (*ibid.*, L. II, chap. 4). *Cf.*, encore, H. DUPEYROUX, « Sur la généralité de la loi », in *Mélanges Raymond Carré de Malberg*, Sirey, 1933, p. 135 s.

[2] Sur ce point, il est remarquable que Duguit retenait que « les caractères essentiels de la règle de droit objectif se trouvent et doivent se trouver dans la loi matérielle. Or les deux caractères essentiels de la règle de droit sont la généralité et le caractère impératif. [...] Toute loi matérielle a ces deux caractères, elle ne peut pas ne pas les avoir, elle ne peut pas ne pas être une règle générale et impérative » (L. DUGUIT, *Traité de droit constitutionnel – Tome deuxième : La théorie générale de l'État – Première partie : Éléments, fonctions et organes de l'État*, 3e éd., De Boccard, 1928, p. 166). *Cf.* P.-L. LUCAS, « La loi », *D.* 1964, p. 197.

mais mieux vaut ne pas intégrer ces éléments matériels dans la définition. Cela contribue à séparer d'autant plus la loi et la jurisprudence, cette dernière étant nécessairement faite de normes générales, impersonnelles et obligatoires.

Dès les prémices de la Révolution française, a été affirmée une conception de la loi qui se bornait à définir celle-ci par ses éléments formels, abstraction faite de son objet intrinsèque et de sa portée. Cette conception a rapidement prévalu[1] et la seule représentation de la loi qui se dégage des Constitutions postérieures à la Révolution est celle selon laquelle tout acte quelconque *fait sous la forme législative par l'organe législatif* constitue, quel que soit son objet ou contenu, une loi proprement dite, une loi au sens constitutionnel, par ce motif qu'il tire

[1] Elle apparaissait déjà dans la loi des 12 octobre et 6 novembre 1789, selon laquelle « les décrets de l'Assemblée nationale, sanctionnés par le roi, porteront le nom et l'intitulé de lois ». Confirmée par la loi des 2 et 5 novembre 1790, elle trouvait à nouveau sa consécration dans la Constitution de 1791 : « Les décrets du Corps législatif sanctionnés par le roi ont force de loi et portent le nom et l'intitulé de lois ». Et elle s'est affirmée toujours plus avec la Constitution de l'an III, laquelle prévoyait que « les résolutions du Conseil des Cinq-Cents, adoptées par le Conseil des Anciens, s'appellent lois ». Enfin, la Constitution de l'an VIII a poursuivi cet ouvrage et on a cherché en vain quelque vestige d'une définition au fond de la loi ou de la fonction législative dans ces textes. Peut être ajouté à cette rapide liste l'article 1er de la loi constitutionnelle du 25 février 1875, qui venait simplement déclarer à cet égard que « le pouvoir législatif s'exerce par deux assemblées, la Chambre des députés et le Sénat ». « Cette disposition, commentait Carré de Malberg, peut s'entendre en un double sens : elle signifie, ou bien que toute décision (en forme législative) des Chambres est une loi, ou tout au moins qu'il ne peut y avoir exercice de la puissance législative que de la part des Chambres, en ce sens qu'une loi, dans l'acception constitutionnelle du mot, ne peut résulter que d'une décision émanant d'elles ; l'une et l'autre de ces interprétations impliquent le caractère essentiellement formel de la notion de loi dans le droit positif français » (R. CARRÉ DE MALBERG, *Contribution à la théorie générale de l'État spécialement d'après les données fournies par le droit constitutionnel français*, t. I, Librairie du Recueil Sirey, 1920, p. 270-271).

de son origine et de sa consistance formelle la « force de loi »[1]. Il est dès lors impossible de confondre loi et jurisprudence.

Il n'est donc guère lieu de suivre qui dénonce l'acception formaliste de la loi comme « ridiculement insuffisant[e] »[2]. Mieux vaut se placer dans les traces de Léon Duguit lorsqu'il expliquait : « Hauriou dit que la loi doit être définie au point de vue de sa matière en opposition avec le règlement. Je crois que sur ce point Hauriou se trompe, et j'espère montrer qu'il n'y a point de différence matérielle entre la loi et le règlement »[3]. Et il faut convenir, avec le maître bordelais, qu' « en disant qu'au point de vue matériel la loi exprime une volonté de la nation, mon savant collègue [Hauriou] me paraît se tromper : le fait qu'un acte exprime la volonté de la nation est un élément formel de cet acte, puisqu'il dépend du caractère de l'organe qui intervient et de la qualité en laquelle il intervient »[4].

En outre, si la Constitution française du 4 octobre 1958 reconnaît au Président de la République et au Premier ministre le pouvoir d'exprimer la volonté générale concurremment avec le Parlement, il ne s'agit pas de considérer qu'ils pourraient édicter des lois et qu'ils disposeraient d'une part quelconque du pouvoir législatif, même s'ils participent de la fonction de création du droit autant que de la fonction d'application du

---

[1] *Ibid.*, p. 270.

[2] Ph. JESTAZ, *Les sources du droit*, Dalloz, coll. Connaissance du droit, 2005, p. 27.

[3] L. DUGUIT, *Traité de droit constitutionnel – Tome deuxième : La théorie générale de l'État – Première partie : Éléments, fonctions et organes de l'État*, 3e éd., De Boccard, 1928, p. 164. Et Léon Duguit de compléter son propos en ces termes : « On lira avec beaucoup d'intérêt tout le chapitre XIII [de l'ouvrage *Droit administratif* de Maurice Hauriou] intitulé "La loi et la centralisation", où l'auteur détermine quels sont pour lui les éléments formels et les éléments matériels de la loi et essaie d'ailleurs vainement, il nous semble, d'établir une différence réelle entre la loi et le règlement » (*ibid.*).

[4] *Ibid.*, p. 165.

droit[1]. L'article 34 de cette Constitution énumère les matières réservées au Parlement ; la loi se limite donc à un domaine d'attribution constitutionnellement arrêté. Mais cela ne doit pas amener à constater que le domaine législatif se spécifierait aussi au départ d'une dimension matérielle puisque tout objet ne peut pas être saisi par la loi ; en effet, si un acte législatif était promulgué et entrait en vigueur sans être contrôlé par le Conseil constitutionnel, et s'il saisissait un objet non listé à l'article 34, il n'en serait pas moins une loi, bien qu'en théorie cette disposition prive le législateur de la compétence de sa compétence.

Partant, cette « digression législative » peut être conclue en rappelant la brève définition de la loi proposée par Raymond Carré de Malberg : il s'agirait tout simplement de « toute décision émanant des assemblées législatives »[2].

Ensuite, ces pages ne sont pas le lieu où disserter plus avant à propos du sens de la loi et où s'attarder sur les différentes

---

[1] *Cf.*, notamment, B. MATHIEU, La loi, 3e éd., Dalloz, coll. Connaissance du droit, 2010.

[2] R. CARRÉ DE MALBERG, *Contribution à la théorie générale de l'État spécialement d'après les données fournies par le droit constitutionnel français*, t. I, Librairie du Recueil Sirey, 1920, p. 285. En revanche, il n'est pas possible de suivre l'illustre professeur strasbourgeois, qui écrivait au début du XXe s. et à l'aune des institutions de la IIIe République, lorsqu'il observait que le domaine de la loi était illimité (*ibid.*). Ceci est tout à fait remarquable en ce que l'article 34 de la Constitution de 1958 opère un revirement radical. Carré de Malberg, en son temps, pouvait à bon droit noter que « M. Duguit a prétendu que l'article 1er de la loi constitutionnelle du 25 février 1875 pourrait aussi s'entendre en ce sens que les Chambres seules ont le pouvoir d'édicter une prescription ayant en soi et *quant au fond* la nature de loi. Mais cette interprétation ne serait soutenable que si la Constitution de 1875 avait par ailleurs déterminé les éléments de fond qui caractérisent la loi et la compétence législative ainsi comprises. Or il importe de remarquer que depuis l'an VIII les Constitutions françaises, à la différence de celles de la Révolution, ne se préoccupent plus aucunement de déterminer, ni par voie d'énumération, ni davantage par voie de définition de principe, quelle est la nature intrinsèque de la loi ou quelles sont les matières rentrant spécialement dans le domaine de la législation » (*ibid.*, p. 271 (souligné dans le texte original)).

catégories de lois que la Constitution identifie : « lois constitutionnelles », « lois organiques », « lois de finances », « lois de financement de la sécurité sociale », « lois de programmation » et « lois de pays »[1].

Il faut à présent souligner combien le sort réservé par la doctrine à la jurisprudence a toujours intimement dépendu du sort réservé par la doctrine à la loi.

3. Les pérégrinations doctrinales de la loi au cours des siècles et leurs conséquences sur la jurisprudence

Déjà, dans *Le Politique*, Platon réduisait le droit à la loi[2] ; et il y définissait la loi comme un acte normatif « général et immuable »[3]. Il ne s'agissait pas, alors, d'estimer que les normes non législatives ne seraient pas juridiques, mais plutôt que seul le droit législatif pourrait être du « bon » droit, si bien que l'enjeu était de permettre à la loi de maîtriser le droit.

La philosophie politique des socratiques, de Platon et Aristote, entretenait une relation ambivalente avec la loi : celle-ci ne valait pleinement que si elle s'accordait avec la nature, mais elle était également indispensable à la réalisation de la justice, qui était indissolublement un caractère de la Cité et une vertu de l'individu ; c'est pour cela que, en général, un régime légal serait presque toujours préférable à un régime où les lois sont inexistantes, éventuellement abandonné à la jurisprudence,

---

[1] *Cf.* B. MATHIEU, *La loi*, 3e éd., Dalloz, coll. Connaissance du droit, 2010.

[2] *Cf.* M. VILLEY, *La formation de la pensée juridique moderne*, Montchrestien, 1975, p. 26.

[3] J. BENOIST, « Platon – Les Lois », in O. CAYLA, J.-L. HALPÉRIN, dir., *Dictionnaire des grandes œuvres juridiques*, Dalloz, 2008, p. 448.

donc au « gouvernement des juges »[1]. Qu'il soit rappelé que Socrate, au moment de s'empoisonner conformément à la sentence de mort rendue contre lui, préféra « mourir en observant la loi que vivre en la violant »[2].

Dans la Rome antique, pareille conception de la « *lex* » s'est également développée[3]. La loi était ainsi présentée par Ulpien, dans le *Digeste*, comme étant un « don de la divinité » et la « reine des choses divines et humaines »[4] — tandis qu'aujourd'hui certains penseurs jugent que « la loi est le pire ennemi du droit »[5]. Les romains ont traduit par « *lex publica* » le « *nomos* » grec et on parle de « nomophilie » pour désigner

---

1 Ph. RAYNAUD, « Anciens et modernes », in D. ALLAND, S. RIALS, dir., *Dictionnaire de la culture juridique*, Lamy-Puf, coll. Quadrige-dicos poche, 2003, p. 48.

2 XÉNOPHON, *Mémorables*, 370 av. J.-C., L. IV. Dans le *Criton*, Platon met en scène le refus par Socrate de s'évader de la prison où il attend la mort, au nom du respect des lois. Dans la fameuse « prosopopée des lois » de ce dialogue, Platon donne la parole aux lois, qui interpellent Socrate : en s'enfuyant, il les violera, et en les violant, il détruira l'État. Ce faisant, il détruira le principe même du juste et de l'injuste. La condamnation qui l'envoie à la mort peut être injuste, mais s'y soustraire c'est annuler le fondement même de la justice et de l'injustice et ôter tout sens à ces notions. « Le philosophe critique de la loi du point de vue métaphysique [Platon], observe-t-on, se découvre ici défenseur intraitable du règne de la loi du point de vue politique. En ce sens, Platon est aussi bien l'inventeur du légalisme juridique, en un sens que ne démentirait pas un positiviste juridique, même si c'est pour de tout autres raisons — sur fond d'essentialisme déçu, pourrait-on dire : la loi est un mal nécessaire » (J. BENOIST, « Platon – Les Lois », in O. CAYLA, J.-L. HALPÉRIN, dir., *Dictionnaire des grandes œuvres juridiques*, Dalloz, 2008, p. 448-449).

3 *Cf.* A. MAGDELAIN, *La loi à Rome – Histoire d'un concept*, Les Belles Lettres, 1978.

4 ULPIEN, in *Digeste*, 529, I, 3 (cité par O. THOLOZAN, « L'excellence de la loi dans la pensée juridique et politique française depuis le XVIIIe siècle », in M. FATIN-ROUGE STÉFANINI, L. GAY, J. PINI, dir., *Autour de la qualité des normes*, Bruylant (Bruxelles), coll. À la croisée des droits, 2010, p. 57).

5 P. SIMON, *Le droit naturel – Ses amis, ses ennemis*, François-Xavier de Guibert, 2006.

ceux qui aiment la loi[1], ce qui montre combien a pu être grande la tentation de réduire la totalité des normes aux normes d'origine législative, excluant par la même occasion toute possibilité de jurisprudence.

Au Moyen Âge, ainsi que l'observe Olivier Beaud, le roi était le gardien du droit, c'est-à-dire le gardien d'un ordre transcendant et immuable face auquel nulle assemblée législative ne pouvait rien ; le droit était supérieur à la volonté du roi qui était *legibus alligatus* et non *legibus solutus*[2]. Cette représentation du droit fit reculer la loi par rapport aux autres actes créateurs de règles juridiques, spécialement par rapport aux coutumes. En revanche, il n'était guère question de quelque jurisprudence comprise comme production de règles de droit par les juges.

Jusqu'au XVIe s. était le temps du *jus commune*, c'est-à-dire le temps du droit d'héritage romain et le temps des coutumes formant des droits strictement locaux[3]. Et on relève que l'élément jurisprudentiel a occupé, dans la construction du droit français, spécialement au XVIIe s., une place croissante bien que toujours secondaire, soit par des emprunts directs, soit après que les principales innovations de la jurisprudence des tribunaux eurent été intégrées dans le texte des coutumes réformées[4]. Jean-Marie Carbasse souligne que, sous l'Ancien Régime, le pouvoir législatif était à la fois limité dans son principe et dans sa pratique et que des lois étaient édictées afin d'encadrer la vie publique, mais la vie privée et les rapports entre individus

---

[1] O. THOLOZAN, « L'excellence de la loi dans la pensée juridique et politique française depuis le XVIIIe siècle », in M. FATIN-ROUGE STÉFANINI, L. GAY, J. PINI, dir., *Autour de la qualité des normes*, Bruylant (Bruxelles), coll. À la croisée des droits, 2010, p. 57.

[2] O. BEAUD, *La puissance de l'État*, Puf, coll. Léviathan, 1994, p. 44.

[3] J.-L. THIREAU, « Droit français », in D. ALLAND, S. RIALS, dir., *Dictionnaire de la culture juridique*, Lamy-Puf, coll. Quadrige-dicos poche, 2003, p. 485.

[4] *Ibid.*, p. 486.

demeuraient essentiellement soumis à des règles coutumières[1]. Certes, au XVIIIe s., un pas important a été franchi par le chancelier d'Aguesseau, mais ses ordonnances, très brèves, ne concernaient que les principes généraux du droit successoral, la diversité coutumière subsistant pour le reste. Ainsi la coutume a-t-elle longtemps été première et suivie par la loi, la jurisprudence observant de loin ces sources principales du droit.

La législation royale s'est imposée comme source à part entière du droit français avec les grandes ordonnances de Colbert et d'Aguesseau, qui ont fait l'objet de nombreux commentaires et ont été enseignées avec les coutumes dans les Universités par les professeurs de droit français, en particulier dans les Facultés du Midi[2] ; mais être admis au rang de source du droit est tout autre chose qu'être admis au rang de source principale ou exclusive du droit.

Un an seulement avant le début de la Révolution, le 8 mai 1788, parlant devant le roi qui tenait lit de justice au Parlement de Paris, le garde des Sceaux Lamoignon évoquait encore le besoin de simplifier les coutumes — quand, aujourd'hui, tout le problème est celui de la simplification du corpus trop dense des lois —[3]. Il est remarquable que, dans le même temps, Blackstone reconnaissait au Parlement britannique un pouvoir

---

[1] J.-M. CARBASSE, « Coutumes françaises », in D. ALLAND, S. RIALS, dir., *Dictionnaire de la culture juridique*, Lamy-Puf, coll. Quadrige-dicos poche, 2003, p. 330. *Cf.*, également, J.-M. CARBASSE, « Contribution à l'étude du processus coutumier : la coutume de droit privé jusqu'à la Révolution », *Droits* 1986, n° 3, p. 25 s.

[2] J.-L. THIREAU, « Droit français », in D. ALLAND, S. RIALS, dir., *Dictionnaire de la culture juridique*, Lamy-Puf, coll. Quadrige-dicos poche, 2003, p. 486.

[3] « Il entre dans les vues législatives de Sa Majesté de simplifier ces coutumes diverses et d'en réduire le nombre, avec tous les ménagements que méritent d'anciennes lois, lesquelles sont liées aux mœurs locales » (cité par J.-M. CARBASSE, « Coutumes françaises », in D. ALLAND, S. RIALS, dir., *Dictionnaire de la culture juridique*, Lamy-Puf, coll. Quadrige-dicos poche, 2003, p. 331).

« transcendant et absolu »[1], alors que, désormais, le Royaume-Uni est un pays de *common law*.

Partant, en France, jusqu'à la Révolution, la loi n'a pas été la source première du droit, loin de là. C'est en cela que la force de la loi dans la psyché juridique collective peut être qualifiée de moderne. D'une certaine façon, il n'est peut-être même de loi que moderne, selon la définition qu'on en retient[2], puisque, comme l'indiquait Bodin, les sujets du roi devaient obéir à ses lois, mais celles-ci devaient obéir aux lois de nature[3], ce qui revient à dire que les lois de l'État n'étaient qu'une sorte d'« écran transparent ».

Mais les analyses en la matière sont très relatives et un auteur peut retenir que « le roi comme juge est médiéval, le roi comme législateur est moderne »[4]. Sans doute le pouvoir des rois change-t-il de nature dès lors que Bodin le définit par une prérogative spécifique qui est le pouvoir de commandement législatif et que ne possédait pas le roi du Moyen Âge[5].

---

[1] W. BLACKSTONE, *Commentaries on the Laws of England*, Oxford University Press, 1765 (cité par Ph. LAUVAUX, C. PIMENTEL, « Fonctions juridiques de l'État », in D. ALLAND, S. RIALS, dir., *Dictionnaire de la culture juridique*, Lamy-Puf, coll. Quadrige-dicos poche, 2003, p. 735).

[2] *Cf.* M. BASTIT, *Naissance de la loi moderne*, Puf, 1990.

[3] J. BODIN, *Les six livres de la République*, 1576, L. II, chap. 3 (cité par O. THOLOZAN, « L'excellence de la loi dans la pensée juridique et politique française depuis le XVIIIe siècle », in M. FATIN-ROUGE STÉFANINI, L. GAY, J. PINI, dir., *Autour de la qualité des normes*, Bruylant (Bruxelles), coll. À la croisée des droits, 2010, p. 58).

[4] A. GIESEY, « Medieval Jurisprudence in Bodin's Concept of Sovereignity », in *Actes du colloque international Jean Bodin à Munich*, Denzer (Munich), 1971, p. 183 (cité par O. BEAUD, *La puissance de l'État*, Puf, coll. Léviathan, 1994, p. 44).

[5] Bodin définissait la souveraineté comme une « puissance absolue ». Par cette expression, il entendait la « puissance de donner et casser la loy à tous en général, et à chacun en particulier » (J. BODIN, *Les six livres de la République*, 1576, L. I, chap. 10 (cité par O. BEAUD, *La puissance de l'État*, Puf, coll. Léviathan, 1994, p. 52)). L'État se caractérise donc par cette monopolisation

L'important est que, quoi qu'il en soit, la loi n'était à l'époque première ni en quantité ni en qualité. Et peut-être la mainmise moderne de la loi sur le droit ne restera-t-elle dans l'histoire qu'en tant que phénomène temporaire et relativement éphémère dès lors que, désormais, le droit « global » relègue les actes législatifs à un rang de source secondaire, de source complémentaire ou de source parmi d'autres.

Il n'en demeure pas moins que, à l'ère du droit moderne, la loi a tendu à cannibaliser le droit, si bien que la jurisprudence autant que la coutume ont été proches d'être oubliées et que la doctrine pro-jurisprudentielle a ensuite dû lutter pour l'installer au centre de la pensée juridique, contre la doctrine anti-jurisprudentielle longtemps dominante.

4. Le « culte de la loi », un frein au développement doctrinal de la jurisprudence

« Les lois se maintiennent en crédit non parce qu'elles sont justes mais parce qu'elles sont lois », écrivait déjà Montaigne à la fin du XVIe s.[1], annonçant le triomphe à venir du légalisme juridique. Carbonnier a pu parler d'une « passion » de la loi qui aurait caractérisé les différentes figures des « Lumières » françaises au XVIIIe s.[2] — en témoigne, en premier lieu, l'article « Législation » rédigé par Diderot pour l'*Encyclopédie*, ainsi que *De l'esprit des lois* de Montesquieu, l'œuvre de Rousseau, ou encore le *Traité des lois civiles* de Linguet et *De la*

---

de la prérogative législative, de cette « loy » conçue comme acte de souveraineté.

[1] M. DE MONTAIGNE, *Les essais*, Abel Langelier, 1588 (cité par A. COMPAGNON, *Un été avec Montaigne*, Équateurs-France inter, coll. Parallèles, 2013).

[2] J. CARBONNIER, *Essais sur les lois*, Répertoire du notariat Defrénois, 1979, p. 203.

législation ou Principes des lois de Mably[1]. Seulement ladite passion, pour réelle qu'elle fut parmi ces « Lumières » qui y voyaient la « condition de la liberté politique »[2] et le moyen de « donner le mouvement et la volonté » au corps politique[3], était-elle loin d'empreindre la majorité des jurisconsultes et les autres sources de droit, quoique la jurisprudence moins que la coutume, pouvaient alors encore prospérer dans la pensée juridique collective.

C'est la Révolution française et la dernière décennie du XVIIIe s. qui ont signé l'« avènement de la loi »[4], amarrant cette dernière, « union de la souveraineté et de la raison »[5], à la souveraineté populaire par le truchement de l'article 6 de la Déclaration des droits de l'homme et du citoyen. Et, au cours des XIXe et XXe s., la *ratio juris* (raison du droit) a été assimilée à la *ratio legis* (raison de la loi)[6]. Voix du peuple, qui s'exprime par l'intermédiaire de ses représentants, il n'était pas de force ou de légitimité qui puisse rivaliser avec la loi[7]. Les

---

[1] *Ibid. Cf.* S. GOYARD-FABRE, « L'idée de loi dans les lumières françaises », in J.-M. TRIGEAUD, dir., *Philosophie juridique européenne – Les institutions*, Japadre-L'Aquila (Paris-Rome), 1988, p. 77 s.

[2] J.-J. ROUSSEAU, *Lettres écrites de la montagne*, 1764, L. VIII (cité par P. KAHN, *L'État*, Quintette, coll. Philosopher, 1989, p. 55).

[3] J.-J. ROUSSEAU, *Du contrat social*, 1762, L. II, chap. 6.

[4] J. MICHELET, *Histoire de la Révolution française*, t. I, 1847 (cité par J. CARBONNIER, *Théorie sociologique des sources du droit*, Association corporative des étudiants en droit de l'Université Panthéon-Sorbonne, 1961, p. 110).

[5] B. FRYDMAN, *Les transformations du droit moderne*, Fondation Roi Baudoin (Bruxelles), coll. Citoyen, droit et société, 1998, p. 22.

[6] Par exemple, P. FITZPATRICK, *The Mythology of Modern Law*, Routledge (Londres), 1992.

[7] *Cf.* R. CARRÉ DE MALBERG, *La Loi, expression de la volonté générale* (1931), Economica, 1984 ; S. GOYARD-FABRE, « Le prestige de la loi à l'époque révolutionnaire », *Cahiers de philosophie politique et juridique* 1987, n° 12, p. 131 s. ; S. GOYARD-FABRE, *L'État, figure moderne de la politique*, Armand Colin, coll. Cursus-philosophie, 1999, p.54.

cours et tribunaux étaient alors compris comme ne devant être et n'étant véritablement que la « bouche de la loi ».

En 1790, le futur inventeur du calendrier révolutionnaire, le député Romme, organisa le début du « culte de la loi » en installant dans une ancienne chapelle du faubourg Saint Antoine le « Club des nomophiles », animé par l'une des amazones de la Révolution, Théroigne de Méricourt[1]. Cette toute puissance se caractérisait notamment par le fait que la loi pouvait intervenir dans toutes les matières et ne pouvait pas être contrôlée. La confiance dans la qualité de la loi expliquait que, dès la Constitution de 1791, les constituants révolutionnaires se contentèrent d'une définition purement formelle et non matérielle de la loi ; en effet, il semblait alors inutile de limiter l'étendue de la compétence d'une autorité législative considérée comme infaillible[2]. Et Sieyès d'aller jusqu'à soutenir, dans son second projet de déclaration, que seule la loi pourrait être obligatoire[3], ce qui ne voulait pas dire autre chose que seule la loi pourrait être source de droit.

« Le légicentrisme, souligne-t-on, permet de sortir de l'histoire de l'Ancien Régime par la loi »[4]. Cela constitua un

---

[1] O. THOLOZAN, « L'excellence de la loi dans la pensée juridique et politique française depuis le XVIIIe siècle », in M. FATIN-ROUGE STÉFANINI, L. GAY, J. PINI, dir., *Autour de la qualité des normes*, Bruylant (Bruxelles), coll. À la croisée des droits, 2010, p. 66.

[2] *Cf.*, notamment, L. FAVOREU, « La loi », in Association française des constitutionnalistes, *La continuité constitutionnelle en France de 1789 à 1989*, PUAM/Economica (Aix-en-Provence-Paris), p. 79 s.

[3] Cité par O. THOLOZAN, « L'excellence de la loi dans la pensée juridique et politique française depuis le XVIIIe siècle », in M. FATIN-ROUGE STÉFANINI, L. GAY, J. PINI, dir., *Autour de la qualité des normes*, Bruylant (Bruxelles), coll. À la croisée des droits, 2010, p. 65.

[4] S. RIALS, *La Déclaration des droits de l'homme et du citoyen*, Hachette, 1988, p. 369 (cité par O. THOLOZAN, « L'excellence de la loi dans la pensée juridique et politique française depuis le XVIIIe siècle », in M. FATIN-ROUGE STÉFANINI, L. GAY, J. PINI, dir., *Autour de la qualité des normes*, Bruylant (Bruxelles), coll. À la croisée des droits, 2010, p. 65).

profond bouleversement dans la culture juridique et Friedrich Hayek en venait à voir dans le passage d'un droit fait par les juges et par les juristes à un droit édicté par le législateur la transformation fondamentale de l'idée de droit en occident[1].

Le diktat de la loi concernait alors le contenu du droit positif et, plus fortement encore, le contenu de la pensée juridique, le contenu de la doctrine. Cela a été tout particulièrement mis en lumière au moment du règne des exégètes[2], quand le Code civil apparaissait telle la bible du droit français, si bien que les juristes ne voulaient « plus se consacrer à rien d'autre qu'à l'étude et au commentaire de leur objet fétiche : le Code civil »[3].

La doctrine professa dès lors le respect scrupuleux par les juges des dispositions du code avec des formules célèbres comme « je ne connais pas le droit civil, je n'enseigne que le Code civil » (Bugnet) ou « un bon magistrat humilie sa raison devant celle de la loi » (Mourlon)[4]. Carbonnier disait en ce sens que le XIXe s. a été le moment du « règne de la légalité » et du « culte de la loi »[5] — certains se sont même proposés de

---

[1] F. A. HAYEK, *Droit, législation et liberté – t. I : Règles et ordre*, Puf, 1980, p. 146 (cité par L. COHEN-TANUGI, *Le droit sans l'État*, 2e éd., Puf, coll. Quadrige essais débats, 2007, p. 85).

[2] L' « exégèse » désigne l'étude approfondie et critique d'un texte. Lorsqu'est évoquée, en droit français, l' « École de l'Exégèse », cela désigne la doctrine civiliste du XIXe s. qui avait une fois aveugle dans la loi et son omniscience. *Cf.* J. BONNECASE, *L'École de l'Exégèse en droit civil*, 2e éd., De Boccard, 1924 ; Ph. RÉMY, « Éloge de l'Exégèse », *RRJ* 1982, p. 253 s.

[3] P. DEUMIER, *Introduction générale au droit*, 2e éd., LGDJ, coll. Manuel, 2013, p. 56.

[4] Cités par R. SÈVE, *Philosophie et théorie du droit*, Dalloz, coll. Cours, 2007, p. 177.

[5] J. CARBONNIER, *Théorie sociologique des sources du droit*, Association corporative des étudiants en droit de l'Université Panthéon-Sorbonne, 1961, p. 110.

« prêcher le Code civil »[1] —, où « le respect des lois pren[ait] un aspect quasi-religieux, l'irrespect de la religion n'[étant] alors plus réprimé, les lois deven[ant] une religion de substitution »[2].

Ce « culte » ou ce « fétichisme »[3] emportait un dénigrement consécutif des autres sources, jugées non juridiques ou, du moins, inintéressantes. La science du droit se réduisait alors à la « répétition des codes et des lois »[4]. Aussi fait-on remarquer que cet amour de la loi était un « amour exclusif »[5]. Et, sous la IIIe République, l'heure était à l' « omnipotence parlementaire » et au « règne de l'État légal », cela peut-être au détriment de l'État de droit puisque le pouvoir législatif et la puissance parlementaire n'étaient soumis à aucune limitation[6].

Plus tard, au XXe s., c'est très logiquement que le philosophe du droit italien Norberto Bobbio et bien d'autres observateurs ont souligné que « la loi est la source principale du droit »[7] ou même ont défini le droit en tant que « langage ou discours

---

[1] F. LAURENT, *Cours élémentaire de droit civil*, t. I, 1978, p. 12 (cité par P. DEUMIER, *Introduction générale au droit*, 2e éd., LGDJ, coll. Manuel, 2013, p. 56).

[2] J. CARBONNIER, *Théorie sociologique des sources du droit*, Association corporative des étudiants en droit de l'Université Panthéon-Sorbonne, 1961, p. 110.

[3] F. GÉNY, *Méthode d'interprétation et sources en droit privé positif*, t. II, LGDJ, 1919, n° 35 (cité par P. DEUMIER, *Introduction générale au droit*, 2e éd., LGDJ, coll. Manuel, 2013, p. 56).

[4] V. CHAMPEIL-DESPLATS, *Méthodologies du droit et des sciences du droit*, Dalloz, coll. Méthodes du droit, 2014, p. 78.

[5] P. DEUMIER, *Introduction générale au droit*, 2e éd., LGDJ, coll. Manuel, 2013, p. 56.

[6] D. MINEUR, « De la souveraineté nationale à la volonté générale – L'évolution de Carré de Malberg, du projet positiviste au parti-pris démocratique », *Jus Politicum* 2012, n° 8, p. 2.

[7] N. BOBBIO, *Essais de théorie du droit*, trad. Ch. Agostini, M. Guéret, LGDJ-Bruylant (Paris-Bruxelles), coll. La pensée juridique, 1998, p. 27.

prescriptif du législateur »[1]. Portalis notait, dans sa présentation du Code Napoléon, que l'attente commune était que tout soit prévu et réglé par la loi[2] ; et on peut noter combien, « si les choses ont bien changé depuis, du moins la loi est-elle restée, dans l'esprit de la plupart, le mode par excellence de régulation sociale »[3].

Lorsque le monopole du législateur sur le droit n'a pas été retenu par la doctrine, c'est la domination du premier sur le second qui l'a été, par exemple en défendant la thèse de la hiérarchie des organes. Ainsi Carré de Malberg considérait-il que la séparation des pouvoirs « consiste à attribuer distinctement aux trois sortes d'organes ou autorités étatiques des puissances de degrés bien divers »[4] et qu'à ces degrés de puissance des organes correspondraient des degrés de puissance des actes adoptés. La puissance législative garantirait dès lors la primauté de la loi, la séparation des pouvoirs portant « non pas sur les fonctions matérielles mais sur des degrés de puissance formelle »[5].

On convient que « l'histoire française de la loi est l'histoire d'un déclin progressif, mais qui ne s'assimile jamais à une

---

[1] N. BOBBIO, *Theoria della scienza giuridica*, Turin, 1950 (cité par R. GUASTINI, « Norberto Bobbio ou la distinction », in N. BOBBIO, *Essais de théorie du droit*, trad. Ch. Agostini, M. Guéret, LGDJ-Bruylant (Paris-Bruxelles), coll. La pensée juridique, 1998, p. 9).

[2] J.-É.-M. PORTALIS, *Écrits et discours juridiques et politiques*, PUAM (Aix-en-Provence), 1988 (cité par A.-J. ARNAUD, *Critique de la raison juridique – 2. Gouvernants sans frontières – Entre mondialisation et post-mondialisation*, LGDJ, coll. Droit et société, 2003, p. 91).

[3] A.-J. ARNAUD, *Critique de la raison juridique – 2. Gouvernants sans frontières – Entre mondialisation et post-mondialisation*, LGDJ, coll. Droit et société, 2003, p. 91.

[4] R. CARRÉ DE MALBERG, *Contribution à la théorie générale de l'État spécialement d'après les données fournies par le droit constitutionnel français*, t. II, Librairie du Recueil Sirey, 1920, p. 114.

[5] *Ibid.*

chute »[1]. Le constat de la « position centrale, voire exclusive, que les Modernes confèrent à la Loi comme source du droit »[2] ne paraît guère contestable, bien que d'aucuns aient accepté depuis longtemps le fait que tout le droit ne se situe pas dans la loi[3].

Est tout aussi difficilement contestable l'observation d'un « passage du culte de la loi à la culture des droits »[4]. En France, on retient fréquemment que l'absolutisme de la loi dans la pensée juridique a commencé à décliner grâce aux efforts de François Gény déployés en particulier dans *Méthode d'interprétation et sources en droit privé positif*, paru en 1899. S'est développée la « critique de l'exclusivisme de la loi »[5] et différentes théories ont, dès le XXe s., commencé à fragiliser le légicentrisme juridique[6], aboutissant finalement à consacrer la « fin de l'omnipotence de la loi »[7].

Pour ne prendre que l'exemple le plus emblématique, dans le normativisme kelsénien, les normes d'origine législative ne sont plus qu'*un étage parmi d'autres dans la « pyramide »* et l'ordre juridique est loin de se résumer à l'œuvre normative des Parlements, bien qu'il se résume à l'œuvre normative des

---

1 P. DEUMIER, *Introduction générale au droit*, 2e éd., LGDJ, coll. Manuel, 2013, p. 173. Également, B. MATHIEU, La loi, 3e éd., Dalloz, coll. Connaissance du droit, 2010 ; F. TERRÉ, « La "crise de la loi" », *Arch. phil. droit* 1980, p. 17 s. ; J. CRUET, *La vie du droit ou l'impuissance des lois*, Flammarion, 1908.

2 B. FRYDMAN, *Les transformations du droit moderne*, Fondation Roi Baudoin (Bruxelles), coll. Citoyen, droit et société, 1998, p. 16.

3 Par exemple, B. OPPETIT, « Le droit hors de la loi », *Droits* 1989, n° 10, p. 47 s.

4 F. AUDREN, J.-L. HALPÉRIN, *La culture juridique française – Entre mythes et réalités – XIXe-XXe siècles*, CNRS éditions, 2013, p. 95.

5 Ph. JESTAZ, Ch. JAMIN, *La doctrine*, Dalloz, coll. Méthodes du droit, 2004, p. 131.

6 *Cf.*, tout particulièrement, *Arch. phil. droit* 1980, « La loi ».

7 Ph. JESTAZ, Ch. JAMIN, *La doctrine*, Dalloz, coll. Méthodes du droit, 2004, p. 131.

États[1]. Que « seul du droit peut être source du droit »[2] ne doit pas se comprendre comme signifiant que « seules des lois peuvent être source du droit ». Néanmoins, Kelsen demeurait plutôt attaché à la tradition positiviste du XIXe s. dans laquelle la loi est la seule source du droit, si bien que les autres normes, en particulier les normes individuelles, ne sont pour lui que des commandements implicites de la loi, sa concrétisation. La loi demeure au moins la clé de voûte du positivisme kelsénien[3]. Et ce n'est que péniblement que l'acceptation de la jurisprudence est parvenue à l'emporter sur la pensée juridique légicentrée.

---

[1] X. MAGNON, *Théorie(s) du droit*, Ellipses, coll. Universités-Droit, 2008, p. 31.

[2] H. KELSEN, *Théorie pure du droit*, 2e éd., trad. Ch. Eisenmann, Dalloz, 1962, p. 313.

[3] Le théoricien du droit autrichien remarquait, par exemple, que « toutes les Constitutions des États modernes [...] instituent des organes de législation spéciaux qui sont compétents pour créer des normes générales qu'auront à appliquer les tribunaux et les autorités administratives, de sorte que l'étape de la législation constituante est suivie par l'étape de la législation — ou législation simple ou ordinaire —, et celle-ci ensuite par l'étape de la procédure juridictionnelle et de la procédure administrative » (*ibid.*, p. 309).

Chapitre 2. L'ouverture tardive de la doctrine à l'idée de création du droit par les juges

La Cour de cassation, dans un arrêt rendu en 1978, a défini le droit applicable comme étant « tout texte s'intégrant dans la hiérarchie des normes, loi au sens formel, mais aussi ordonnance ou décret »[1]. Nulle présence, donc, des sources juridictionnelles parmi les institutions officiellement retenues en tant que sources du droit par la haute juridiction. Au début du XXe s., Léon Duguit demandait : « Y aurait-il un droit des tribunaux ? »[2] ; puis il répondait : « Point du tout, pas plus qu'il n'y a de droit des juristes »[3]. Et, au sein des dernières introductions au droit parues, quelques-unes refusent encore de classer la jurisprudence parmi les sources du droit, retenant

---

[1] Cité par Ch. JUBAULT, « Les "codes de conduite privés" », in Association Henri Capitant, *Le droit souple*, Dalloz, coll. Thèmes et commentaires, 2009, p. 36.

[2] L. DUGUIT, *Traité de droit constitutionnel – Tome premier : La règle de droit, le problème de l'État*, 3e éd., De Boccard, 1927, p. 163.

[3] *Ibid.* La difficulté est, avec la pensée du maître bordelais, qu'il s'attachait à une conception largement jusnaturaliste du droit dans laquelle découvrir les normes données par la nature n'est pas créer ces normes. Ainsi écrivait-il que « le rôle de la jurisprudence des tribunaux est, à mon avis, tout à fait analogue à celui de la doctrine des juristes. Les tribunaux saisis d'un litige doivent s'attacher à découvrir la norme juridique suivant laquelle ce litige doit être tranché, et pour cela ils doivent procéder comme les juristes : examiner les faits, rechercher les aspirations et les tendances du moment, les exigences de la solidarité sociale et la solution que commande le sentiment de justice. Saisis à plusieurs reprises de la même question litigieuse, les juges arriveront à la même solution et appliqueront naturellement la même règle. Leurs décisions apparaîtront à l'observateur superficiel comme la création d'une norme juridique nouvelle. Il n'en est rien. Les juges ne sont que des interprètes ; ils ont mis au jour une règle de droit, il est vrai ; mais cette règle est antérieure à leurs décisions ; elle s'imposait à eux. […] Les juges peuvent être des inspirateurs et des initiateurs ; ils ne sont jamais et ne peuvent jamais être des créateurs » (*ibid.*, p. 164). Sans faire œuvre par trop superficielle, il semble permis de considérer que Duguit, *de facto*, reconnaissant la qualité de source du droit et la capacité créatrice des tribunaux.

éventuellement qu'elles jouent un rôle dans l'interprétation du droit, mais pas davantage[1].

L'acceptation de la qualité de source formelle de droit de la jurisprudence et, finalement, son existence même ont constitué l'une des problématiques qui ont suscité le plus de discussions et de commentaires dans l'histoire de la pensée et de la culture juridiques françaises. Rares sont les problématiques théorico-juridiques à avoir été plus débattues que celle de l'acceptation ou du refus de la capacité des tribunaux d'édicter des règles de droit. Certes, l'opinion selon laquelle *les juges créent,* de facto, *du droit* est aujourd'hui largement partagée ; cela ne doit pas faire oublier combien la doctrine est longtemps restée indécise sur ce point, attachée qu'elle était au légalisme, à la réduction de l'empire du droit à l'empire de la loi et au principe de séparation des pouvoirs cantonnant les cours et tribunaux à une mission d'application des normes d'origine législative aux cas particuliers.

En d'autres termes, quand, à l'ère du droit moderne, d'aucuns pouvaient hésiter entre l'une et l'autre approche, à l'ère du droit « postmoderne », dans laquelle les objets à régir sont trop complexes, fluctuants et incertains pour pouvoir se passer des apports jurisprudentiels, il n'est guère permis de soutenir de façon congruente que les juges ne sauraient être davantage que « la bouche qui prononce les paroles de la loi, des êtres inanimés qui n'en peuvent modérer ni la force ni la rigueur »[2].

---

[1] Notamment, J.-L. AUBERT, E. SAVAUX, *Introduction au droit et thèmes fondamentaux du droit civil*, 14e éd., Dalloz, coll. Sirey université, 2012 ; G. CORNU, *Introduction au droit – Les personnes, les biens*, 12e éd., Montchrestien, 2005, n° 73 (« le droit s'entend des règles qui découlent de la loi, de la coutume et des normes collectives. La jurisprudence n'y figure pas » (cité par V. LASSERRE-KIESOW, « L'ordre des sources ou le renouvellement des sources du droit », *D.* 2006, p. 2282)).

[2] MONTESQUIEU, *De l'esprit des lois*, 1748, L. XI, chap. 6.

Carbonnier proposait de distinguer les « jugements logiques » et les « jugements charismatiques » : « Le jugement logique est celui qui correspond au syllogisme judiciaire, application mécanique de la règle de droit aux faits. Il s'en faut que tous nos jugements soient des jugements logiques. Ce qui est vrai, c'est que la plupart des jugements ont l'apparence de jugements logiques. [...] Le jugement charismatique est le jugement de grâce, le jugement intuitif [...]. Dans le plan du droit civil, c'est le jugement d'équité »[1]. Cette observation est loin de manifester quelque soutien à l'idée de jurisprudence, bien au contraire puisque l'illustre doyen expliquait ainsi que soit les juges appliquent aux faits des règles préexistantes qui ont forcément une origine législative, soit ils n'appliquent aux faits aucune règle préexistante, ce à quoi correspond le jugement en équité.

Accepter l'idée de jurisprudence, c'est accepter que *les juges appliquent aux faits des règles préexistantes issues de précédents*, c'est-à-dire de décisions de justice antérieures. L'objet des prochaines pages sera de revenir sur le caractère difficile de cette acceptation dans l'histoire de la doctrine juridique française, alors qu'il semble que, aujourd'hui, en aucune façon un quelconque ouvrage portant sur les sources du droit ne pourrait ignorer la jurisprudence.

En 1934, les éditions Dalloz inauguraient une collection qui allait devenir incontournable dans le paysage juridique français : celle des « grands arrêts ». René Capitant, à cette occasion, proclama que « la connaissance du droit requière celle de la jurisprudence »[2]. L'étude des règles de droit d'origine

---

[1] J. CARBONNIER, *Théorie sociologique des sources du droit*, Association corporative des étudiants en droit de l'Université Panthéon-Sorbonne, 1961, p. 180-181.

[2] H. CAPITANT, « Préface à la première édition » (1934), in *Les grands arrêts de la jurisprudence civile*, 12e éd., Dalloz, coll. Grands arrêts, 2007, p. IX. La première édition de l'ouvrage *Les grands arrêts de la jurisprudence*

juridictionnelle et donc l'acceptation de leur réalité devenaient alors de plus en plus inévitables ; et ce mouvement s'est poursuivi jusqu'à aujourd'hui, si bien qu'il est permis d'estimer que, de 1900 à 2015, la part des auteurs refusant tout pouvoir créateur aux cours et tribunaux dans l'ensemble des professeurs de droit n'a cessé de décroître. À présent, il est devenu très classique de considérer qu' « il serait absurde de nier la fonction normatrice des juridictions, qui est d'ailleurs dans l'ordre des choses »[1], et un observateur va jusqu'à constater que « le pouvoir normatif des juges est unanimement reconnu »[2].

Si « le droit est la plus puissante école de l'imagination »[3], les magistrats et, à plus forte raison, les magistrats appartenant aux juridictions suprêmes ne sont certainement pas les derniers à l'imaginer, ne sont certainement pas les moins importants de tous les jurislateurs. Si ces considérations peuvent désormais paraître très ordinaires, elles ne l'étaient guère aux autres époques de la pensée juridique.

De tout temps, on a refusé aux juges la capacité de créer des normes à portée générale (*1*) ; et la Révolution française n'a en aucune façon constitué un tournant sur ce point (*2*). Pas à pas, à compter de la seconde moitié du XIXe s., des observateurs ont admis que, dans les faits, il existe des règles de droit dont les sources sont juridictionnelles (*3*). Aujourd'hui, alors que l'influence de la pensée juridique des pays de *common law* a joué un rôle non accessoire (*5*), il n'y a plus que quelques rares professeurs qui invitent leurs étudiants à nier la réalité de la jurisprudence (*4*).

---

administrative est, peut-être paradoxalement, nettement plus récente puisqu'elle date de 1956.

[1] M. DE VILLIERS, « Le principe de légalité », in Th. DE BERANGER, M. DE VILLIERS, dir., *Droit public général*, 5e éd., LexisNexis, coll. Manuel, 2011, p. 435.

[2] M. DEGUERGUE, « Jurisprudence », in D. ALLAND, S. RIALS, dir., *Dictionnaire de la culture juridique*, Lamy-Puf, coll. Quadrige-dicos poche, 2003, p. 884.

[3] J. GIRAUDOUX, *La guerre de Troie n'aura pas lieu*, 1935, acte II, scène 5.

1. L'absence de la jurisprudence dans la pensée du droit de l'Antiquité à la Révolution française

Pour Platon, dans *Le Politique*, le pouvoir de la loi ne doit connaître ni exceptions ni entraves et l'art judiciaire ne peut être qu'un art d'application, qui ne doit jamais « transgresser l'ordonnance des législateurs »[1]. Mais la situation est plus complexe dans *Les Lois*, où le juge dispose d'un certain « pouvoir gouvernemental » tout en jouant un rôle proprement juridictionnel lorsque dans un procès il rétablit la justice[2]. Chez Aristote, le magistrat occupe une place importante mais n'existe que dans une communauté politique qui lui est antérieure et supérieure ; ainsi la loi est-elle générale quand le juge ne peut se prononcer que sur des cas particuliers[3]. Toutefois, la place centrale du juste permet de faire primer la décision équitable sur la loi.

Plus tard, le droit romain ne se montra guère favorable à l'idée que la valeur de la chose jugée entre des parties puisse être rapprochée de celle de la loi (« *exemplis judicandum non esse legibus* ») ; les décisions de justice ne pouvaient valoir qu'*inter partes* et en aucune façon *erga omnes*[4]. Suivant une formule de l'Empereur Justinien, tirée du *Corpus iuris civilis*, l'interprétation était réservée au Prince et interdite aux magistrats : en vertu de son *auctoritas*, l'Empereur détenait

---

[1] PLATON, *Le Politique*, vers 369 av. J.-C. (cité par M. VILLEY, *La formation de la pensée juridique moderne*, Montchrestien, 1975, p. 26).

[2] PLATON, *Les Lois*, 348 av. J.-C. (cité par M. VILLEY, *La formation de la pensée juridique moderne*, Montchrestien, 1975, p. 26).

[3] J. BENOIST, « Aristote – Éthique à Nicomaque, livre V », in O. CAYLA, J.-L. HALPÉRIN, dir., *Dictionnaire des grandes œuvres juridiques*, Dalloz, 2008, p. 2-3.

[4] A. LECA, *La genèse du droit – Essai d'introduction historique au droit*, 3e éd., Librairie de l'Université d'Aix-en-Provence, 2002, p. 133-134.

« *leges et condere et interpretari* »[1]. De toute façon, les jugements étaient alors rendus de manière orale, ne laissant aucune trace et ne donnant donc que peu de chances à quelque précédent de prospérer. Et Philippe Jestaz de commenter : « La cause est entendue : Rome a ignoré le phénomène de la jurisprudence, son droit a évolué sous les auspices du préteur — un législateur au cas par cas »[2]. Le préteur pouvait « *jus dicere* », mais il ne pouvait pas « *jus facere* »[3].

Au cours de la période royale, il n'existait nulle séparation organique des pouvoirs et le Souverain, fort de ses prérogatives religieuses, tranchait les litiges en interprétant la volonté divine. Il promettait une bonne justice à tous ses sujets dans le serment du sacre, la main de justice servant de symbole du pouvoir juridictionnel du roi. Le principe selon lequel « toute justice émane du roi » triompha[4], ce qui interdit toute forme de jurisprudence dès lors que celle-ci correspond à la situation dans laquelle les organes officiellement en charge de la fonction applicatrice participent *de facto* de la fonction créatrice.

Au début du Moyen Âge, « époque d'une exceptionnelle richesse quant à cette réflexion »[5], les juges devaient respecter scrupuleusement les textes ; seulement ceux-ci consistaient-ils moins en des lois qu'en l'Écriture Sainte ; il fallait rendre des décisions à l'aune de « la volonté de Dieu, la conscience et la

---

[1] JUSTINIEN, in *Corpus iuris civilis*, 529, I, 17, 21 (cité par O. BEAUD, *La puissance de l'État*, Puf, coll. Léviathan, 1994, p. 191).

[2] Ph. JESTAZ, *Les sources du droit*, Dalloz, coll. Connaissance du droit, 2005, p. 51-52.

[3] R. CARRÉ DE MALBERG, *Contribution à la théorie générale de l'État spécialement d'après les données fournies par le droit constitutionnel français*, t. I, Librairie du Recueil Sirey, 1920, p. 756.

[4] L. DEPAMBOUR-TARRIDE, « Juge (longue durée) », in D. ALLAND, S. RIALS, dir., *Dictionnaire de la culture juridique*, Lamy-Puf, coll. Quadrige-dicos poche, 2003, p. 867.

[5] *Ibid.*, p. 870.

droite raison »[1]. En tout cas ne fallait-il pas rendre de décisions à l'aune de quelques précédents. À partir du XIIe s., spécialement sous l'effet de la renaissance du droit romain, a été constamment affirmé et réaffirmé que les juges devaient juger « selon les lois », ce qui devait alors se comprendre comme signifiant « selon le droit », mais certainement pas comme signifiant « selon, notamment, la jurisprudence »[2]. Les productions juridictionnelles devinrent même un objet de méfiance officielle lorsque Louis XIV, dans son Édit de Saint-Germain de 1674, mit en place deux institutions fort contraignantes pour le juge. Celles-ci étaient la cassation des jugements ou arrêts, qui intervenait sous la forme brutale d'une simple décision administrative prise par le roi en son conseil, et le référé, qui allait de pair avec la défense faite au juge d'interpréter la loi ou la coutume — sous peine de cassation, précisément —, et obligeait à demander son interprétation au roi[3]. Ce référé, néanmoins, n'a été quasiment pas pratiqué.

Aux XVIe et XVIIe s., les tribunaux proclamèrent à l'envi que juger est une « fonction divine », qu'il existe un véritable « droit divin des juges » comme il y a un droit divin des rois[4]. Cela signifiait que les cours étaient souveraines, libres de prendre toute décision, non soumises à la loi, certes, mais aussi non soumises à quelque jurisprudence, à quelque droit d'origine prétorienne que ce soit. Domat pouvait alors établir une comparaison entre le sacerdoce et le juge tournant largement à l'avantage de ce dernier : dans un passage du *Droit public*, est ainsi observé que, « comme les juges tiennent la place de Dieu,

---

1 *Ibid.*

2 *Cf.*, tout particulièrement, J.-M. CARBASSE, L. DEPAMBOUR-TARRIDE, dir., *La conscience du juge dans la tradition juridique européenne*, Puf, 1999.

3 Ph. JESTAZ, *Les sources du droit*, Dalloz, coll. Connaissance du droit, 2005, p. 53.

4 L. DEPAMBOUR-TARRIDE, « Juge (longue durée) », in D. ALLAND, S. RIALS, dir., *Dictionnaire de la culture juridique*, Lamy-Puf, coll. Quadrige-dicos poche, 2003, p. 870.

c'est par cette raison qu'il les appelle lui-même des Dieux. […] La nature rendant tous les hommes égaux, les juges ne doivent rendre que le jugement de Dieu même »[1]. Et, tandis que la fonction du sacerdoce « renferme l'assujettissement et la dépendance », la fonction de juger renferme « la supériorité et le caractère de l'autorité divine »[2].

Le lien direct avec Dieu et la nécessité technique de l'indépendance permettaient donc aux juges de l'Ancien Régime de justifier leur entier libre arbitre, lequel valait en particulier par rapport aux décisions de justice antérieures. Il n'était alors nulle source juridictionnelle de normes à portée générale. Hobbes écrivait, à la même époque que Domat, que « l'interprétation des lois dépend de l'autorité souveraine et les interprètes ne peuvent être personne d'autre que ceux qu'aura institués le souverain »[3], sachant que l'interprétation ne peut dans tous les cas créer du droit *ex nihilo*.

Quant à Jean Bodin, il concevait que la loi, lorsqu'elle s'adresse aux magistrats, pourrait être matériellement de deux sortes : elle pourrait contenir soit des « lettres de commandement », soit des « lettres de justice ». Avec les premières, le magistrat est simple exécutant de la loi. Les secondes, en revanche, lui accordent une large autonomie, un pouvoir discrétionnaire ; ce sont les lettres « par lesquelles le Prince laisse à la discrétion de celui à qui il [les] adresse pour les entériner ou casser selon que sa conscience et l'équité le

---

[1] J. Domat, *Le Droit public*, 1697 (cité par L. Depambour-Tarride, « Juge (longue durée) », in D. Alland, S. Rials, dir., *Dictionnaire de la culture juridique*, Lamy-Puf, coll. Quadrige-dicos poche, 2003, p. 870).

[2] *Ibid.* (cité par L. Depambour-Tarride, « Juge (longue durée) », in D. Alland, S. Rials, dir., *Dictionnaire de la culture juridique*, Lamy-Puf, coll. Quadrige-dicos poche, 2003, p. 870).

[3] Th. Hobbes, *Léviathan*, 1651, chap. 26.

jugera »[1], mais en aucune façon en fonction de ce que prévoirait l'une ou l'autre règle d'essence jurisprudentielle.

En outre, le jurisconsulte angevin souhaitait consacrer la puissance abrogatrice des lois au profit des magistrats chargés d'agir pour le souverain ; il retenait que, tout comme le Prince, les délégués du Prince que sont les membres des cours pourraient interpréter librement la loi en raison de la « variété infinie des causes, des temps, des lieux, des personnes, laquelle infinité ne peut être comprise en loix ni ordonnances quelconques »[2]. Cela ne doit en aucune façon être compris comme une ouverture vers la jurisprudence, celle-ci se définissant comme un ensemble de règles d'origine prétorienne, puisqu'il s'agissait, pour Bodin, d'affirmer la possibilité offerte aux juges de s'émanciper de toutes règles préexistantes.

D'ailleurs, l'illustre penseur expliquait également que la logique de la souveraineté imposerait que le magistrat, chargé d'interpréter la loi, ne puisse se substituer à son auteur car, sinon, « il cesserait d'être sujet pour devenir souverain »[3]. Selon Bodin, les juges ont constamment augmenté leur pouvoir d'appréciation : « On a esté contraint de laisser le tout à la conscience et religion des juges, pour la variété infinie des causes, des temps, des lieux, des personnes, laquelle infinité ne peut estre comprise en loix ni ordonnances quelconques »[4]. Cela

---

[1] J. BODIN, *Les six livres de la République*, 1576, L. III, chap. 4 (cité par O. BEAUD, *La puissance de l'État*, Puf, coll. Léviathan, 1994, p. 86).

[2] *Ibid.*, L. III, chap. 5 (cité par O. BEAUD, *La puissance de l'État*, Puf, coll. Léviathan, 1994, p. 144).

[3] O. BEAUD, *La puissance de l'État*, Puf, coll. Léviathan, 1994, p. 194. Bodin exprimait cela à travers de nombreuses maximes : par exemple, « la droite interprétation de la loy n'est rien d'autre que la loy elle-même » (J. BODIN, *Les six livres de la République*, 1576, L. VI, chap. 6 (cité par O. BEAUD, *La puissance de l'État*, Puf, coll. Léviathan, 1994, p. 194)) ; « il n'appartient pas au magistrat de juger la loy, mais selon la loy » (*ibid.* (cité par O. BEAUD, *La puissance de l'État*, Puf, coll. Léviathan, 1994, p. 194)).

[4] *Ibid.*, L. III, chap. 5 (cité par O. BEAUD, *La puissance de l'État*, Puf, coll. Léviathan, 1994, p. 192).

vaut y compris concernant les précédents, sortes de lois juridictionnelles. L'extension du pouvoir d'appréciation des magistrats est une sorte de loi sociologique à laquelle aucune loi écrite ne pourrait s'opposer, mais, finalement — et paradoxalement au premier abord —, cette loi sociologique va à l'encontre de l'idée de jurisprudence[1].

Et il faut rappeler que Montesquieu n'envisageait pas autre chose qu'une « puissance de juger pour ainsi dire invisible et nulle », les juges ne devant plus être la « bouche de Dieu » ni devenir la « bouche de la jurisprudence », mais devant se borner à être la « bouche de la loi »[2]. L'auteur de *L'esprit des lois* ajoutait, très symptomatiquement, qu' « il pourrait arriver que la loi qui est en même temps clairvoyante et aveugle soit en certains cas trop rigoureuse. [...] C'est alors le corps législatif, que nous venons de dire être, dans une autre occasion, un tribunal nécessaire, qui l'est encore dans celle-ci ; c'est à son autorité suprême à modérer la loi en faveur de la loi même, en se prononçant moins rigoureusement qu'elle »[3] — mais il

---

[1] Et d'observer par ailleurs que, en cas de besoin d'interprétation de la loi du fait de son obscurité, il faut renvoyer au Souverain le soin d'opérer cette interprétation. Selon Bodin, « sous ceste puissance de donner et casser la loy, est aussi comprise la déclaration et correction d'icelle quand elle est si obscure que les magistrats sur les cas proposés trouvent contrariété ou absurdité intolérable » (*ibid.*, L. I, chap. 10 (cité par O. BEAUD, *La puissance de l'État*, Puf, coll. Léviathan, 1994, p. 195)). Le monopole d'édiction de la loi inclurait donc celui de l'interprétation authentique, de telle sorte que, même en convenant que de la jurisprudence pourrait jaillir de l'interprétation de la loi, toute jurisprudence serait interdite.

[2] MONTESQUIEU, *De l'esprit des lois*, 1748, L. XI, chap. 6. Pour Montesquieu, la justice doit être exercée, non par une instance fixe et permanente qui risque d'être tyrannique, mais par une juridiction temporaire, c'est-à-dire par un tribunal formé, pour le temps d'une espèce, par les citoyens eux-mêmes qui ne seront que la « bouche de la loi », la loi devant être scrupuleusement appliquée.

[3] *Ibid.* Encore, le philosophe décrivait que, « dans les États monarchiques, il y a une loi, et là où elle est précise, le juge la suit ; là où elle ne l'est pas, il en

n'était pas question, à travers ce qui s'apparente à un référé législatif, de conférer au législateur un quelconque pouvoir de règlement des litiges[1]. La marge d'appréciation concédée aux juges était ainsi parfaitement nulle.

Enfin, Beccaria peut être mentionné, lui qui, dans son *Traité des délits et des peines* paru en 1764, entendait affermir la maîtrise de la création juridique par le législateur[2] — il faut dire que, aujourd'hui encore (et c'est heureux), le droit pénal est sans doute la matière dans laquelle la jurisprudence est la plus absente. À propos des lois pénales, le jurisconsulte milanais a écrit l'une des phrases les plus significatives quant à l'office du juge au XVIIIe s. : « En présence de tout délit, le juge doit former un syllogisme parfait : la majeure doit être la loi générale, la mineure l'acte conforme ou non à la loi, la conclusion étant l'acquittement ou la condamnation »[3].

Néanmoins, un aspect de l'ancien droit français peut s'analyser en tant que prémices de la jurisprudence : il s'agit du fait que, alors que nulle séparation des pouvoirs ne répartissait les fonctions juridiques entre différents organes, les cours souveraines pouvaient, à côté des arrêts de justice, prononcer des arrêts de règlement. Elles disposaient de la faculté de prendre des actes qui étaient organiquement des arrêts, mais qui, matériellement, étaient, en raison de leur généralité, de leur

---

cherche l'esprit. Dans le gouvernement républicain, il est de la nature de la constitution que les juges suivent la lettre de la loi » (*ibid.*, L. VI, chap. 3).

[1] Montesquieu ne manquait pas de préciser que « la puissance législative ne peut pas juger » (*ibid.*, L. XI, chap. 6).

[2] J. BECCARIA, *Des délits et des peines* (1764), Droz (Genève), 1965 (cité par E. VERGÈS, *Les principes directeurs du procès judiciaire*, th., Université Aix-Marseille III - Paul Cézanne, 2000, p. 46).

[3] *Ibid.*, § IV (cité par R. SÈVE, *Philosophie et théorie du droit*, Dalloz, coll. Cours, 2007, p. 173). Et Beccaria de compléter son propos en disant que « rien n'est plus dangereux que l'axiome commun selon lequel il faut consulter l'esprit de la loi » (*ibid.* (cité par R. SÈVE, *Philosophie et théorie du droit*, Dalloz, coll. Cours, 2007, p. 173)).

permanence et de leur force obligatoire, de véritables lois[1]. Cette prérogative remontait au XIIIe s., quand le parlement n'était pas séparé complètement du conseil du roi.

Mais, les arrêts de règlement étant pris hors de tout litige et valant dans leur lettre même non pas *inter partes* mais *erga omnes*, il paraît légitime d'estimer que ces cours agissaient alors en tant que législateur et non en tant que juge, ce qui interdit de voir dans ces actes l'édiction d'un droit jurisprudentiel. Et ces cours peuvent à bon droit être qualifiées de « parlements »[2]. En d'autres termes, pour qu'il y ait jurisprudence, il faut qu'une séparation des pouvoirs existe et que les organes qui, constitutionnellement, ont pour tâche d'appliquer le droit exercent également, dans les faits, la fonction créatrice.

Par conséquent, si des auteurs estiment que « l'élément jurisprudentiel a occupé, dans la construction du droit français, une place importante »[3], il paraît difficile d'abonder en ce sens et doit être préférablement retenu que la jurisprudence est très longtemps demeurée ignorée, si ce n'est qu'elle n'a très longtemps pas existé. La réalité paraît bien être que, sous l'Ancien Régime, étaient commentées et enseignées dans les Universités les coutumes et les lois, non les jurisprudences. Le refus de la jurisprudence, comme le note Michel Troper, répondait à une « vieille tradition »[4].

De toute manière, il n'y a toujours eu, avant le XIXe s., qu'une très médiocre diffusion des décisions de justice, ce qui,

---

[1] A. LECA, *La genèse du droit – Essai d'introduction historique au droit*, 3e éd., Librairie de l'Université d'Aix-en-Provence, 2002, p. 135.

[2] L. DEPAMBOUR-TARRIDE, « Juge (longue durée) », in D. ALLAND, S. RIALS, dir., *Dictionnaire de la culture juridique*, Lamy-Puf, coll. Quadrige-dicos poche, 2003, p. 869.

[3] J.-L. THIREAU, « Droit français », in D. ALLAND, S. RIALS, dir., *Dictionnaire de la culture juridique*, Lamy-Puf, coll. Quadrige-dicos poche, 2003, p. 486.

[4] M. TROPER, *Pour une théorie juridique de l'État*, Puf, coll. Léviathan, 1994, p. 118.

de facto, empêchait tous développements jurisprudentiels et tous commentaires de ces décisions[1]. Est remarquable que cela était moins le fait de limites matérielles rendant cette diffusion difficile à organiser que d'une politique juridique ; en Angleterre, les jugements ont été publiés et distribués à travers le pays dès le XIVe s.[2]. Où le fossé historique entre nations de droit d'origine romano-germanique et nations attachées au système de *judge-made law* apparaît de façon patente. Chez les premières, à l'époque, « nul n'a jamais pensé à analyser les arrêts »[3]. Les seuls à prendre la jurisprudence en compte ont été, à partir du XIVe s., les « arrêtistes », soit des praticiens, avocats pour la plupart, qui entendaient constituer, pour leur usage personnel uniquement, de petits répertoires des solutions judiciaires. Mais, à l'exception du célèbre Jean Le Coq, ces arrêtistes n'étaient pas des savants ; ils étaient peu influents ou même totalement inconnus. Leurs recueils sommaires n'ont jamais constitué un instrument fiable[4].

Et Philippe Jestaz de noter que, sous l'Ancien Régime, les jugements étaient très mal, si ce n'est pas du tout, motivés parce qu'ils étaient rendus au nom du roi souverain, lequel n'avait pas à justifier ses choix[5], ce qui constituait un autre frein à toute forme d'émancipation de la jurisprudence. En outre, le fait que les quelques auteurs qui, au XVIIIe s., consacraient explicitement leurs travaux aux « jurisprudences » relevaient la multiplicité de celles-ci en ce qu'un même problème juridique était l'objet de réponses variées en fonction des juridictions et des régions[6] atteste également de l'absence, en réalité, de toute

---

[1] Ph. JESTAZ, *Les sources du droit*, Dalloz, coll. Connaissance du droit, 2005, p. 52.

[2] *Ibid.*

[3] *Ibid.*

[4] *Ibid.*, p. 53.

[5] *Ibid.*, p. 52.

[6] Par exemple, B. J. BRETONNIER, A. G. BOUCHER D'ARGIS, *Recueil par ordre alphabétique des principales questions de droit, qui se jugent diversement*

jurisprudence, celle-ci devant être source d'unité et non de diversité du droit.

Avec la Révolution française, l'idée de jurisprudence n'a guère pu prospérer.

2. Le refus du droit prétorien par la doctrine conforté à l'époque révolutionnaire

Plus tard, en France, la conception révolutionnaire du rôle du juge s'inscrivit parfaitement dans la tendance à refuser toute possibilité d'un droit prétorien. La coutume tendant par ailleurs à s'effacer, seules demeuraient la loi et la figure omnipotente du législateur. Notamment car le principe de séparation des pouvoirs, désormais « dogme du droit public français »[1], devait être absolument garanti — « toute société dans laquelle [...] la séparation des pouvoirs n'est pas déterminée n'a point de Constitution »[2] —, le juge devait être un « automate » appliquant mécaniquement et strictement la loi préexistante et donnée, motivant nécessairement ses décisions par des éléments législatifs et, surtout, devant impérativement recourir au référé législatif chaque fois qu'il croit nécessaire de procéder à une interprétation ou à une création législative.

Selon l'article 10 de la loi des 16 et 24 août 1790 — chargée de la mise en place d'une nouvelle organisation

---

dans les différents Tribunaux du Royaume, avec des réflexions pour concilier la diversité de la Jurisprudence, et la rendre uniforme dans tous les Tribunaux, Martin, 1742 (cité par Ch. ATIAS, « La question de droit », *RTD civ.* 2010, p. 246).

[1] J.-L. BERGEL, *Théorie générale du droit*, 5e éd., Dalloz, coll. Méthodes du droit, 2012, p. 349.

[2] Déclaration des droits de l'homme et du citoyen, 26 août 1789, art. 16.

juridictionnelle suite à l'abolition des privilèges et des juridictions seigneuriales au mois d'août 1789[1] —, « les tribunaux ne peuvent prendre, directement ou indirectement, aucune part à l'exercice du pouvoir législatif, ni empêcher ou suspendre l'exécution des décrets du corps législatif à peine de forfaiture ». Et l'article 12 de ce texte de prévoir que, dans l'hypothèse d'un texte obscur ou d'un vide juridique, il était obligatoire de procéder à un référé législatif. Les juridictions devaient s'adresser au corps législatif chaque fois qu'un problème d'interprétation se posait ; cela en théorie car, d'un maniement trop compliqué, le référé devant l'assemblée du peuple ne fonctionna pas mieux que son royal prédécesseur et finit par être officiellement abrogé quelques années plus tard.

En outre, un Tribunal de cassation « établi auprès du Corps législatif », véritable « sentinelle des lois »[2] instituée par une loi des 27 novembre et 1er décembre 1790, fut chargé de veiller à une application stricte de la législation par les tribunaux, rendant compte annuellement de sa mission audit Corps législatif.

Les révolutionnaires conservèrent donc précieusement les deux institutions royales de la cassation et du référé ; simplement la première devint-elle judiciaire et le second législatif. Il y avait séparation des pouvoirs et, plus encore, il y avait *hiérarchie des pouvoirs* dès lors que le pouvoir judiciaire était « l'auxiliaire » du pouvoir législatif[3]. La subordination du juge

---

[1] Selon l'article 4 du décret du 11 août 1789, « toutes les justices seigneuriales sont supprimées, sans aucune indemnité, et néanmoins les officiers de ces justices continueront leurs fonctions jusqu'à ce qu'il ait été pourvu par l'Assemblée nationale à l'établissement d'un nouvel ordre judiciaire ».

[2] F. ZÉNATI, « La nature juridique de la Cour de cassation », *BICC* 2003, n° 575 (cité par P. DEUMIER, *Introduction générale au droit*, 2e éd., LGDJ, coll. Manuel, 2013, p. 143).

[3] R. CARRÉ DE MALBERG, *Confrontation de la théorie de la formation du droit par degrés avec les idées et les institutions consacrées par le droit positif français relativement à sa formation*, Librairie du Recueil Sirey, 1933, p. 81.

à la loi serait même constitutive de la République[1]. Le magistrat ne pouvait donc être qu'un serviteur et non un adaptateur, un évaluateur ou même un censeur de la loi.

Quant à la Constitution de 1791, elle défendit à l'autorité juridictionnelle, par son article 203, l'usage des anciens arrêts de règlement ; les tribunaux ne pouvaient prononcer les jugements que pour les causes actuelles, leurs effets étant limités aux parties au procès[2]. La sentence rendue *in concreto* devait se borner à concrétiser la loi et les orateurs de la Constituante se sont élevés, avec la plus grande énergie, contre toute possibilité d'une « jurisprudence » qui aurait paru impliquer que le juge puisse puiser les éléments de sa décision ailleurs que dans la législation[3].

En ce sens, Adrien Duport — qui fut l'un des premiers députés de la noblesse à se joindre à ceux du tiers-état — ne manquait pas de considérer que « le jugement d'un procès n'est jamais autre chose qu'un syllogisme dont la majeure est le fait, la mineure la loi, et le jugement la conséquence [sic] »[4]. Le Chapelier, pour sa part, n'hésitait pas à voir dans la

---

[1] C. NICOLET, *L'idée républicaine en France – Essai d'histoire critique*, Gallimard, 1982, p. 382 (cité par L. KARPIK, « Comment le juge trace son chemin entre l'État et la société civile », in A. BERTHOUD, É. Serverin, dir., *La production des normes entre État et société civile – Les figures de l'institution et de la norme entre État et sociétés civiles*, L'Harmattan, 2000, p. 78).

[2] Cette même Constitution, par ailleurs, refusait à l'exécutif et à son chef le pouvoir réglementaire : en ce qui concerne le roi, le mot même d'ordonnance fut banni par l'article 6 qui y substitua celui de « proclamations », mais en spécifiant que ces proclamations royales devaient se borner à « rappeler » le dispositif des lois en vue d'en assurer l'exécution.

[3] R. CARRÉ DE MALBERG, *Confrontation de la théorie de la formation du droit par degrés avec les idées et les institutions consacrées par le droit positif français relativement à sa formation*, Librairie du Recueil Sirey, 1933, p. 81.

[4] A. DUPORT, *Principes et plan sur l'établissement de l'ordre judiciaire*, 1790, p. 20 (cité par R. SÈVE, *Philosophie et théorie du droit*, Dalloz, coll. Cours, 2007, p. 173).

jurisprudence la « plus détestable des institutions »[1], tandis que Robespierre proposait de supprimer tout simplement le mot « jurisprudence » de la langue française et estimait que, « dans un État qui a une Constitution et une législation, la jurisprudence des tribunaux n'est autre chose que la loi »[2], ce qui veut dire que les jugements ne devaient jamais consister en autre chose qu'en une stricte mise en œuvre de la loi donnée par avance.

Et Napoléon Bonaparte de renchérir, un peu plus tard, en écrivant que les juges seraient « des machines physiques au moyen desquelles les lois sont exécutées comme l'heure est marquée par l'aiguille d'une montre »[3]. La situation plus que marginale qui allait être celle des sources juridictionnelles du droit au cours du XIXe s. était en cette pensée parfaitement résumée.

Carré de Malberg synthétisait la situation des magistrats dans le monde du droit durant la période révolutionnaire en ces termes :

> *Sans doute, la loi ne s'applique pas toute seule : si précises que soient ses dispositions, elles ont besoin, pour être efficaces, d'être appliquées aux espèces qu'elles sont destinées à régir, par les décisions d'autorités sans le concours desquelles le règne du droit demeurerait fort éloigné de sa réalisation ; en outre, la loi fait appel, en bien des matières, à l'activité de ces autorités subalternes, en les chargeant de dégager par elles-mêmes la mesure*

---

[1] Cité par Ph. JESTAZ, *Les sources du droit*, Dalloz, coll. Connaissance du droit, 2005, p. 62.

[2] Cité par J. GILISSEN, *Introduction historique au droit – Esquisse d'une histoire universelle du droit – Les sources du droit depuis le XIIIe siècle – Éléments d'histoire du droit privé*, Bruylant (Bruxelles), 1979, p. 465.

[3] N. BONAPARTE, *Pensées pour l'action*, Puf, 1943, p. 41 (cité par A. LECA, *La genèse du droit – Essai d'introduction historique au droit*, 3e éd., Librairie de l'Université d'Aix-en-Provence, 2002, p. 137).

variable à appliquer à bien des situations d'espèce suivant les particularités de fait propres à chacune d'elles. Mais, même dans ce dernier cas, les hommes de la Révolution partaient de l'idée que le rôle des autorités subordonnées au législateur consistait simplement à faire usage des facultés d'appréciation et de décision qu'elles avaient reçues des textes législatifs : et, bien entendu, elles ne devaient pouvoir en user qu'en se maintenant dans les limites du pouvoir qui leur avait été attribué et en se conformant aux conditions de toutes sortes auxquelles l'exercice de ce pouvoir avait été soumis par les lois en vigueur. Pour ce motif même, ces facultés étaient englobées dans la catégorie générale des attributions de puissance méritant le nom de pouvoir exécutif : et ce nom, dans la pensée de ceux qui l'avaient introduit dans la terminologie constitutionnelle fondée en 1789-1791, devait suffisamment marquer que la fonction des autorités investies de telles facultés s'analysait non en un rôle de création d'un ordre juridique nouveau, mais seulement en une tâche d'application exécutive de l'ordre juridique préétabli. En d'autres termes, cette pensée était que, même dans le cas où l'autorité dite exécutive tient de ta loi une latitude plus ou moins vaste quant aux décisions ou solutions à adopter d'après les circonstances, il ne se produit pas, du fait de la décision intervenue, une innovation par rapport aux règles de droit antérieures. Il n'y a point place, en pareil cas, croyait-on, pour une distinction graduelle entre deux règles de droit, dont la première, émanée du législateur, ne serait que partielle et demanderait à être complétée par la seconde, laissée à la compétence de l'autorité exécutive. On considérait que te droit, ici comme ailleurs, s'est affirmé, d'une manière intégrale, dans la loi. La règle de droit unique, c'était celle contenue dans la loi, à savoir qu'il appartient à l'autorité par elle désignée d'appliquer à la question que soulève telle espèce,

> *soit une solution fixée d'avance* ne varietur, *soit des solutions susceptibles de varier dans des limites d'ailleurs spécialement définies. D'une façon comme de l'autre, la décision émise par l'autorité exécutive était regardée par nos premiers constituants comme n'ajoutant à cette règle de droit que son exécution. Ainsi, la notion moderne d'ordre juridique s'est trouvée, en France, dominée par l'idée que la puissance de créer véritablement du droit, c'est-à-dire de le créer d'une façon initiale et principielle, ne peut résider que dans celui des organes étatiques qui monopolise les prérogatives du souverain, à savoir le Corps législatif. [...] Le système de normes de l'État français a donc eu originairement son point de départ dans une conception qui faisait coïncider le droit avec ce qui est édicté par les lois.*[1]

À l'aube du XIXe s., Portalis pouvait ainsi convenir que « nous raisonnons comme si les législateurs étaient des dieux et comme si les juges n'étaient pas mêmes des hommes »[2]. Et l'illustre jurisconsulte aixois de soutenir ensuite que « l'office de la loi est de fixer, par de grandes vues, les maximes générales du droit, d'établir des principes féconds en conséquence, et non de descendre dans le détail des questions qui peuvent naître sur chaque matière »[3]. Seulement ajoutait-il que, « quand la loi est claire, il faut la suivre ; quand elle est obscure, il faut en approfondir les dispositions. Si l'on manque de loi, il faut consulter l'usage ou l'équité. L'équité est le retour à la loi naturelle, dans le silence, l'opposition ou l'obscurité des lois

---

1 R. Carré de Malberg, *Confrontation de la théorie de la formation du droit par degrés avec les idées et les institutions consacrées par le droit positif français relativement à sa formation*, Librairie du Recueil Sirey, 1933, p. 79-81.

2 J.-É.-M. Portalis, *Exposé des motifs du titre préliminaire du Code civil*, 1804.

3 J.-É.-M. Portalis, *Discours préliminaire sur le projet de Code civil*, 1801.

positives »[1]. Ainsi Portalis n'envisageait-il aucune source juridictionnelle du droit puisque, en cas d'absence de loi applicable, seuls l'usage, l'équité et le droit naturel seraient mobilisables.

C'est à compter de la seconde moitié du XIXe s. que la jurisprudence s'est développée au sein de la psyché juridique collective.

3. La découverte progressive de la jurisprudence par la doctrine à partir du milieu du XIXe siècle

Le système judiciaire révolutionnaire a été rapidement remplacé, avantageusement sans doute[2], par celui reposant sur l'articulation des articles 4 et 5 du Code civil, *i.e.* sur l'articulation de l'interdiction du déni de justice[3] et de l'interdiction des arrêts de règlement, c'est-à-dire des arrêts de principe, formulés sous forme de dispositions générales[4]. Dès lors, progressivement, les juges s'émancipèrent du droit écrit en recourant à l'interprétation téléologique, à l'interprétation analogique ou aux principes généraux du droit.

Une fois entrés dans l'ère du Code civil, les juges bénéficièrent d'une capacité *jus*-créatrice, mais cela uniquement afin d'établir des normes s'appliquant à des espèces précisément identifiées et s'éteignant aussitôt une fois le jugement

---

[1] *Ibid.*

[2] Ch. PERELMAN, « Ontologie juridique et sources du droit », *Arch. phil. droit* 1982, p. 23.

[3] *Cf.*, notamment, F. MONNIER, « Déni de justice », in D. ALLAND, S. RIALS, dir., *Dictionnaire de la culture juridique*, Lamy-Puf, coll. Quadrige-dicos poche, 2003, p. 359 s.

[4] *Cf.*, notamment, R. LIBCHABER, « Les articles 4 et 5 du Code civil ou les devoirs contradictoires du juge civil », in G. FAURÉ, G. KOUBI, dir., *Le Titre préliminaire du Code civil*, Economica, 2003, p. 143 s.

rendu. Or c'est en termes de normes générales, abstraites, impersonnelles et pérennes qu'il faut entendre l'idée de création du droit, non en termes de « normes d'espèces », soit de normes individuelles et concrètes posées dans le dispositif — quand l'éventuel pouvoir du juge de créer des règles de droit s'exprime, lui, dans les motifs.

Les progrès permis par le Code civil dans le sens d'une acceptation de la jurisprudence étaient donc très maigres, tandis que, dans les faits, il ne se trouvait guère, durant la première moitié du XIXe s., de décisions juridictionnelles réutilisées en tant que précédents. Néanmoins, à compter de la seconde partie de ce siècle, se développèrent les commentaires et les études des décisions de justice. L'idée de jurisprudence commença, petit à petit, à gagner la doctrine.

Déjà, dans les années 1820, la Cour de cassation avait élaboré de véritables théories prétoriennes en matière d'inaliénabilité de la dot mobilière ou de légalité de l'emphytéose[1]. Le 8 février 1873, vint l'arrêt *Blanco* du Tribunal des conflits et la consécration juridictionnelle, concernant la responsabilité de l'État, de « règles spéciales qui varient suivant les besoins du service et la nécessité de concilier les droits de l'État avec les droits privés », règles spéciales dont, alors, aucune n'était supportée par la loi. Cet arrêt, avec quelques autres, a contribué à la remise en cause de la totale mainmise du législateur sur la création des règles de droit et de l'absolue impossibilité que des règles générales émanent des prétoires.

---

[1] F. GARNIER, « Notes pour une possible histoire de la construction de la norme », in M. BEHAR-TOUCHAIS, N. MARTIAL-BRAZ, J.-F. RIFFARD, dir., *Les mutations de la norme*, Economica, coll. Études juridiques, 2011, p. 36. *Cf.*, en particulier, D. DEROUSSIN, *Histoire du droit privé (XVIe-XXIe siècle)*, Ellipses, 2010.

Reste que « le XIXe s. nous a légué un juge soumis à la loi dont il est l'exécutant muet »[1]. Il apparaissait normal que la création du droit ou même d'une part du droit, ou encore du droit mais uniquement en cas de vide législatif, ne soit pas incluse dans la fonction de juger. Historiquement, en tout cas, tel a été le cas en France[2]. C'est principalement au cours du XXe s. que la jurisprudence est montée en puissance — à la fois dans les faits et dans leur analyse, mais assurément avec un certain décalage entre les uns et l'autre —, progressivement et de manière plus ou moins radicale en fonction des branches du droit.

Cette prise de conscience compte sans doute parmi les phénomènes majeurs marquants la culture juridique moderne[3] et Eugène Gaudemet pouvait écrire, en 1935, que, « en franchissant un siècle de science française du droit civil, on passe d'un monde dans un autre : de la glose littérale à la libre recherche scientifique, de la sèche exégèse à la mise en œuvre de toute une philosophie de l'interprétation »[4].

Déjà au moment de la Révolution, la cassation, devenant la pièce maîtresse du système judiciaire, contribua à l'apparition de la jurisprudence, loin de jouer le rôle d'abaissement du juge qui devait initialement être le sien. En effet, les révolutionnaires ont obligé les juges à désormais motiver leurs décisions, sans quoi nul contrôle de leur bien-fondé en droit n'eut été possible. De son côté, et dans un dessein pédagogique, Napoléon

---

[1] D. SALAS, « Juge (aujourd'hui) », in D. ALLAND, S. RIALS, dir., *Dictionnaire de la culture juridique*, Lamy-Puf, coll. Quadrige-dicos poche, 2003, p. 862.

[2] *Cf.* R. COLSON, *La fonction de juger – Étude historique et positive*, LGDJ, 2006.

[3] Ph. JESTAZ, *Les sources du droit*, Dalloz, coll. Connaissance du droit, 2005, p. 61. Selon le professeur, ce phénomène est « d'autant plus frappant qu'inattendu » (*ibid.*).

[4] E. GAUDEMET, *L'interprétation du Code civil en France depuis 1804* (1935), La mémoire du droit, 2002, p. 50 (cité par V. LASSERRE, *Le nouvel ordre juridique – Le droit de la gouvernance*, LexisNexis, 2015, p. 1).

Bonaparte compléta le dispositif en imposant la motivation au Tribunal de cassation lui-même, Tribunal bientôt devenu Cour de cassation. Or cette double obligation d'exposer les raisons de droit justifiant les solutions retenues a eu pour effet de « rendre exploitable une jurisprudence jusque-là caractérisée par sa très faible teneur en droit »[1].

Cependant, pendant encore des décennies, la méfiance à l'égard de la jurisprudence a continué de l'emporter sur son accueil parmi les sources du droit. Des auteurs comme Paul Roubier ont pu adopter une position intermédiaire, soit en faisant de certaines décisions judiciaires une source matérielle mais non formelle du droit, soit en décrivant deux sources du droit étant la loi et la jurisprudence, mais en ajoutant que la première est une telle source dans les pays de droit d'origine romano-germanique comme la France et que la seconde est une telle source dans les pays de *common law* seulement[2]. Pareilles positions ne sont qu'un peu favorables à l'acceptation de l'existence de la jurisprudence. D'autres auteurs, enfin, ont toléré la présence de sources juridictionnelles de règles de droit tout en les dénonçant comme abusives[3] ou illégitimes[4].

Ce sont tout d'abord, au milieu du XIXe s., quelques avocats, tels que le jurassien Désiré Dalloz ou encore Jean-Baptiste Sirey, qui commencèrent à considérer que l'étude et la connaissance de la jurisprudence serait nécessaire aux juristes. Les praticiens devancèrent ainsi la doctrine comprise comme

---

[1] Ph. JESTAZ, *Les sources du droit*, Dalloz, coll. Connaissance du droit, 2005, p. 62.

[2] P. ROUBIER, « L'ordre juridique et la théorie des sources du droit », in *Mélanges Georges Ripert*, LGDJ, 1950, p. 13.

[3] Notamment, O. DUPEYROUX, « La jurisprudence, source abusive de droit », in *Mélanges Jacques Maury*, t. II, Dalloz, 1960, p. 349 s.

[4] *Cf.* B. MATHIEU, « Remarques sur un conflit de légitimité entre le juge et le législateur dans la détermination de l'intérêt général et la protection de la sécurité juridique – À propos de la décision de l'Assemblée plénière de la Cour de cassation du 24 janvier 2003 », *RFDA* 2003, p. 470 s.

constituée de professeurs. Aussi certains se firent-ils éditeurs afin de fournir au public la reproduction exacte et complète des décisions de justice les plus notables[1]. Différentes revues juridiques ont été quelques temps plus tard créées, la plupart ayant pour objet de consister en des recueils de jurisprudence[2]. Pendant ce temps, les professeurs demeuraient trop occupés à comprendre le Code civil pour détourner le regard en direction de ses développements juridictionnels.

C'est quelques temps après le tournant du XXe s., une fois l'exégèse du Code Napoléon achevée et, surtout, parce qu'une nouvelle génération de juristes commençait alors à imposer ses vues sur le droit, que la balance bascula et que la jurisprudence entra dans le cercle très fermé des sources du droit. Spécialement grâce aux progrès de l'édition juridique, de plus en plus nombreux furent ceux qui prirent conscience de la richesse de l'œuvre des tribunaux dont le commentaire leur apparut plus utile que celui de textes de loi souvent vieillissants. La note d'arrêt devint bientôt l'exercice incontournable des facultés de droit, tandis que les enseignements juridiques, spécialement en droit administratif et en droit civil, s'appuyaient régulièrement sur les développements jurisprudentiels en tant qu'instrument privilégié de connaissance du droit positif.

Planiol, suivi, notamment, par Gény, Beudant et Saleilles, déclarèrent se soumettre à la jurisprudence[3], tout en qualifiant

---

[1] Ph. JESTAZ, *Les sources du droit*, Dalloz, coll. Connaissance du droit, 2005, p. 63.

[2] Philippe Jestaz explique que, « après une période de tâtonnements, l'information devient vraiment fiable au début des années 1840. Dans un premier temps, elle s'accompagne de commentaires anonymes, dus à la rédaction de la revue et en général assez brefs, quoique de bonne qualité. C'est aux environs de 1850 que quelques professeurs délivrés du fardeau de l'exégèse emboîtent le pas avec des commentaires signés. Quelques années plus tard, Labbé invente la note d'arrêt, bientôt imité par Hauriou » (*ibid.*).

[3] M. PLANIOL, *Traité élémentaire de droit civil*, LGDJ, 1899 (cité par Ch. JAMIN, « Dix-neuf cent : crise et renouveau dans la culture juridique », in

cette dernière de « droit coutumier »[1] — il est vrai qu'elle ressemble à la coutume en ce qu'elle lui emprunte les éléments de durée et de répétition nécessaires à sa formation[2] ; mais un seul arrêt peut « faire jurisprudence » ou opérer un revirement de jurisprudence[3].

Et d'aucuns d'analyser cette période coïncidant avec un « déplacement du centre de gravité du droit »[4] comme celle de la « crise de la culture juridique française »[5] — mais sans doute le terme « crise » n'a-t-il pas ici une connotation péjorative.

Toutefois, les historiens du droit soulignent combien, au cours du XXe s., la présence de « juges-législateurs » a été débattue[6]. Il s'est longtemps encore trouvé des professeurs de renom qui, à l'instar de Carré de Malberg, pouvaient écrire que

> *La fonction juridictionnelle est, en son sens matériel, la partie de l'activité de l'État qui consiste à dire le droit. Reste à préciser ce qu'il faut entendre par dire le droit. Or, dans l'État moderne, le droit, c'est l'ensemble des règles formulées par les lois ou en vertu des lois, et qui constituent l'ordre juridique de l'État. Dire le droit, ce n'est donc pas le créer, mais bien le reconnaître. [...] L'acte juridictionnel consiste donc à rechercher et à déterminer le droit*

D. ALLAND, S. RIALS, dir., *Dictionnaire de la culture juridique*, Lamy-Puf, coll. Quadrige-dicos poche, 2003, p. 383).

[1] Cité par F. GARNIER, « Notes pour une possible histoire de la construction de la norme », in M. BEHAR-TOUCHAIS, N. MARTIAL-BRAZ, J.-F. RIFFARD, dir., *Les mutations de la norme*, Economica, coll. Études juridiques, 2011, p. 35.

[2] *Cf.* H. LE BERRE, « La jurisprudence et le temps », *Droits* 2000, n° 30, p. 71 s.

[3] M. DEGUERGUE, « Jurisprudence », in D. ALLAND, S. RIALS, dir., *Dictionnaire de la culture juridique*, Lamy-Puf, coll. Quadrige-dicos poche, 2003, p. 886.

[4] Ch. JAMIN, « Dix-neuf cent : crise et renouveau dans la culture juridique », in D. ALLAND, S. RIALS, dir., *Dictionnaire de la culture juridique*, Lamy-Puf, coll. Quadrige-dicos poche, 2003, p. 383.

[5] *Ibid.*, p. 380.

[6] J.-L. HALPÉRIN, *Histoire des droits en Europe – De 1750 à nos jours*, Flammarion, 2004, p. 184.

> *résultant des lois, à l'effet de l'appliquer à chacune des espèces dont sont saisis les tribunaux. Le rôle de ceux-ci, c'est, par conséquent, d'appliquer les lois, c'est-à-dire d'assurer le maintien de l'ordre juridique établi par elles : voilà pourquoi les juges sont habituellement qualifiés de gardiens des lois. [...] La mission du juge se réduit, dans tous les cas, à appliquer la législation en vigueur, [...] en sorte que finalement la loi seule possède une puissance créatrice.*[1]

Carré de Malberg ajoutait, à l'aune de la conjoncture doctrinale des années 1910, que, « quant à la question de savoir quelle est la source où le juge doit puiser les éléments de l'ordre juridique en vigueur, les auteurs répondent communément que

---

[1] R. CARRÉ DE MALBERG, *Contribution à la théorie générale de l'État spécialement d'après les données fournies par le droit constitutionnel français*, t. I, Librairie du Recueil Sirey, 1920, p. 699 et 701. L'illustre professeur strasbourgeois expliquait encore que, « sans doute, le juge a, en un certain sens, une mission créatrice, qui ressort de ce fait qu'une disposition législative n'acquiert son plein développement et sa portée définitive que par l'application juridictionnelle qui en est faite par les tribunaux. Ceux-ci ajoutent quelque chose à la législation, par cela même qu'ils en déduisent les conséquences et en fixent les détails d'application. Et sous ce rapport, il est permis de dire que le rôle des décisions juridictionnelles est analogue à celui des règlements faits par l'autorité administrative : car, de même que le règlement d'exécution vient compléter la loi en développant ses dispositions, de même il appartient aux tribunaux de fournir par leurs sentences le développement complémentaire des lois qu'ils sont appelés à appliquer. [...] Toutefois, si étendu que soit le complément que les lois trouvent dans les jugements, on ne saurait dire de cette partie de l'activité juridictionnelle qu'elle implique chez le juge le pouvoir de créer, réellement et de toutes pièces, du droit. Car, à vrai dire, tout le développement qui est ainsi apporté aux lois par la jurisprudence repose directement et uniquement sur leur interprétation. [...] En d'autres termes, les solutions qui sont ainsi adoptées par les tribunaux prennent leur origine première dans une disposition législative, elles ne sont que la mise en œuvre d'un principe posé par la législation, elles se trouvent contenues, au moins en germe, dans les textes de loi. À tous ces égards, par conséquent, la fonction juridictionnelle continue à s'analyser, au fond, en une fonction d'exécution » (*ibid.*, p. 701-702).

cette source est constituée par la loi »[1]. Et de citer certains de ses contemporains selon qui, « par définition, les jugements supposent toujours une loi antérieure à appliquer »[2], selon qui « l'autorité judiciaire ne peut qu'appliquer les lois aux cas qu'elle examine »[3] ou selon qui « l'arrêt de justice ne vaut que par la loi : il en est la traduction fidèle. Le juge n'ajoute rien à la loi »[4].

Aubry et Rau, pour leur part, insistaient sur le fait que nulle norme ne pourrait émaner de quelque source juridictionnelle puisque les juges ne seraient en aucun cas en mesure d'émettre des dispositions générales « juridiquement obligatoires pour les citoyens et pour les tribunaux »[5]. Plus étonnamment, Duguit lui aussi, malgré son approche sociologisante de la juridicité, pouvait retenir que

> *Juger, c'est constater l'existence, soit d'une règle de droit, soit d'une situation de droit. Toute décision juridictionnelle est un syllogisme [dont] la majeure est le rappel de la règle de droit. [...] Le juge ne fait*

---

[1] *Ibid.*, p. 700.

[2] M. ARTUR, « Séparation des pouvoirs et séparation des fonctions », *RDP* 1903, p. 222 (cité par R. CARRÉ DE MALBERG, *Contribution à la théorie générale de l'État spécialement d'après les données fournies par le droit constitutionnel français*, t. I, Librairie du Recueil Sirey, 1920, p. 700).

[3] F. MOREAU, *Précis de droit constitutionnel*, 5e éd., Larose et Forcel, 1903, n° 423 (cité par R. CARRÉ DE MALBERG, *Contribution à la théorie générale de l'État spécialement d'après les données fournies par le droit constitutionnel français*, t. I, Librairie du Recueil Sirey, 1920, p. 700).

[4] M. BERTHÉLÉMY, *Traité élémentaire de droit administratif*, 7e éd., Arthur Rousseau, 1913, p. 210 (cité par R. CARRÉ DE MALBERG, *Contribution à la théorie générale de l'État spécialement d'après les données fournies par le droit constitutionnel français*, t. I, Librairie du Recueil Sirey, 1920, p. 700).

[5] Cités par F. GARNIER, « Notes pour une possible histoire de la construction de la norme », in M. BEHAR-TOUCHAIS, N. MARTIAL-BRAZ, J.-F. RIFFARD, dir., *Les mutations de la norme*, Economica, coll. Études juridiques, 2011, p. 35.

> *pas acte de volonté : il constate le droit et en tire la conclusion logique.*[1]

D'après le maître bordelais, la juridiction n'aurait donc d'autre objet et d'autre raison d'être que de « constater » le droit existant, de le reconnaître et de le déclarer, en vue d'en assurer la réalisation. Le juge n'aurait pas à faire œuvre créatrice ; sa tâche se bornerait à constater et à émettre « une décision qui est la conséquence nécessaire et logique de la constatation »[2] ; et de conclure que « les jugements ne créent pas de droit, ils le constatent »[3]. Hauriou, en revanche, dénonçait en tant qu' « inconvénient » le fait que « certaines lois trop détaillées ne laissent aucune place à la construction jurisprudentielle »[4].

Par ailleurs, quelques observateurs ont pu proposer des analyses très éloignées du légicentrisme mais néanmoins hostiles à la jurisprudence. Le sociologue du droit Gurvitch, par exemple, parlait de « droit intuitif » pour désigner l'opération de *juris dictio*. Selon lui, le plus souvent, le juge se baserait sur son seul ressenti personnel pour prendre sa décision et, par la suite, chercherait à l'argumenter rationnellement en la rattachant à quelques textes officiels[5]. Cette analyse, proche du courant théorique dit du « réalisme américain », est aussi peu favorable à la jurisprudence qu'à la loi, toutes les sources formelles du droit étant reléguées à un bien pâle statut d'habillage.

---

[1] L. DUGUIT, *Traité de droit constitutionnel – Tome premier : La règle de droit, le problème de l'État*, 3e éd., De Boccard, 1927, p. 416.

[2] *Ibid.*, p. 263.

[3] *Ibid.*

[4] M. HAURIOU, *Précis élémentaire de droit constitutionnel*, 2e éd., Librairie du Recueil Sirey, 1930, p. 81.

[5] G. GURVITCH, *L'expérience juridique et la philosophie pluraliste du droit*, Pedone, 1935, p. 59.

Il n'en demeure pas moins que, aujourd'hui, la jurisprudence a largement acquis ses lettres de noblesse parmi les sources du droit.

4. La reconnaissance par la doctrine des facultés normatives des juges à l'heure actuelle

Dans les années 1950, la capacité normative des juges demeurait très discutée et de nombreuses publications ont porté sur le sujet[1]. À l'heure du XXIe s., les opposants à l'idée d'un juge créateur de droit n'ont pas totalement disparu ; l'absence de la règle du précédent obligatoire dans le système juridique continental est avancée afin d'affirmer que nulle norme générale ne jaillirait jamais des décisions de justice ; celles-ci ne sauraient, au mieux, que donner lieu à des indications, à des orientations, et la jurisprudence serait « une source vivante et non une source formelle du droit »[2].

Il est vrai que, du point de vue d'un théoricien du droit normativiste — *i.e.* attaché à la seule validité des normes dans l'ordre juridique —, l'autorité de fait n'a pas à être prise en

---

[1] Par exemple, M. WALINE, « Le pouvoir normatif de la jurisprudence », in *Mélanges Georges Scelle*, LGDJ, t. II, 1950, p. 613 s. ; J. MAURY, « Observations sur la jurisprudence en tant que source du droit », in *Mélanges Georges Ripert*, t. I, LGDJ, 1950, p. 27 s. ; J. RIVERO, « Le juge administratif français, un juge qui gouverne ? », *D.* 1951, p. 21 s. ; J. RIVERO, « Le Conseil d'État, cour régulatrice », *D.* 1954, p. 28 s. ; O. DUPEYROUX, « La jurisprudence, source abusive de droit », in *Mélanges Jacques Maury*, t. II, Dalloz, 1960, p. 349 s. ; J. ROCHE, « Réflexions sur le pouvoir normatif de la jurisprudence », *AJDA* 1962, p. 532 s. ; Ph. MALAURIE, « La jurisprudence combattue par la loi », in *Mélanges René Savatier*, Dalloz, 1965, p. 603 s. ; S. BELAID, *Essai sur le pouvoir créateur et normatif du juge*, LGDJ, coll. Bibliothèque de philosophie du droit, 1974.

[2] J.-C. BÉCANE, M. COUDERC, J.-L. HÉRIN, *La loi*, 2e éd., Dalloz, coll. Méthodes du droit, 2010, p. 58.

compte au moment de décrire la réalité du droit, la force normative implicite n'a pas à influer sur la force juridique[1]. François Terré, par exemple, n'hésite pas à dire « non merci ! » à la jurisprudence[2], tandis que Christian Atias évoquait une « vaine discussion autour d'une image inconsistante »[3] et que d'autres professeurs proposent que l'équité serait la seule source du droit non législative[4], que la fonction du juge serait de procéder non pas au syllogisme juridique mais à la pondération des intérêts, ce qui exclut toutes formes de règles préexistantes et données[5], « un bon juge ne jug[eant] pas en fonction de principes et de normes posées *a priori* mais en fonction de son attention à la situation singulière »[6]. En ce sens, Carbonnier observait que, « parmi les centaines de milliers de jugements rendus chaque année en France, l'immense majorité sont des jugements individuels, bien souvent des jugements d'équité ou

---

[1] Par exemple, M. SALUDEN, « La jurisprudence, phénomène sociologique », *Arch. phil. droit* 1985, p. 191 s.

[2] F. TERRÉ, « Un juge créateur de droit ? Non merci ! », *Arch. phil. droit* 2007, p. 305 s. En substance, le professeur accepte que le juge « découvre » du droit, mais il conteste la possibilité qu'il en « invente » (*ibid.*, spéc. p. 311). Son rejet de la jurisprudence est donc tout relatif.

[3] Ch. ATIAS, « D'une vaine discussion sur une image inconsistante : la jurisprudence en droit privé », *RTD civ.* 2007, p. 23 s.

[4] A. SÉRIAUX, *Le Droit – Une introduction*, Ellipses, 1997, p. 197. Selon cet auteur, l'équité permettrait même d'écarter l'application de la loi. Ce n'est pas autre chose que disait François Gény, pourtant souvent désigné comme l'un des principaux artisans de la reconnaissance, en France, de la jurisprudence, lorsqu'il écrivait que la mission du juge consisterait à « reconnaître les intérêts en présence, à évaluer leurs forces respectives, à les peser, en quelque sorte, avec la balance de la justice, en vue d'assurer la prépondérance des plus importants [...] et finalement d'établir entre eux un équilibre éminemment désirable » (F. GÉNY, *Méthode d'interprétation et sources en droit privé positif*, t. II, 2e éd., LGDJ, 1919, p. 167).

[5] J. VAN COMPERNOLLE, « Vers une nouvelle définition de la fonction de juger : du syllogisme à la pondération des intérêts », in *Mélanges François Rigaux*, Bruylant (Bruxelles), 1993, p. 495 s.

[6] S. CHAVEL, *Se mettre à la place d'autrui : l'imagination morale*, Presses universitaires de Rennes, 2012.

des jugements de pur fait, qui n'appliquent pas une règle de droit antérieure et ne deviendront pas eux-mêmes règles de droit »[1].

A également été soutenu que la jurisprudence connaîtrait un déclin (en droit administratif)[2] ; il faut croire que, qualitativement parlant tout du moins, tel n'est pas le cas[3]. Mais, clairement, principes généraux du droit[4] et autres bloc de constitutionnalité obligeant, la tendance est à la disparition des pourfendeurs de la jurisprudence. L'idée d'une « américanisation du droit » fait son chemin[5], laquelle va de pair,

---

[1] J. CARBONNIER, *Flexible droit – Pour une sociologie du droit sans rigueur*, 8e éd., LGDJ, 1995, p. 20.

[2] D. LINOTTE, « Déclin du pouvoir jurisprudentiel et ascension du pouvoir juridictionnel en droit administratif », *AJDA* 1980, p. 632 s. Pour une analyse contraire, *cf.* S. RIALS, « Sur une distinction contestable et un trop réel déclin – À propos d'un récent article sur le pouvoir normatif du juge », *AJDA* 1981, p. 115 s.

[3] *Cf.* B. BARRAUD, « Les sources du droit administratif – Évolution et actualité de l'"exception administrative" », *Rev. adm.* 2013, p. 497 s. Également, D. DE BÉCHILLON, « Un an de fabrication du droit administratif dans la jurisprudence du Conseil d'État », in *Mélanges Michel Troper*, Economica, 2006, p. 359 s.

[4] Par exemple, CE, 26 oct. 1945, *Aramu* (droits de la défense et première utilisation expresse de l'expression « principe général du droit ») ; CE, 9 mars 1951, *Société des concerts du conservatoire* (égalité dans le fonctionnement des services publics). Les principes généraux du droit ont été définis par le Président Bouffandeau comme « des règles de droit non écrites, ayant valeur législative, et qui, par suite, s'imposent au pouvoir réglementaire et à l'autorité administrative, tant qu'elles n'ont pas été contredites par une disposition de loi positive. Ces règles ne peuvent pas être regardées comme faisant partie d'un droit public coutumier, car, pour la plupart, la constatation de leur existence par le juge administratif est relativement récente. En réalité, il s'agit d'une œuvre constructive de la jurisprudence, réalisée pour des motifs supérieurs d'équité, afin d'assurer la sauvegarde des droits individuels des citoyens » (cité par F. GARNIER, « Notes pour une possible histoire de la construction de la norme », in M. BEHAR-TOUCHAIS, N. MARTIAL-BRAZ, J.-F. RIFFARD, dir., *Les mutations de la norme*, Economica, coll. Études juridiques, 2011, p. 36).

[5] *Cf.*, en particulier, *Arch. phil. droit* 2001, « L'américanisation du droit ».

notamment, avec la jurisprudentialisation du droit. Et les nouvelles branches du droit qui apparaissent ne peuvent qu'être un élément de plus justifiant de juger dignes d'intérêt la jurisprudence. Ces branches du droit adolescentes ne sauraient être comprises pertinemment par qui laisserait de côté tous les apports de l'activité créatrice des juges.

Il n'y a plus que de rares professeurs qui nient l'existence de la jurisprudence[1]. Le droit des obligations, par exemple, repose sur des régimes juridiques précis établis par le Code civil de 1804 ; mais ceux-ci ont été, durant deux siècles, complétés par une jurisprudence abondante, notamment de la Cour de cassation, si bien que la seule lecture du code ne donnerait à voir qu'un aperçu très imparfait de la réalité actuelle de ce droit. Sur nombre de questions, les commentateurs attendent que la Cour de cassation ou le Conseil d'État se prononce pour savoir quelles sont les normes applicables. Pareille attitude trahit assurément l'acceptation du pouvoir créateur, et non uniquement applicateur, de ces institutions juridictionnelles.

Un même enseignement peut sans doute être tiré de l'utilisation de l'expression « revirement de jurisprudence » ; les juges peuvent créer, défaire et recréer le droit ; et, souvent, ils le font, surtout dans les matières où le législateur tarde à intervenir et où, lorsqu'il se décide à faire œuvre normative, il ne parvient qu'à légiférer à tâtons, très imparfaitement. Bien sûr — et c'est fort heureux sous l'angle de la sécurité juridique —, les magistrats ont à disposition dans la majorité des situations des « règles en uniformes »[2] (législatives) qu'ils peuvent appliquer sans autre forme de procès ; l'important est d'accepter

---

[1] En ce sens, par exemple, S. SCHILLER, « L'extension du rôle de la jurisprudence en droit des affaires », *Arch. phil. droit* 2007, p. 213 s.

[2] Ch. PERELMAN, *La règle de droit*, Bruylant (Bruxelles), 1971, p. 316 (cité par F. OST, M. VAN DE KERCHOVE, *De la pyramide au réseau ? – Pour une théorie dialectique du droit*, Publications des Facultés universitaires Saint-Louis (Bruxelles), 2002, p. 304).

le fait que, parfois — mais de plus en plus souvent —, il arrive qu'ils soient obligés de recourir à des « règles hors la loi »[1] ou « règles maquisardes »[2] qui, potentiellement, pourront se voir reprises par d'autres plus tard et ainsi devenir des règles jurisprudentielles qui, dans les faits — mais non dans le droit *stricto sensu* —, seront dès lors elles-aussi des « règles en uniforme ».

Cela fait donc un siècle seulement que la pensée juridique dominante a intégré la possibilité de voir les cours et tribunaux produire des règles de droit. Carbonnier, en 1990, pouvait empiriquement décrire une doctrine qui « ramène le droit positif à une collection de codes et de jurisprudences »[3] ; mais, historiquement, il en est allé pratiquement tout le temps différemment. L'étude du droit d'aujourd'hui, en montrant que l'intégration des règles d'origine prétorienne est indispensable à moins de faire œuvre très peu pragmatique, amène ainsi à tenir un discours qui, s'il est aujourd'hui fort peu original, l'aurait été à pratiquement toutes les époques de la culture juridique.

Un droit tel que le droit de l'internet ou le droit de l'environnement, sans sa jurisprudence, serait un tout autre droit, comme seraient de tout autres droits le droit de la responsabilité civile délictuelle sans les arrêts de la Cour de

---

[1] F. OST, M. VAN DE KERCHOVE, *De la pyramide au réseau ? – Pour une théorie dialectique du droit*, Publications des Facultés universitaires Saint-Louis (Bruxelles), 2002, p. 304.

[2] Ch. PERELMAN, *La règle de droit*, Bruylant (Bruxelles), 1971, p. 316 (cité par F. OST, M. VAN DE KERCHOVE, *De la pyramide au réseau ? – Pour une théorie dialectique du droit*, Publications des Facultés universitaires Saint-Louis (Bruxelles), 2002, p. 304).

[3] J. CARBONNIER, « Il y a plus d'une définition dans la maison du droit », *Droits* 1990, n° 11, p. 6. D'ailleurs, le doyen Carbonnier regrettait qu'il soit ainsi procédé à une « glaciation du droit positif » alors que « le droit authentiquement positif est le droit qui vit. Non pas *corpus* figé, mais pullulement de corpuscules en mouvement (il n'est que de songer aux centaines de milliers de jugements rendus en faits ou en équité). [...] Le droit est une machine à douter (à hésiter, *balancer*) » (*ibid.*, p. 6-7 (souligné dans le texte original)).

cassation « Téffaine »[1], « Franck »[2], « Jand'heur »[3] et « Blieck »[4], le droit administratif sans les arrêts du Conseil d'État et du Tribunal des conflits « Blanco »[5], « Bac d'Eloka »[6], « Dame de la Murette »[7] et « Nicolo »[8] ou le droit international privé sans les arrêts de la Cour de cassation « Lautour »[9], « Rivière »[10], « Caraslanis »[11] et « Scheffel »[12].

En outre, l'acceptation de la jurisprudence s'explique notamment par l'influence qu'a pu exercer et que continue d'exercer sur la doctrine française la culture juridique anglo-saxonne.

5. L'influence de la culture juridique de *common law* sur la doctrine française

Si, dans certains pays tels que les pays socialistes[13], le refus de toute création de normes générales par les juges a été plus fort encore qu'en France, dans d'autres, en revanche, comme l'Allemagne ou, plus évidemment, la Grande-Bretagne, l'acceptation de la capacité créatrice des magistrats a été moins pénible. Ehrlich, par exemple, pouvait exposer

---

[1] Cass. civ., 16 juin 1896.
[2] Cass. ass. plén., 2 déc. 1941.
[3] Cass. ass. plén., 13 févr. 1930.
[4] Cass. ass. plén., 29 mars 1991.
[5] T. confl., 8 févr. 1873.
[6] T. confl., 22 janv. 1921, *Société commerciale de l'ouest africain.*
[7] T. confl., 27 mars 1952.
[8] CE ass., 20 oct. 1989.
[9] Cass. civ., 25 mai 1948.
[10] Cass. civ., 17 avr. 1953.
[11] Cass. civ., 22 juin 1955.
[12] Cass. civ., 30 oct. 1962.
[13] I. SZABO, *La théorie générale du droit et le marxisme*, Études et documentation internationale, 1970, p. 209.

sans risquer de susciter la polémique, à la fin du XIXe s., que le juge dispose d'une relative liberté pour ajouter à la loi ; et de citer l'autorité de la Cour de cassation française en guise d'illustration pertinente, puisque la France est un pays de droit codifié[1]. Le promoteur de la sociologie du droit, certes en des temps où l'influence des jusnaturalismes était encore grande, convenait que les magistrats ne créent jamais le droit, ils le découvrent[2] ; cela ne retire rien au soutien apporté à l'idée de jurisprudence et au constat selon lequel cette dernière a rencontré en France des résistances plus fortes que partout ailleurs, spécialement en raison de la position éminente longtemps octroyée au Code civil et du profond développement du courant de l'Exégèse. À la même époque, Savigny et l'École historique du droit mettaient l'accent sur l'influence prépondérante exercée par certaines décisions de justice[3].

Il faut toutefois se garder de pousser plus avant la réflexion quant au sort réservé aux « sources juridictionnelles » parmi les cultures juridiques autres que française car tout est fort relatif en la matière. Ainsi le juriste allemand Laband retenait-il que « l'arrêt judiciaire consiste à appliquer le droit en vigueur à un état de choses concret : les conséquences de ce droit se présentent d'elles-mêmes, avec une nécessité intrinsèque »[4]. De même, d'autres auteurs germaniques pouvaient résumer leurs pensées en ces termes : « La justice est uniquement une fonction d'exécution des

---

[1] J.-L. HALPÉRIN, « Ehrlich Eugen – *Grundlegung der Soziologie des Rechts* », in O. CAYLA, J.-L. HALPÉRIN, dir., *Dictionnaire des grandes œuvres juridiques*, Dalloz, 2008, p. 160.

[2] *Ibid.*

[3] R. SÈVE, *Philosophie et théorie du droit*, Dalloz, coll. Cours, 2007, p. 173.

[4] P. LABAND, *Droit public de l'Empire allemand*, t. II, trad. G. Gandilhon, Giard et Brière, 1901, p. 514 (cité par R. CARRÉ DE MALBERG, *Contribution à la théorie générale de l'État spécialement d'après les données fournies par le droit constitutionnel français*, t. I, Librairie du Recueil Sirey, 1920, p. 700).

lois »[1] ; ou « la loi donne à la justice le fondement indispensable de son activité. [...] Pour la justice, la loi a toujours prévu ce qui doit se faire ; elle contient, pour chaque cas individuel, la détermination de ce qui, pour ce cas, est de droit. Il ne reste au tribunal qu'à prononcer expressément ce que la loi a voulu. Le tribunal ne fait que l'application de la loi »[2].

Quant à Kelsen, même s'il jugeait que les décisions juridictionnelles revêtent un caractère constitutif, notamment parce qu'elles posent des normes individuelles qui, jusqu'au prononcé de la sentence, n'existaient pas dans l'ordre juridique[3], il adoptait pour l'essentiel la thèse classique selon laquelle ces normes individuelles ne seraient toujours que la résultante directe de normes générales contenues dans des lois[4]. Même lorsqu'il a vécu aux États-Unis, le penseur de la « théorie pure du droit » a continué de s'opposer à l'idée que le juge pourrait devoir appliquer des règles générales formulées par d'autres

---

[1] G. MEYER, *Lehrhuch des dentschen Staatsrechts*, 6e éd., 1911, p. 27 (cité par R. CARRÉ DE MALBERG, *Contribution à la théorie générale de l'État spécialement d'après les données fournies par le droit constitutionnel français*, t. I, Librairie du Recueil Sirey, 1920, p. 701).

[2] O. MAYER, *Die juristische Person v. ihre Verwertharheit im ôffent Recht*, t. I, 1904, p. 92 et 106 (cité par R. CARRÉ DE MALBERG, *Contribution à la théorie générale de l'État spécialement d'après les données fournies par le droit constitutionnel français*, t. I, Librairie du Recueil Sirey, 1920, p. 700).

[3] H. KELSEN, *Théorie pure du droit*, 2e éd., trad. Ch. Eisenmann, Dalloz, 1962, p. 318.

[4] *Cf.* M. TROPER, « Hans Kelsen et la jurisprudence », *Arch. phil. droit* 1985, p. 83 s. Et Carré de Malberg, dans les années 1930, au moment d'expliquer que de nombreux auteurs continuaient de s'accrocher à une conception interdisant toute création de droit par les juges, ne citait que des auteurs allemands (*cf.* R. CARRÉ DE MALBERG, *Confrontation de la théorie de la formation du droit par degrés avec les idées et les institutions consacrées par le droit positif français relativement à sa formation*, Librairie du Recueil Sirey, 1933, p. 80).

juges, mis à part dans les systèmes de *common law*[1]. Concernant ces derniers, Kelsen admettait que les tribunaux puissent créer des normes générales tout en respectant scrupuleusement le droit positif puisqu'ils agissent sur le fondement d'une norme générale de compétence propre à l'ordre juridique. Mais, lorsque ce fondement fait défaut, le concepteur de la « pyramide » était nécessairement conduit à admettre que les tribunaux, puisqu'ils n'y sont pas habilités, ne peuvent créer des normes générales.

Et Bobbio de soutenir que la plupart des positivismes juridiques entendraient supprimer du nombre des sources du droit les « sources judiciaires »[2]. Partant, il est effectivement loisible de considérer que « rien dans la culture juridique occidentale ne prédisposait le juge à jouer un rôle de quelque importance »[3]. Il faut, bien entendu, réserver un sort particulier à la culture juridique anglo-saxonne et, en particulier, aux auteurs, de plus en plus nombreux, qui ont suivi la voie du *judge-made law* — une doctrine faite par des juges et pour des juges dans laquelle ceux-ci sont les maîtres du « droit réel »[4] — ouverte à compter des années 1880[5].

Il importe de souligner l'influence exercée sur la doctrine française par la pensée juridique anglo-saxonne et par l'observation des droits des pays dits « de *common law* ». Le

---

[1] H. KELSEN, *General Theory of Law and State*, New York, 1945, p. 126-127 (cité par M. TROPER, *Pour une théorie juridique de l'État*, Puf, coll. Léviathan, 1994, p. 136) ; H. KELSEN, *Théorie pure du droit*, 2e éd., trad. Ch. Eisenmann, Dalloz, 1962, p. 335.

[2] N. BOBBIO, *Essais de théorie du droit*, trad. Ch. Agostini, M. Guéret, LGDJ-Bruylant (Paris-Bruxelles), coll. La pensée juridique, 1998, p. 27.

[3] D. SALAS, « Juge (aujourd'hui) », in D. ALLAND, S. RIALS, dir., *Dictionnaire de la culture juridique*, Lamy-Puf, coll. Quadrige-dicos poche, 2003, p. 862.

[4] X. MAGNON, *Théorie(s) du droit*, Ellipses, coll. Universités-Droit, 2008, p. 139.

[5] Notamment, O. W. HOLMES, *The Common Law* (1881), Little Brown (Boston), 1963 ; O. W. HOLMES, « The Path of the Law », *Harvard Law Review* 1897.

fait de recourir abondamment aux décisions de justice — y compris à celles qui ne sont pas à l'origine de jurisprudences — dans l'étude et l'enseignement du droit au sein des facultés de droit traduit une adhésion implicite mais néanmoins véritable aux principes directeurs des thèses des juristes dits « réalistes ». Et doit être noté que le réalisme de type scandinave apparaît bien davantage favorable à la jurisprudence que le réalisme de type nord-américain qui, lorsqu'il soutient que le juge est libre à l'égard de tout droit positif, ne soutient pas et même s'oppose au fait que les juges créent des règles de droit liant pour l'avenir les autres juges[1].

D'ailleurs, le droit nord-américain, comparativement au droit britannique, ne se révèle que partiellement adapté au développement de la jurisprudence dès lors que la personnalisation du juge y est très forte. En effet, au-delà du fait que la décision judiciaire peut être influencée par le contenu du petit déjeuner du magistrat[2] ou, plus sûrement, par sa personnalité,

---

[1] Par exemple, l'École de la « *sociological jurisprudence* », dont l'une des figures de proue fut Roscoe Pound, préconise de substituer l'induction à la déduction dans l'élaboration de la jurisprudence, le juge devant rechercher, dans chaque cas, quels effets concrets aura sa décision, ce qui lui confère une grande liberté pour interpréter les textes et créer le droit, liberté qui vaut à l'égard des lois mais aussi à l'égard des précédents. *Cf.* S. HENNETTE-VAUCHEZ, « Pound, Mechanical Jurisprudence », in O. CAYLA, J.-L. HALPÉRIN, dir., *Dictionnaire des grandes œuvres juridiques*, Dalloz, 2008, p. 463 s. ; D. BLACK, *Sociological Jurisprudence*, Oxford University Press, 1990. Le réalisme américain se présente ainsi tel un décisionnisme, c'est-à-dire telle une doctrine qui « souligne la prééminence de la volonté, du sentiment ou de l'intuition face à toute décision déduite et rationnellement justifiée » (C.-M. HERRERA, « Décisionnisme », in D. ALLAND, S. RIALS, dir., *Dictionnaire de la culture juridique*, Lamy-Puf, coll. Quadrige-dicos poche, 2003, p. 349). Il s'agit d'une approche qui insiste sur l'activité du juge en tant qu'individu, c'est-à-dire plus sur sa volonté que sur la légalité.

[2] Le juriste new-yorkais Jerome Frank proposait de résumer le processus de décision juridictionnelle à l'équation D = P x S dans laquelle D représente la décision juridictionnelle, P désigne la personnalité du juge et S correspond aux stimuli que celui-ci reçoit (J. FRANK, *Courts on Trial – Myth and Reality*

elle est rendue par une personne individualisée, connue sous son nom et pour ses idées, parfois élue sous une étiquette politique[1]. Les juges des États-Unis, dans les faits, s'ils prennent leurs décisions selon leurs intimes convictions, « libres et non contrôlables »[2], puis cherchent des fondements dans le droit positif pour les justifier[3], ne paraissent pas plus quêter la « bonne réponse »[4] dans la jurisprudence que dans la loi, à tel point que la situation paraît être dans ce pays inverse par rapport à celle du droit français : la jurisprudence y est en droit centrale mais non en faits.

Les pays de droit romano-germanique et les pays de *common law* — mais les États-Unis plus que la Grande-Bretagne[5] — ont eu tendance à se rapprocher au cours des dernières décennies[6], cela se traduisant par un phénomène de développement de l'empire du *common law* et de rétrécissement de l'empire du

---

in American Justice, Princeton University Press, 1973 ; J. FRANK, « What Courts Do in Fact », *Illinois Law Review* 1932). Frank expliquait ainsi que le choix du juge serait le fruit d'une réaction tout à fait subjective à des éléments extérieurs à la loi et, globalement, au droit.

1 É. ZOLLER, « Américanisation », in L. CADIET, dir., *Dictionnaire de la justice*, Puf, 2004.

2 H. KANTOROWICZ (cité par C.-M. HERRERA, « Décisionnisme », in D. ALLAND, S. RIALS, dir., *Dictionnaire de la culture juridique*, Lamy-Puf, coll. Quadrige-dicos poche, 2003, p. 349).

3 *Cf.*, notamment, O. W. HOLMES, *The Common Law*, McMillan (Londres), 1881 ; O. W. HOLMES, *Collected Legal Papers*, Peter Smith (New York), 1952.

4 R. DWORKIN, *Prendre les droits au sérieux* (1978), Puf, coll. Léviathan, 1995.

5 Un auteur retient ainsi que « la règle du précédent aux États-Unis se rapproche de l'autorité de la jurisprudence en France » (D. TALLON, « Précédent », in D. ALLAND, S. RIALS, dir., *Dictionnaire de la culture juridique*, Lamy-Puf, coll. Quadrige-dicos poche, 2003, p. 1186). Aussi a-t-on pu évoquer la « crise » du *common law* (*cf.* P. MACLOUF, « Crise de la Common Law », *Arch. phil. droit* 2000, p. 333 s.).

6 *Cf.*, par exemple, H. MUIR-WATT, *Common Law et tradition civiliste : convergence ou concurrence ?*, Puf, 2006 ; A. LECA, *La genèse du droit – Essai d'introduction historique au droit*, 3e éd., Librairie de l'Université d'Aix-en-Provence, 2002, p. 134.

droit d'essence romano-germanique[1]. Surtout, cela a amené à une large consécration de la jurisprudence parmi les sources du droit, malgré le fait que les précédents ne jouissent pas, en France notamment, d'un titre officiellement consacré de sources de normes juridiques. Aussi d'aucuns peuvent-ils se référer à une « américanisation » du droit français[2].

Dans son célèbre arrêt *Marbury c/ Madison* du 24 février 1803, la Cour Suprême des États-Unis — à propos de laquelle Tocqueville constatait que « jamais un plus immense pouvoir n'a été constitué chez aucun peuple »[3] — a affirmé que « c'est par excellence le domaine et le devoir du pouvoir judiciaire de dire ce qu'est le droit » ; de plus en plus, dans la culture juridique européenne continentale, spécialement dans la culture juridique française, on est tenté de suivre cette position. À l'aune des droits contemporains, il paraît presque indispensable d'emprunter pareille voie. Le magistrat Denis Salas note que, en France, « seule [la] justice administrative présente des traits convergents avec le modèle anglo-saxon : prestige du Conseil d'État, hiérarchie interne faible et création normative qui le rend proche du *judge made law* »[4]. Mais il semble de plus en

---

[1] J.-L. BERGEL, *Théorie générale du droit*, 5e éd., Dalloz, coll. Méthodes du droit, 2012, p. 68 (« si l'on songe à l'importance considérable de la jurisprudence pour appliquer, interpréter, compléter et rajeunir la loi et au "pouvoir normatif" qu'on lui reconnaît maintenant dans bien des systèmes romano-germaniques, on observe que le fossé qui séparait ces systèmes juridiques et les droits anglo-saxons tend à se combler. Les uns et les autres font désormais de la loi et de la jurisprudence des sources complémentaires ou concurrentes du droit »). *Cf.*, en particulier, R. JACOB, dir., *Le juge et le jugement dans les traditions juridiques européennes*, LGDJ, 1996.

[2] *Arch. phil. droit* 2001, « L'américanisation du droit » ; *Revue des deux mondes* 2000, « Le droit français s'américanise-t-il ? » ; É. ZOLLER, « Américanisation », in L. CADIET, dir., *Dictionnaire de la justice*, Puf, 2004.

[3] A. DE TOCQUEVILLE, *De la démocratie en Amérique* (1835 et 1840), Flammarion, coll. GF, 2010, p. 273.

[4] D. SALAS, « Juge (aujourd'hui) », in D. ALLAND, S. RIALS, dir., *Dictionnaire de la culture juridique*, Lamy-Puf, coll. Quadrige-dicos poche, 2003, p. 865.

plus permis d'opérer un constat général d'évolution en direction de ce « *judge made law* ».

Avec le « *judge made law* » et le « *case law* », il n'est de droit véritable que celui qui est dit par le juge, ce qui est la conséquence du principe fondamental du *common law* qu'est le respect impératif du précédent judiciaire mais aussi la conséquence de l'approche pragmatique qui amène à se focaliser sur les faits, sur les actions en justice et sur les procédures judiciaires plus que sur quelques règles de fond données par avance[1]. Aussi convient-on que, dans la culture juridique anglo-saxonne, la justice est foncièrement factuelle quand elle est juridique dans les pays de tradition romano-germanique[2]. Quant au droit, les ordres juridiques des États anglo-saxons sont alors, en principe, constitués par l'ensemble des décisions rendues par les cours de justice à propos des multiples problèmes de droit qui se sont posés à elles. Néanmoins, le « *statute law* », c'est-à-dire le droit d'origine parlementaire, occupe une place croissante en Grande-Bretagne et aux États-Unis — mais chez le second plus que chez le premier[3] —, quantitativement parlant du moins.

---

[1] Ainsi, là où le droit continental est attaché à l'apprentissage des solutions de fond, le droit anglo-saxon est-il surtout soucieux de la maîtrise des procédures. Là où le juriste français, pour résoudre un cas, part de la recherche de la règle, prioritairement dans la loi, puis tente, par un raisonnement logique, d'en déduire la solution, le juriste britannique s'attache à la discussion des faits et au rapprochement de ceux-ci avec les précédents judiciaires pour en suggérer la transposition.

[2] D. TALLON, « Précédent », in D. ALLAND, S. RIALS, dir., *Dictionnaire de la culture juridique*, Lamy-Puf, coll. Quadrige-dicos poche, 2003, p. 1187.

[3] On observe que « le *common law* n'est pas affecté, de l'extérieur, par les codifications du Parlement qui, en Angleterre, sont toujours ponctuelles et ne cherchent pas à absorber tout le droit dans ce *statute law*, à la différence de la codification napoléonienne qui prétend être une codification de tarissement ou de captation de toutes les autres sources de droit » (É. PICARD, « Common law », in D. ALLAND, S. RIALS, dir., *Dictionnaire de la culture juridique*, Lamy-Puf, coll. Quadrige-dicos poche, 2003, p. 242). Cependant, d'autres

Et les juges anglo-saxons sont autant que ceux d'Europe continentale dans l'obligation de respecter et d'appliquer strictement les textes législatifs. Partant, les auteurs anglo-saxons s'accordent sur le fait que la jurisprudence et la loi sont les deux sources essentielles du droit, auxquelles ils ajoutent généralement l'équité[1]. Chez eux, ce n'est pas la jurisprudence qui tend à rattraper la loi, comme dans la pensée juridique française, mais la loi qui tend à rattraper la jurisprudence.

Il ne faudrait toutefois pas en venir à considérer que les pays de droit d'origine romano-germanique auraient été conquis par le[2] *common law*. Certes, la majorité des juristes de ces pays font désormais grand cas de la jurisprudence, tant et si bien que celle-ci est à présent un élément incontournable de leur culture juridique commune, ainsi qu'en témoigne l'exemple français, mais des différences constitutionnelles et systémiques décisives continuent de séparer les droits anglo-saxons des droits européens continentaux.

Si les trois principales institutions du *common law* sont le respect du précédent judiciaire, le recours au jury pour statuer sur les points de fait d'un litige et la prééminence du droit (appelée « *rule of law* »)[3], concernant la première d'entre elles

---

spécialistes relèvent que, concernant le droit anglais, « plus personne ne doute aujourd'hui de l'importance de la législation, qui est la base même de nombreuses branches du droit et la source de la plupart des compétences détenues par les autorités exécutives » (D. BARANGER, « Angleterre (culture juridique) », in D. ALLAND, S. RIALS, dir., *Dictionnaire de la culture juridique*, Lamy-Puf, coll. Quadrige-dicos poche, 2003, p. 58).

[1] É. PICARD, « Common law », in D. ALLAND, S. RIALS, dir., *Dictionnaire de la culture juridique*, Lamy-Puf, coll. Quadrige-dicos poche, 2003, p. 240.

[2] « *Common law* » doit certainement être traduit par « droit commun » plutôt que par « loi commune », si bien qu'il convient de parler « du » plutôt que « de la » *common law*. Cependant, la majorité des auteurs traite bien de « la » *common law* au féminin (par exemple, A. J. BULLIER, *La Common law*, 3e éd., Dalloz, coll. Connaissance du droit, 2012).

[3] É. ZOLLER, « États-Unis (culture juridique) », in D. ALLAND, S. RIALS, dir., *Dictionnaire de la culture juridique*, Lamy-Puf, coll. Quadrige-dicos poche,

— qui est aussi la plus emblématique —, la différence n'est pas mince entre un système juridique qui reconnaît officiellement l'autorité normative des juridictions et un système juridique dans lequel cette autorité est clandestine, bien que réelle. En ce sens, un auteur distingue les précédents qui ont une valeur obligatoire et les précédents qui n'ont qu'une valeur persuasive[1]. Une consécration constitutionnelle de la force juridique — et non seulement normative — des précédents en droit français bouleverserait la donne ; mais pareille révolution n'est évidemment guère à l'ordre du jour.

À l'heure actuelle, dans les droits romano-germaniques, les jurisprudences n'ont aucune force obligatoire, tandis que, dans les pays de *common law*, particulièrement au Royaume-Uni où une loi de 1875 l'a expressément consacrée, la règle du précédent judiciaire (« *rule of precedent* ») implique que le premier arrêt rendu par une juridiction sur un problème de droit nouveau revête *ipso facto* force obligatoire à l'égard des autres juridictions de même rang et de rang inférieur qui devront appliquer la norme retenue dans tous les cas où ce même problème de droit viendra à se reposer. C'est là le principe de fixité de la décision (« *stare decisis* »), lequel, cependant,

---

2003, p. 655. *Cf.* A. J. BULLIER, *La Common law*, 3e éd., Dalloz, coll. Connaissance du droit, 2012 ; A. R. HOGUE, *Origins of the Common Law*, Liberty Fund (Indianapolis), 1986. Sur le principe de la *rule of law*, *cf.* É. ZOLLER, « Rule of law », in D. ALLAND, S. RIALS, dir., *Dictionnaire de la culture juridique*, Lamy-Puf, coll. Quadrige-dicos poche, 2003, p. 1379 s. (l'auteur explique notamment que le principe de la *rule of law* imprègne la Constitution d'Angleterre dans la mesure où ses principes généraux (comme la liberté individuelle ou la liberté d'association) résultent moins de règles générales de nature législative ou constitutionnelle proclamées autoritairement dans une loi fondamentale que de toutes les décisions de justice qui ont patiemment défini au cours des âges les droits des personnes privées à l'occasion d'affaires rendues par les cours du royaume d'Angleterre).

[1] D. TALLON, « Précédent », in D. ALLAND, S. RIALS, dir., *Dictionnaire de la culture juridique*, Lamy-Puf, coll. Quadrige-dicos poche, 2003, p. 1185.

n'interdit pas, aux États-Unis, les revirements de jurisprudence[1] — ce qui est heureux[2].

Or rien de tout cela ne se retrouve dans le droit constitutionnel positif des pays de droit d'essence romano-germanique[3]. Reste qu'il faut aujourd'hui relativiser l'idée selon laquelle « le discours du droit est en France celui du législateur et en Angleterre celui du juge »[4].

À l'échelle de la totalité de l'histoire française de la pensée du droit, cela ne fait donc que depuis une époque très

---

[1] *Cf.*, par exemple, H. MUIR-WATT, « La gestion de la rétroactivité des revirements de jurisprudence : systèmes de common law », in N. MOLFESSIS, dir., *Les revirements de jurisprudence*, Litec, 2005, p. 53 s. Pour ce qui est du Royaume-Uni, la Cour Suprême, dans le *Practice Statement* de 1966, a accepté qu'il soit possible, de manière exceptionnelle, de revenir sur ses précédents, cela car « une adhésion trop rigoureuse à la règle du précédent peut conduire à de l'injustice dans un cas déterminé et entraver exagérément l'évolution du droit » (cité par P. DEUMIER, *Introduction générale au droit*, 2e éd., LGDJ, coll. Manuel, 2013, p. 290). En revanche, la *Court of Appeal* d'Angleterre est liée par ses précédents *ad vitam aeternam*. Un tel précédent ne peut disparaître qu'en étant renversé par une juridiction plus élevée ou par une intervention de la Chambre des Lords et de la loi (D. TALLON, « Précédent », in D. ALLAND, S. RIALS, dir., *Dictionnaire de la culture juridique*, Lamy-Puf, coll. Quadrige-dicos poche, 2003, p. 1185-1186).

[2] Les renversements de jurisprudence, comme les évolutions législatives, peuvent être bienvenus. Il suffit de penser à l'arrêt de la Cour suprême des États-Unis *Brown c/ Board of Education*, rendu en 1954, qui est revenu sur la jurisprudence *Plessy c/ Fergusson* de 1896 par laquelle la Cour avait autorisé la ségrégation entre blancs et noirs. Il faut dire que le respect du précédent judiciaire n'a pas la même force aux États-Unis qu'en Angleterre : il est admis que la Cour suprême peut, et même doit, renverser sa jurisprudence lorsque celle-ci ne correspond plus aux exigences de la justice (É. ZOLLER, « La Cour suprême des États-Unis entre création et destruction du droit », *Arch. phil. droit* 2006, p. 276 ; É. ZOLLER, « États-Unis (culture juridique) », in D. ALLAND, S. RIALS, dir., *Dictionnaire de la culture juridique*, Lamy-Puf, coll. Quadrige-dicos poche, 2003, p. 655).

[3] *Cf.*, par exemple, M. DEVINAT, *La règle prétorienne en droit civil français et dans la* common law *canadienne*, PUAM (Aix-en-Provence), 2005.

[4] A. GARAPON, « Culture(s) judiciaire(s) », in L. CADIET, dir., *Dictionnaire de la justice*, Puf, 2004.

récente que l'existence de la jurisprudence (dans son sens moderne) est acceptée, que la majorité des auteurs s'accordent pour dire que « la pratique apporte un démenti aux règles selon lesquelles il n'y a pas d'arrêts de règlement »[1]. La composition normative des droits d'aujourd'hui vient témoigner à la fois de la réalité du droit créé *ex nihilo* par des tribunaux et du besoin d'ainsi accueillir la jurisprudence parmi la « taxinomie » des sources du droit. Tout le droit ne saurait être dans la loi ; il y a des vides, des lacunes et des imperfections législatifs auxquels les cours doivent remédier, à la fois pour les cas présents et pour les cas à venir, dès lors que, ainsi qu'en dispose l'article 4 du Code civil, « le juge qui refusera de juger, sous prétexte du silence, de l'obscurité ou de l'insuffisance de la loi, pourra être poursuivi comme coupable de déni de justice ».

À l'heure actuelle, certains auteurs, avec Michel Villey, peuvent considérer que, « si je suis juge et poursuis la solution juste, sans être absolument l'esclave des lois de mon pays, je dois en tenir compte d'abord parce qu'elles sont le résultat, l'aboutissement des longs efforts de la doctrine pour trouver les règles du juste. Nos lois résument l'état présent de la science du juste. À ce titre elles me servent de guide »[2] — mais ne peut-on pas en dire autant de la jurisprudence[3] ?

Seulement n'est-il guère de débat possible quant au fait de savoir si les juges sont ou non soumis au respect des lois, s'ils peuvent ou non aller contre les lois. Il est d'ailleurs difficile de

---

[1] J. MORAND-DEVILLER, *Droit administratif*, 13e éd., LGDJ, coll. Cours, 2013, p. 266. Également, B. BEIGNER, « Les arrêts de règlement », *Droits* 1989, n° 9, p. 45 s.

[2] M. VILLEY, *Seize essais de philosophie du droit*, Dalloz, 1969, p. 32.

[3] En ce sens, Christian Atias écrivait : « Lorsqu'un arrêt fait tâche, il n'est pas seulement critiqué ; il est en quelque sorte dévalué. Son autorité est affaiblie ; c'est une décision erronée ou qui s'explique par les particularités d'une espèce. [...] L'idée de jurisprudence est là ! » (Ch. ATIAS, *Épistémologie juridique*, Dalloz, coll. Précis, 2002, p. 198).

ne pas suivre qui convient que le juge n'a pas à être le « phare d'un droit en rupture »[1] ou que « l'action du juge doit être encadrée par la loi. Sa généralité et sa permanence impliquent des garanties que les états d'âmes de certains magistrats ne sauraient assurer : trop d'exemples fantaisistes le démontrent. [...] Pour établir une bonne justice, il faut avant tout de bonnes lois »[2].

Et peut-être est-il utile de citer le tribun Jacques Joseph Garat qui, au moment de la discussion du projet de Code civil des français, soutenait que, en faisant des magistrats autre chose que la bouche de la loi, on commettrait un « attentat aux droits des citoyens et à la sainteté de la loi », car on substituerait une volonté particulière à la volonté générale[3]. L'important est d'accepter qu'il se trouve des situations factuelles dans lesquelles il n'y a guère de loi applicable mais, parfois, si ce n'est souvent dans certaines branches du droit, des jurisprudences applicables ou des jurisprudences à instaurer.

Ensuite, il n'appartient pas aux présentes pages de discuter la supériorité qualitative de la loi par rapport à la jurisprudence en ce que le législateur serait mieux que le juge capable de se conformer à quelque « science du juste » ou en ce que la loi serait le produit de la volonté générale à l'inverse des précédents judiciaires. De toute manière, la jurisprudence *contra legem* est statistiquement une rareté ; l'intérêt de la jurisprudence est qu'elle n'intervient, normalement, qu'en cas

---

[1] R. SÈVE, *Philosophie et théorie du droit*, Dalloz, coll. Cours, 2007, p. 207.

[2] J.-L. BERGEL, *Théorie générale du droit*, 5e éd., Dalloz, coll. Méthodes du droit, 2012, p. 259.

[3] Séance du Tribunat du 19 frimaire an X (10 déc. 1803), in P.-A. FENET, *Recueil complet des travaux préparatoires du Code civil*, t. VI, 1836, p. 152 (cité par O. THOLOZAN, « L'excellence de la loi dans la pensée juridique et politique française depuis le XVIIIe siècle », in M. FATIN-ROUGE STÉFANINI, L. GAY, J. PINI, dir., *Autour de la qualité des normes*, Bruylant (Bruxelles), coll. À la croisée des droits, 2010, p. 70).

de manque de loi. La jurisprudence est en ce sens l'exemple-type de sources *praeter legem*[1].

Et la doctrine a été de plus en plus forcée de reconnaître à la fois l'existence et l'importance de la jurisprudence à mesure que des trous dans le droit positif se sont creusés en raison de l'accélération à l'ère contemporaine des changements parmi les activités humaines, les pratiques sociales, les technologies, les transports, les menaces, périls et autres dangers, les « demandes de droit » etc. et en raison de l'incapacité du Parlement, débordé de toutes parts, à répondre à tous les besoins.

---

[1] L'expression latine « *praeter legem* », qui signifie « au-delà de la loi », est « aujourd'hui utilisée pour caractériser une norme qui s'établit, à défaut de texte, dans le silence de la loi, pour combler une lacune de la loi écrite » (V° « *Praeter legem* », in G. CORNU, dir., *Vocabulaire juridique*, 8e éd., Puf, coll. Quadrige, 2007, p. 701).

Deuxième partie

L'identification délicate de la jurisprudence par la doctrine

La question de savoir si la jurisprudence est une source du droit et, si oui, dans quelles conditions elle l'est a suscité d'importantes discussions théoriques mais aussi idéologiques au sein de la doctrine. Sous l'angle idéologique, on peut, non sans raisons, considérer que la seule source de droit tolérable serait la loi puisque, dans un système de démocratie représentative, elle est réputée faite par le peuple lui-même, si bien qu'en se soumettant à la loi il se soumettrait à sa propre volonté. Comme, en outre, le contenu de la loi est connu à l'avance, ce qui permet à chacun de ne pas ignorer ses droits et ses devoirs, les cours et tribunaux ne devraient toujours produire que des arrêts et jugements déduits de la loi au moyen du syllogisme. C'est pourquoi Montesquieu pouvait faire de la puissance de juger une puissance « en quelque façon nulle »[1].

Pourtant, il est aujourd'hui quasi-insoutenable d'avancer que nulle règle de droit ne jaillirait jamais des activités juridictionnelles. En cette seconde partie, il conviendra tout d'abord de souligner combien la reconnaissance de la jurisprudence est devenue inéluctable à mesure que le nombre des vides législatifs a augmenté (*chapitre 1*). La loi ne peut pas être complète et, lorsqu'elle existe, elle peut se révéler obscure. Elle ne saurait suffire au droit ; et la jurisprudence semble être un complément salutaire bien plus qu'un concurrent maléfique. Les juristes soucieux de connaître le droit ne peuvent se borner à connaître la loi. Ils doivent également connaître la jurisprudence ; et cela vaut « dans les systèmes qui n'autorisent pas les tribunaux à créer des règles mais aussi dans les systèmes qui le leur interdisent expressément »[2].

Ensuite, sera insisté sur le grand particularisme des normes jurisprudentielles, à l'origine de vifs débats au cœur de la doctrine, en premier lieu en raison du caractère implicite et même parfois inconscient de l'activité jurisprudentielle (*chapitre 2*). Et un autre problème de taille que la jurisprudence pose à la doctrine est celui de la distinction entre création et simple interprétation non créatrice : quand y a-t-il jurisprudence

---

[1] MONTESQUIEU, *De l'esprit des lois*, 1748, L. XI, chap. 6.

[2] M. TROPER, *Philosophie du droit*, 4e éd., Puf, coll. Que sais-je ?, 2015, p. 94.

et quand ne s'agit-il que d'une application de normes préexistantes ? La frontière entre la jurisprudence et la simple juridiction est souvent floue (*chapitre 3*).

Chapitre 1. La doctrine pressée de reconnaître la capacité créatrice des juges par l'augmentation du nombre de vides législatifs

Si la question du statut de la jurisprudence est « effectivement et objectivement insoluble »[1], il est tentant de se contenter d'observer qu'une large majorité des professeurs qui composent la doctrine lui confèrent aujourd'hui le statut de source du droit pour en conclure qu'il s'agit bel et bien d'une source du droit. Et, dès lors qu'une institution comme la Cour européenne des droits de l'homme considère que la notion de « loi » ne doit plus être « conçue exclusivement à la lumière de critères organiques et formels, mais aussi à la lumière de critères matériels » afin d'englober certaines règles d'origine prétorienne[2], il paraît à tout le moins archaïque de soutenir que ces règles d'origine prétorienne seraient absentes du droit.

Mais il est aussi permis de motiver l'ouverture à la jurisprudence par le fait que celle-ci est d'autant plus nécessaire et incontournable qu'une branche du droit connaît des vides législatifs — lesquels ne sauraient en aucune façon s'analyser tels des vides juridiques. Montesquieu soulignait que, « dans le gouvernement républicain, il est de la nature de la Constitution que les juges suivent la lettre de la loi »[3] et que, ainsi, « les jugements doivent être fixes à un tel point qu'ils ne soient jamais qu'un texte précis de la loi »[4]. Seulement est-il douteux que le juge puisse systématiquement trouver au sein de la

---

[1] M. DEGUERGUE, « Jurisprudence », in D. ALLAND, S. RIALS, dir., *Dictionnaire de la culture juridique*, Lamy-Puf, coll. Quadrige-dicos poche, 2003, p. 887.

[2] CEDH, 25 mai 1993, *Kokkinakis c/ Grèce* ; CEDH, 26 avr. 1979, *Sunday Times c/ Royaume-Uni*.

[3] MONTESQUIEU, *De l'esprit des lois*, 1748, L. VI, chap. 3.

[4] *Ibid.*, L. XI, chap. 6.

législation en vigueur une règle visant expressément la situation litigieuse qui lui est soumise.

Le fait que tout le droit ne puisse pas être dans la loi apparaît tout à fait naturel, si ce n'est nécessaire (*3*), et il appartient aux tribunaux de combler les manques de loi afin de garantir la complétude de l'ordre juridique (*2*). Il n'en demeure pas moins que lesdits tribunaux sont conduits à remplir cette tâche aujourd'hui plus fréquemment qu'hier (*1*).

1. L'existence inévitable d'activités non encadrées par la loi

Au début du XXe s., Carré de Malberg pouvait décrire que,

> *Au fur et à mesure que, dans l'État moderne, le nombre des lois s'est si considérablement accru et qu'en outre leur codification est devenue le fait habituel, l'usage s'est établi, parmi les auteurs, d'affirmer qu'il n'y a plus place désormais, devant les tribunaux, que pour l'application des lois et des codes. [...] Cette conception procède de l'idée première que les lois suffisent, en France, à trancher d'avance toutes les questions de droit dont peuvent être saisis les tribunaux. [...] Dès que l'on part de la croyance que les lois et les codes modernes suffisent à solutionner toutes les questions qui peuvent venir devant un juge, dès que l'on admet que toute décision judiciaire a son principe dans un texte législatif et s'y trouve d'avance contenue, ne fût-ce qu'en germe, on est amené à dire que la fonction de juger ne consiste qu'à mettre en œuvre des règles posées par les lois et qu'elle se réduit ainsi à une tâche d'interprétation et d'application, en un mot*

> *qu'elle n'a d'autre objet que d'assurer l'exécution des dispositions législatives en vigueur.*[1]

À l'ère contemporaine, époque dans laquelle le législateur est de plus en plus souvent dépassé par l'accélération et la complexification des phénomènes technologiques et sociaux, il en va très différemment. A déjà été amplement illustré le fait que le législateur peine à saisir les nouvelles activités qui émergent et que, lorsqu'il le fait, cela se traduit régulièrement par des dispositifs normatifs mal adaptés. Seulement, dès lors que la loi existe, les cours et tribunaux doivent l'appliquer ; et c'est ce qu'ils font, fort heureusement. La jurisprudence n'est bien sûr pas le fruit de décisions prétoriennes consistant à prendre des mesures « législatives » allant à rebours des textes de loi officiels.

---

[1] R. CARRÉ DE MALBERG, *Contribution à la théorie générale de l'État spécialement d'après les données fournies par le droit constitutionnel français*, t. I, Librairie du Recueil Sirey, 1920, p. 705 et 718. L'auteur notait déjà que « cette idée que la loi peut suffire à tous les besoins de la pratique judiciaire repose sur une méconnaissance absolue des réalités positives. Si abondante que soit la législation, elle demeurera toujours impuissante à prévoir indéfiniment tous les cas judiciaires que fait naître, à chaque instant, l'extrême complexité de la vie juridique ; et, en particulier, il n'est point possible au législateur de pressentir intégralement les rapports juridiques nouveaux qui, sous l'influence des transformations incessantes des mœurs et des besoins sociaux, pourront, au cours des temps, prendre naissance d'une façon inattendue et auxquels il faudra bien alors appliquer du droit par la voie juridictionnelle, dans le silence des lois ou codes en vigueur. […] Sans doute, la subordination des juges à la législation est la source de limitations considérables à la puissance de juger. Mais, tout bien pesé, ces limitations dérivent simplement du fait de la supériorité de la loi, elles n'impliquent point du tout son omnipotence exclusive en matière de création de solutions juridiques. Autre chose est de constater que le juge ne peut exercer son activité juridictionnelle que dans les limites qui lui sont tracées par les lois, autre chose de prétendre que toute sentence judiciaire doit prendre nécessairement son fondement et son point de départ dans un texte qui la détermine préalablement. De ce que la loi commande avec une force supérieure qui s'impose au juge, il ne résulte pas que la législation en vigueur suffise à tout régler » (*ibid.*, p. 705-706 et 718-719).

Il est chaque jour un peu plus indispensable que la doctrine intègre la jurisprudence parmi les sources du droit parce que, dans un nombre non négligeable de cas, les juges ordinaires appliquent aux faits d'espèce des règles qui ont une origine prétorienne et non une origine législative, cela car le Parlement agit lentement et maladroitement, tant et si bien que les faits contemporains, à l'heure de l'internet, sont loin de pouvoir systématiquement s'inscrire dans un cadre légal donné et précis. L'aphorisme « tout le droit n'est pas dans la loi »[1] est particulièrement indiscutable dans les nouvelles branches du droit apparues au XXIe s. ; ensuite, une part du droit applicable est à rechercher au sein de décisions de justice antérieures, même si le juge met aussi en œuvre des normes d'origine européenne et internationale, des dispositions contractuelles et autres usages.

On explique très logiquement que la place du juge dans la production du droit dépend de celle du législateur, qu'elle est faible lorsque le législateur est omnipotent et qu'elle est importante quand le législateur est absent ou en difficultés[2]. De plus en plus de branches du droit répondent à la seconde hypothèse, comptent parmi les « secteurs où l'évolution rapide

---

[1] Par exemple, B. OPPETIT, « Les principes généraux de la jurisprudence de cassation », *JCP E* 1989, p. 14 (cité par E. VERGÈS, *Les principes directeurs du procès judiciaire*, th., Université Paul Cézanne Aix-Marseille III, 2000, p. 34).

[2] Ph. JESTAZ, *Les sources du droit*, Dalloz, coll. Connaissance du droit, 2005, p. 67 (« dans un pays de droit légiféré comme le nôtre, le juge n'a que des pouvoirs limités chaque fois que le législateur a fortement structuré une branche du droit »). Carré de Malberg décrivait déjà que « moins les lois sont nombreuses dans l'État, plus la fonction du juge y acquiert d'ampleur. […] À l'heure présente, la multiplication des lois a eu pour effet de raréfier de plus en plus les cas où le juge est appelé à trouver par ses propres moyens le droit à dire entre plaideurs » (R. CARRÉ DE MALBERG, *Contribution à la théorie générale de l'État spécialement d'après les données fournies par le droit constitutionnel français*, t. I, Librairie du Recueil Sirey, 1920, p. 705).

des mœurs et le progrès technique privent rapidement la matière de sa cohérence initiale, ce qui accroît le pouvoir du juge »[1].

Cela, néanmoins, ne conduit pas inéluctablement à accueillir la jurisprudence, car encore faut-il tolérer l'idée que le juge puisse poser des normes générales et pérennes. Carré de Malberg, par exemple, après s'être opposé à ses contemporains pour qui tout le droit serait effectivement dans la loi, expliquait que « cette conception ne répond point à la réalité des faits »[2] et qu' « il subsistera toujours dans les prévisions des lois quelques lacunes en raison desquelles il y aura place pour une fonction judiciaire consistant à *dire du droit en dehors des textes par voie de solutions d'espèce*. [...] C'est la nature même des choses qui exige que la fonction juridictionnelle comprenne en soi une certaine puissance initiale de création du droit »[3]. Convenir que tout le droit n'est pas dans la loi n'oblige en aucune façon à convenir qu'il puisse se former de la jurisprudence. De même, François Gény retenait que « le juge doit créer le droit *à titre de solution d'espèce* partout où la loi ne l'a pas établi par voie de règle générale »[4].

Il est ainsi nécessaire que le juge soit en mesure d'établir quelques normes s'il entend compenser les carences ou oublis législatifs ; mais ces normes peuvent être individuelles et en aucune façon générales et impersonnelles. La capacité des juges de créer des normes est une prémisse indispensable pour pouvoir poser la question de la jurisprudence, mais elle n'implique pas qu'il faille fatalement y répondre par l'affirmative.

---

[1] Ph. JESTAZ, *Les sources du droit*, Dalloz, coll. Connaissance du droit, 2005, p. 67.

[2] R. CARRÉ DE MALBERG, *Contribution à la théorie générale de l'État spécialement d'après les données fournies par le droit constitutionnel français*, t. I, Librairie du Recueil Sirey, 1920, p. 718.

[3] *Ibid.*, p. 718-719 (non souligné dans le texte original).

[4] F. GÉNY, *Méthodes d'interprétation et sources en droit privé positif*, t. I, LGDJ, 1919, p. 106 (non souligné dans le texte original).

2. Une complétude de l'ordre juridique nécessairement garantie par les juges

Assurément, si l'observateur du droit contemporain peut accueillir favorablement l'idée de complétude de l'ordre juridique en raison de la possibilité de voir les tribunaux fabriquer du droit à chaque fois qu'ils en manquent, il ne saurait, en revanche, suivre qui estime que cette complétude de l'ordre juridique serait une complétude de l'ordre juridique étatique et, plus encore, une complétude de l'ordre législatif[1]. Il est vrai que l'ordre juridique ne connaît pas de lacunes puisque les magistrats trouvent toujours des normes applicables aux faits en cause ; mais il est utopique d'imaginer que l'ordre législatif ne serait affecté par nulle lacune. Tout au contraire, l'analyse conduit à relever que ces lacunes ne sont pas rares et que, souvent, elles sont compensées par des apports jurisprudentiels. Partant, il faut comprendre, à travers l'article 4 du Code civil selon lequel « le juge qui refusera de juger, sous prétexte du silence [...] ou de l'insuffisance *de la loi*, pourra être poursuivi comme coupable de déni de justice » que « le juge qui refusera de juger, sous prétexte du silence ou de l'insuffisance *du droit*, pourra être poursuivi comme coupable de déni de justice ».

« Le droit a, par nature, horreur du vide »[2], mais pas la loi ; « La loi peut avoir des lacunes, mais pas le droit »[3]. Les silences et insuffisances de la loi, concernant nombre d'objets et

---

[1] Ch. LEBEN, « Ordre juridique », in D. ALLAND, S. RIALS, dir., *Dictionnaire de la culture juridique*, Lamy-Puf, coll. Quadrige-dicos poche, 2003, p. 1117.

[2] M.-C. RONDEAU-RIVIER, « L'alibi du vide juridique », *Économie et humanisme* 1991, n° 318, p. 25.

[3] Ch. BEUDANT (cité par J.-P. GRIDEL, *Introduction au droit et au droit français*, Dalloz, 1994, p. 12 et par E. KERVICHE, « Débats et discussions », in M. FATIN-ROUGE STÉFANINI, L. GAY, J. PINI, dir., *Autour de la qualité des normes*, Bruylant (Bruxelles), coll. À la croisée des droits, 2010, p. 280).

d'activités du XXIe s., ne sont pas une chose exceptionnelle, mais ils ne sauraient empêcher la prononciation de jugements et arrêts parfaitement motivés en droit. Dans les creux législatifs, il peut toujours être fait appel, par exemple, aux principes généraux de la liberté contractuelle ou de la responsabilité pour faute.

Et, aujourd'hui, il faut tirer de l'article 5 du Code civil en vertu duquel « il est défendu aux juges de prononcer par voie de disposition générale et réglementaire » qu'il ne leur est, cependant, guère défendu de poser, au moment de statuer sur des cas d'espèce particuliers, des éléments de régimes juridiques que d'autres juges pourront — mais ces juges considéreront qu'ils le doivent et non qu'ils le peuvent — reprendre au titre de la jurisprudence.

Sur ce point, il n'est pas anodin de relever que l'État belge, qui a conservé le Code civil napoléonien des origines, a supprimé ses articles 4 et 5 par une loi du 10 octobre 1967. Quant au Code civil suisse — qui lui ne partage rien avec le Code français de 1804 —, il reconnaît explicitement aux magistrats une sorte de pouvoir para-législatif. Il dispose, en effet, à son article 1er que, « à défaut d'une disposition légale applicable, le juge prononce selon le droit coutumier et, à défaut d'une coutume, selon les règles qu'il établirait s'il avait à faire acte de législateur. Il s'inspire des solutions consacrées par la doctrine et la jurisprudence ». Tout à la fois un véritable pluralisme des sources et une précise hiérarchie des sources sont ainsi consacrés, ce qui permet d'y voir autrement plus clair qu'en droit français où il faut, assez arbitrairement, savoir faire la part des choses entre lettre et pratique, entre explicite et implicite. Le regard porté sur le droit actuel ne peut qu'inviter à plaider en faveur de l'inscription de pareil dispositif au sein des textes français, éventuellement au niveau constitutionnel, cela même s'il n'est pas faux de retenir que les articles 4 et 5 du Code civil autorisent le juge à prononcer selon les règles qu'il établirait s'il avait à faire acte de législateur, ce qui lui est défendu n'étant que de faire effectivement acte de législateur.

Plus encore, il faut rapprocher l'article 4 du Code civil français de l'article 1er du Code civil suisse, cela contre les observateurs qui voient dans cet article 4 une présomption de complétude des lois[1]. Carré de Malberg expliquait très justement que, « dès 1804, le principe que la loi suffit indéfiniment à fournir au juge tous les éléments de solution des litiges dont il peut être saisi subit un désaveu qui lui est infligé par l'article 4 du Code civil. Ce texte prévoit que le juge pourra se heurter à des difficultés provenant de l'insuffisance ou même du silence de la loi ; en pareil cas, il n'en impose pas moins au juge le devoir de statuer, et ceci implique que la fonction juridictionnelle consiste parfois, pour l'autorité qui l'exerce, à dégager sous sa propre appréciation la règle qui va régir, relativement à l'objet de leur litige, les parties en cause »[2]. Et, lorsque ces règles établies pour les besoins de litiges particuliers sont comprises, par les professeurs et par les magistrats, comme devant à l'avenir être réemployées dans tous les cas similaires, se forment des jurisprudences.

Par ailleurs, il semble que les vides législatifs soient profitables à certains régimes juridiques en ce qu'ils permettraient aux juges d'établir plus finement et plus adéquatement les normes en fonction des enjeux et des intérêts en présence.

---

[1] Ch. LEBEN, « Ordre juridique », in D. ALLAND, S. RIALS, dir., *Dictionnaire de la culture juridique*, Lamy-Puf, coll. Quadrige-dicos poche, 2003, p. 1117.

[2] R. CARRÉ DE MALBERG, *Confrontation de la théorie de la formation du droit par degrés avec les idées et les institutions consacrées par le droit positif français relativement à sa formation*, Librairie du Recueil Sirey, 1933, p. 82.

3. Des vides législatifs impliquant des compléments juridictionnels mais pas forcément des compléments jurisprudentiels

Il faut se remémorer les dires de Portalis, principal inspirateur et rédacteur du Code civil, qui, après avoir rappelé qu' « il y avait des juges avant qu'il y eut des lois »[1], envisageait l'office de la loi comme un ensemble de directives générales qui laisse « une foule de choses à l'arbitraire des juges »[2], qui reconnaissait dans les juges « l'autorité de statuer sur les choses qui ne sont pas déterminées par les lois »[3] ? Selon lui, « les besoins de la société sont si variés, *la communication des hommes est si active*, leurs intérêts sont si multipliés, et leurs rapports si étendus, qu'il est impossible au législateur de pourvoir à tout »[4].

Or un semblable constat est ô combien entièrement valide quant à la société communicante du XXIe s. Et l'illustre jurisconsulte, qui avouait sans peine que « tout prévoir est un but qu'il est impossible d'atteindre »[5], d'ajouter que « ce serait une erreur de penser qu'il pût exister un corps de lois qui eût d'avance pourvu à tous les cas possibles »[6] et qu' « un Code, quelque complet qu'il puisse paraître, n'est pas plus tôt achevé que mille questions inattendues viennent s'offrir aux magistrats. [...] C'est à l'expérience à combler successivement les vides que nous laissons »[7] — l'expérience évoquée étant celle desdits magistrats — ; « on ne peut pas plus se passer de jurisprudence que de lois. C'est à la jurisprudence que nous abandonnons les

[1] J.-É.-M. PORTALIS, *Discours préliminaire sur le projet de Code civil*, 1801.
[2] *Ibid.*
[3] *Ibid.*
[4] *Ibid.* (non souligné dans le texte original).
[5] *Ibid.*
[6] *Ibid.*
[7] *Ibid.*

cas rares et extraordinaires, qui ne sauraient entrer dans le plan d'une législation raisonnable, les détails trop variables et trop contentieux, qui ne doivent point occuper le législateur, et tous les objets que l'on s'efforcerait inutilement de prévoir » — Portalis, toutefois, semblait envisager à travers le terme « jurisprudence » l'activité quotidienne des juges réglant certains problèmes au cas par cas par des décisions d'espèce plutôt que la possibilité d'une création par eux de règles générales et permanentes[1].

La portée de ces explications se voit précisée par la distinction qu'établissait le rédacteur du Code civil entre les lois criminelles et les lois civiles. En ce qui concerne les premières, le juge ne peut suppléer à leur silence, alors que, quant aux secondes, il le peut en faisant œuvre d' « arbitre éclairé et impartial »[2], ce qui ne signifie pas nécessairement faire œuvre de législateur mais invite plutôt à juger en équité[3]. Ainsi le projet de la commission du Gouvernement de l'an VIII prévoyait-il, en son livre préliminaire, que « le juge, à défaut de

---

[1] Le légiste aixois ne paraît pas avoir envisagé la création de normes par les juges puisqu'il invitait ceux-ci à procéder, en cas d'insuffisance de la loi, à un « retour à la loi naturelle » (*ibid.*). Où revient l'idée que les tribunaux seraient libres de « constater » le droit mais jamais de le créer. Portalis a pu aussi dire que, « quand la loi se tait, la raison naturelle parle encore » (J.-É.-M. PORTALIS, Rapport au Corps législatif, séance du 4 ventôse an XI (23 févr. 1803 ; cité par O. THOLOZAN, « L'excellence de la loi dans la pensée juridique et politique française depuis le XVIIIe siècle », in M. FATIN-ROUGE STÉFANINI, L. GAY, J. PINI, dir., *Autour de la qualité des normes*, Bruylant (Bruxelles), coll. À la croisée des droits, 2010, p. 70)).

[2] J.-É.-M. PORTALIS, *Discours préliminaire sur le projet de Code civil*, 1801.

[3] Ainsi Portalis développait-il son idée dans les termes suivants : « Dans les matières civiles, le débat existe entre deux ou plusieurs citoyens. Une question de propriété ou toute autre question semblable ne peut rester indécise entre eux. On est forcé de prononcer : de quelque manière que ce soit, il faut terminer le litige. Si les parties ne peuvent pas s'accorder elles-mêmes, que fait alors l'État ? Dans l'impossibilité de leur donner des lois sur tous les objets, il leur offre, dans le magistrat public, un arbitre éclairé et impartial, dont la décision les empêche d'en venir aux mains » (*ibid.*).

loi précise, est un ministre d'équité », non un législateur de substitution.

Comme le notait François Gény, si, au moment de la Révolution française, s'est imposée l'idée que les tribunaux avaient pour seule et unique tâche d'appliquer les lois aux faits, les nécessités pratiques ont tôt fait de conduire les légistes de l'époque, à l'image de Portalis, à abandonner cette vision utopique[1]. Aussi l'institution du référé législatif a-t-elle vite été supprimée, par une loi de l'an VIII puis, après avoir été réinstituée en 1807, définitivement en 1828[2]. Non seulement la législation postérieure à la Révolution a abrogé les dispositifs spéciaux, créés en 1790, qui tendaient à exclure l'interprétation des lois de la fonction judiciaire, mais encore le droit positif qui s'est formé après la période révolutionnaire a consacré, touchant la nature et l'étendue de la puissance de juger, une conception nouvelle selon laquelle cette puissance comprendrait, outre l'application des lois et leur interprétation proprement dite, une large faculté de dire du « droit d'espèce », en vue de combler les lacunes de la loi, qui parfois « fait jurisprudence », même s'il ne le fait pas officiellement. « Telle est, en effet, la notion générale qui se déduit irrésistiblement de l'article 4 du Code civil, dont on ne saurait trop accentuer, à cet égard, la capitale importance », commentait Raymond Carré de Malberg[3].

---

[1] F. GÉNY, *Méthodes d'interprétation et sources en droit privé positif*, t. I, LGDJ, 1919, p. 64 s.

[2] F. ZÉNATI, *La jurisprudence*, Dalloz, coll. Méthodes du droit, 1991, p. 69.

[3] R. CARRÉ DE MALBERG, *Contribution à la théorie générale de l'État spécialement d'après les données fournies par le droit constitutionnel français*, t. I, Librairie du Recueil Sirey, 1920, p. 734. Mais, encore une fois, il faut relever que, selon le professeur alsacien, « l'article 4 consacre, en droit positif français, ce principe capital que la fonction juridictionnelle consiste parfois à créer *inter partes* du droit né de la seule puissance du juge » (*ibid.*, p. 735).

Dans l'Antiquité déjà, Aristote affirmait qu'une loi ne dispose jamais pour les cas accidentels[1]. Concernant les activités « postmodernes » du XXIe s., il se trouve aussi des situations ordinaires à propos desquelles le législateur n'est jamais intervenu — ou à propos desquelles il souhaite intervenir mais le processus législatif, par trop lent, est toujours en cours. Parfois, il semble même que les parlementaires et le Gouvernement se déchargent volontairement sur les juges du soin de faire œuvre normative.

« Le juge tranche le litige conformément aux *règles de droit* qui lui sont applicables », ainsi qu'en dispose l'article 12 du Code de procédure civile, lequel ne paraît donc pas réduire le droit à la loi puisque, dans cette hypothèse, il aurait été rédigé ainsi : « Le juge tranche le litige conformément aux *règles de loi* qui lui sont applicables ». Il faut définitivement admettre qu'une part de ce « droit applicable » revêt une origine prétorienne — et une part non anecdotique pour ce qui est d'un nombre croissant de branches du droit se développant sur le modèle du droit administratif et du droit de la responsabilité dont on dit que les juges les ont construits seuls[2] — et qu'il existe, parmi les sources formelles du droit, des sources juridictionnelles.

---

1 ARISTOTE, *La Politique*, vers 330 av. J.-C. (cité par L. CHARBONNEL, *La hiérarchie des normes conventionnelles : contribution à l'analyse normativiste du contrat*, th., Université d'Avignon et des Pays de Vaucluse, 2010, p. 73). Selon le philosophe grec, « toute loi est générale et il n'est pas possible de s'exprimer avec suffisamment de précision quand on parle en général. [...] Lorsque, postérieurement, il se produit quelque-chose qui contrarie ces dispositions générales, il est normal de combler la lacune laissée par le législateur et de corriger l'omission imputable au fait même qu'il s'exprimait en général. Le législateur lui-même, s'il était présent, y consentirait » (ARISTOTE, *Éthique à Nicomaque* (vers 340 av. J.-C.), Vrin, coll. Textes philosophiques, 1994, L. V, chap. 10 (cité par A. SÉRIAUX, *Le Droit – Une introduction*, Ellipses, 1997, p. 200)).

2 Ph. JESTAZ, *Les sources du droit*, Dalloz, coll. Connaissance du droit, 2005, p. 68.

Cette acceptation de ce qui constitue un état de fait plus qu'un état de droit peut apparaître inéluctable tant paraît désormais révolue l'époque où Carré de Malberg remarquait que « la doctrine régnante répudie le point de vue selon lequel la puissance judiciaire ne se cantonne pas à un simple pouvoir d'exécution »[1]. Durant la première moitié du XXe s., Max Weber « réclam[ait] une activité juridique créatrice pour le juge au moins là où les lois sont muettes »[2] ; il a été, semble-t-il, largement répondu à sa demande.

Seulement un juge capable d'établir du « droit d'espèce », valable uniquement à l'égard des parties au procès, est-il incomparable à un juge capable de formuler des règles générales, abstraites, impersonnelles et permanentes. Il n'est pas inutile d'insister au long de quelques pages sur le fait qu'il n'y a jurisprudence qu'à condition d'admettre que certains tribunaux et cours édictent, certes implicitement (mais réellement), de pareilles normes générales, abstraites, impersonnelles et permanentes.

---

[1] R. CARRÉ DE MALBERG, *Contribution à la théorie générale de l'État spécialement d'après les données fournies par le droit constitutionnel français*, t. I, Librairie du Recueil Sirey, 1920, p. 705.

[2] M. WEBER, *Sociologie du droit* (1922), trad. J. Grosclaude, Puf, coll. Recherche politique, 1986, p. 226.

Chapitre 2. La doctrine face à une production implicite mais réelle de règles à portée générale par les juges

Selon un adage latin, « *res judicata pro veritate habetur* » (« la chose jugée est tenue pour vérité ») ; mais cela vaut-il *erga omnes* ou uniquement à l'égard des parties ? Si les juges, parce que les vides et les imprécisions législatifs les y obligent, n'élaboraient que des « normes d'espèce », dont le champ d'application est *circonscrit aux parties et aux faits propres à l'espèce* et dont la durée de vie est limitée au procès, les sources juridictionnelles ne pourraient guère constituer des sources de jurisprudences, donc des sources de normes générales, abstraites, impersonnelles et permanentes.

Des sources de normes en théorie individuelles peuvent être, *de facto*, des sources de normes générales. Tel est le cas, par exemple, lorsque des contrats-types sont en fait de véritables règlements privés : les individus ayant signé le même contrat sont tellement nombreux que ses « stipulations » s'apparentent à de véritables « dispositions » applicables à toute une catégorie de population. Il en va à l'identique de la jurisprudence : elle correspond à des développements normatifs dont, officiellement, la portée se limite aux parties à l'instance mais qui, *dans les faits* — ce qui compte aux yeux d'un observateur pragmatique —, *ont une portée générale.*

La jurisprudence, sous l'angle des principes du droit — au premier rang desquels figure le principe de séparation des pouvoirs (*2*) —, ne saurait être davantage qu'une source matérielle et c'est la pratique du droit qui amène à faire des sources juridictionnelles de véritables foyers de règles à portée générale (*1*). Néanmoins, toutes les juridictions ne sont pas logées à la même enseigne et les juridictions suprêmes jouissent d'une liberté proche d'être absolue — ce qui, fort heureusement, ne les empêche pas de faire preuve de responsabilité (*3*).

1. La jurisprudence : une source matérielle sous l'angle des principes juridiques mais une source formelle sous l'angle de la pratique juridique

La doctrine octroie généralement le statut de source formelle à la jurisprudence. Les sources juridictionnelles ne sont pas réduites à des sources matérielles, comme l'est la doctrine elle-même, simple autorité, parce que les juges qui appliquent des jurisprudences et les professeurs qui relèvent et commentent des jurisprudences les considèrent bien ainsi. Cependant, la position selon laquelle la jurisprudence ne serait qu'une source matérielle peut être aisément défendue, plus aisément défendue d'ailleurs que celle en vertu de laquelle il s'agit d'une source formelle puisque rien dans le corpus constitutionnel n'habilite quelque organe judiciaire à produire des normes générales — ce qui n'empêche pas que bien davantage d'auteurs soutiennent à présent la première position plutôt que la seconde ; de moins en moins nombreux sont ceux qui reprennent le propos de Norberto Bobbio selon lequel « la considération que, à travers le jugement, le droit en vigueur d'un pays déterminé se modifie, se complète, s'adapte aux nouvelles situations, n'autorise pas à inscrire la décision du juge parmi les sources du droit, là où ne règne pas l'institution du précédent obligatoire »[1].

En ce qui concerne les sentences *praeter legem*, écrivait Raymond Carré de Malberg, il est bien vrai qu'elles ressemblent à des décisions législatives par leur caractère de

[1] N. Bobbio, *Essais de théorie du droit*, trad. Ch. Agostini, M. Guéret, LGDJ-Bruylant (Paris-Bruxelles), coll. La pensée juridique, 1998, p. 35. Et Bobbio de préciser sa pensée par ces mots : « La décision du juge, en fait, en tant qu'elle est obligatoire, c'est-à-dire par rapport aux parties, n'est pas générale ; en tant qu'elle prend la forme d'une énonciation d'une maxime générale, elle n'est pas obligatoire ; et si elle tend à le devenir à travers la pratique des tribunaux, alors la source du droit, dans ce cas, c'est la coutume et non pas le juge » (*ibid.*).

nouveauté ; mais, entre elles et les lois, il y a cette grande différence que la loi peut créer le droit et le crée habituellement par voie de prescription générale et à titre de statut de la communauté, tandis que la sentence d'une autorité juridictionnelle n'a, *en principe*, que la portée d'une solution d'espèce, édictée à titre individuel et n'engendrant de droit qu'*inter partes* »[1]. Le recours à l'expression « en principe » est tout à fait significatif ; car tout dépend du fait de savoir si l'attention est portée sur la réalité des principes juridiques ou sur la réalité de la pratique juridique.

À l'aune de la réalité des principes juridiques, les arrêts de la Cour de cassation, quelle que soit leur haute autorité, n'ont guère de force législative et ne lient pas les tribunaux relevant de cette Cour, pas plus qu'ils ne la lient elle-même ; à l'aune de la réalité de la pratique juridique, en revanche, ils revêtent une réelle force de précédent et lient les juridictions de l'ordre judiciaire autant que la Cour de cassation — laquelle opère seulement, de temps à autre, quelques revirements de jurisprudences, comme le législateur abroge et modifie des lois afin d'adapter le droit aux faits[2].

Il y a donc trois écoles au sein de la doctrine : celle des auteurs qui refusent toute idée de création du droit par des juges, qui ne tolèrent de leur part que l'usage d'un pouvoir déclaratif, celle des auteurs qui acceptent uniquement que les juges posent des normes à portée individuelle pouvant officieusement influencer les autres magistrats — tel est le cas de Kelsen pour qui une décision juridictionnelle ne peut avoir

---

[1] R. CARRÉ DE MALBERG, *Contribution à la théorie générale de l'État spécialement d'après les données fournies par le droit constitutionnel français*, t. I, Librairie du Recueil Sirey, 1920, p. 744 (non souligné dans le texte original).

[2] N. MOLFESSIS, *Les revirements de jurisprudence – Rapport remis à Monsieur de Premier Président Guy Canivet*, Litec, 2005, p. 14 (« les revirements de jurisprudence sont la manifestation de la vie du droit, le signe de son adaptation aux faits »).

formellement de portée qu'individuelle tant que l'ordre juridique ne comporte pas de norme habilitant les juges à produire des normes générales[1] — et celle des auteurs qui constatent que la réalité du droit comprend bien une part de règles générales d'origine prétorienne, soit, en d'autres termes, une part de règles jurisprudentielles.

L'étude du droit d'aujourd'hui serait sans doute inconséquente si son auteur adhérait à la première ou à la seconde école tant le visage de ce droit diffère selon que sont pris en compte ou non les précisions et les compléments normatifs apportés par les juges. Il n'est cependant guère difficile de s'inscrire dans le cadre de la troisième école tant il semble que, à l'ère contemporaine, ce soit une grande majorité des juristes qui fassent de même, tandis que seuls de rares professeurs demeurent attachés à la deuxième école et que pour ainsi dire personne n'envisage aujourd'hui le juge tel un pur exécutant de la loi ne créant jamais aucune norme. Il faut, dès lors, s'expliquer, mais brièvement seulement, sur le caractère nécessairement général des normes d'origine juridictionnelle intéressant la doctrine[2].

Ces explications doivent principalement porter sur le problème de la séparation des pouvoirs, que la jurisprudence paraît devoir inéluctablement malmener.

---

[1] *Cf.* M. TROPER, « Hans Kelsen et la jurisprudence », *Arch. phil. droit* 1985, p. 83 s.

[2] Par exemple, F. RIGAUX, *La loi des juges*, Odile Jacob, 1997 ; P.-M. DUPUY, « Le juge et la règle générale », *RGDI publ.* 1989, p. 569 s. ; B. STIRN, « La qualité de la norme jurisprudentielle », in M. FATIN-ROUGE STÉFANINI, L. GAY, J. PINI, dir., *Autour de la qualité des normes*, Bruylant (Bruxelles), coll. À la croisée des droits, 2010, p. 261 s.

2. La jurisprudence : une source du droit malmenant le principe de séparation des pouvoirs

L'obstacle logiquement et légitimement avancé par ceux qui contestent la capacité des magistrats de participer à la fonction créatrice du droit est celui de la séparation des pouvoirs. C'est là un principe qui a été formulé avec une grande fermeté par des textes multiples de l'époque révolutionnaire et en premier lieu par la Déclaration des droits de l'homme et du citoyen du 26 août 1789 dont l'article 16 proclame que « toute Société dans laquelle [...] la séparation des Pouvoirs [n'est pas] déterminée n'a point de Constitution ». La loi sur l'organisation judiciaire des 16 et 24 août 1790, ensuite, a défendu aux tribunaux de « prendre directement ou indirectement aucune part à l'exercice du pouvoir législatif » et a déduit de cela, notamment, qu' « ils ne pourront point faire de règlements ». La Constitution de 1791 a renouvelé la même prohibition en ces termes : « Les tribunaux ne peuvent s'immiscer dans l'exercice du pouvoir législatif ou suspendre l'exécution des lois ». La Constitution de l'an III a, pour sa part, ajouté que « les juges ne peuvent faire aucun règlement », avant que l'heure du Code civil de 1804 et de son article 5 ne vienne.

Or il convient, sur ce point, de distinguer la séparation des pouvoirs, laquelle est d'ordre organique en même temps que constitutionnel, et la séparation des fonctions, laquelle est théorique et, en même temps, renvoie à une réalité factuelle qu'il faut se borner à constater. D'ailleurs, peuvent être séparés trois pouvoirs (législatif, exécutif et judiciaire) mais seulement deux fonctions (créatrice et applicatrice)[1]. Ensuite, la réalité est que les organes du pouvoir législatif participent uniquement à la fonction créatrice quand les organes du pouvoir exécutif comme

---

[1] *Cf.* B. Barraud, *L'État – Entre fait et droit*, L'Harmattan, coll. Logiques juridiques, 2015, p. 231 s.

ceux du pouvoir judiciaire contribuent à la fois à la fonction créatrice et à la fonction applicatrice. Une étude de la jurisprudence est intéressée par la séparation des fonctions, car il lui incombe d'identifier les instances juridictionnelles qui créent du droit, et non par la séparation des pouvoirs.

Partant, le principe de séparation des pouvoirs constitue un principe fondamental de la Constitution politique de l'État, mais il ne constitue en aucune façon un obstacle à la prise en compte des sources juridictionnelles de normes générales dans l'étude des sources du droit puisque pouvoirs et fonctions sont deux aspects différents du fonctionnement étatique et que la fonction créatrice ne se réduit pas au pouvoir législatif.

De même, ne saurait interdire d'envisager l'idée de jurisprudence le fait que, depuis la Révolution française, il est défendu aux juges de prendre des dispositions d'ordre général en vertu de l'article 5 du Code civil — « disposition d'ordre constitutionnel »[1] — qui prohibe les arrêts de règlement, article que, d'ailleurs, des auteurs ont souhaité voir supprimé, au début du XXe s. notamment[2]. La jurisprudence peut parfaitement se passer des arrêts de règlement en ce qu'elle est une réalité de fait, sociologique presque[3], et non une réalité de droit strict, non une réalité normativiste. Selon un vieil adage, « arrêt vaut loi quand il est général » ; mais un arrêt peut aussi présenter une certaine force de loi alors pourtant qu'il n'a de portée qu'individuelle.

Reste que ce sont essentiellement — et logiquement — les juridictions suprêmes qui fabriquent les jurisprudences.

---

[1] M. DEGUERGUE, « Jurisprudence », in D. ALLAND, S. RIALS, dir., *Dictionnaire de la culture juridique*, Lamy-Puf, coll. Quadrige-dicos poche, 2003, p. 886.

[2] En ce sens, R. DEMOGUE, *Les notions fondamentales du droit privé*, Rousseau, 1911, p. 216-218 ; F. GÉNY, *Science et technique en droit privé positif*, t. IV, Librairie du Recueil Sirey, 1924, p. 45.

[3] *Cf.* M. SALUDEN, « La jurisprudence, phénomène sociologique », *Arch. phil. droit* 1985, p. 191 s.

3. Les arrêts de principe : une source de droit aux mains des juridictions suprêmes

Il est dans certains cas contestable que les arrêts qui engendrent des jurisprudences soient toujours, grammaticalement parlant, dépourvus de tout caractère général[1]. Dans les motifs, le juge formule, au besoin en la créant, la règle de droit dont sa décision procédera et qui possède une virtualité d'extension à tous les cas similaires. Cette règle est très généralement formulée en termes généraux et impersonnels, loin d'être uniquement « susceptible de généralisation »[2]. Il n'est de toute façon nul juge pour censurer l'arrêt de la Cour de cassation ou du Conseil d'État formulé, en partie au moins, en termes généraux et impersonnels, nul juge pour interroger le jugement du Tribunal des conflits applicable uniquement aux faits postérieurs[3] ; et Kelsen pouvait convenir que seules les juridictions qui ne se trouvent pas au sommet de la hiérarchie juridictionnelle sont comme les individus en ce qu'elles doivent se conformer au droit[4].

Si les dispositifs sont individualisés, les motifs sont souvent généraux. Les interprétations données par les cours suprêmes, à l'occasion de cas concrets, ont vocation à être appliquées à tous les cas similaires qui devront être jugés à l'avenir, à telle enseigne que les juridictions relevant de la cour supérieure

---

[1] B. BEIGNER, « Les arrêts de règlement », *Droits* 1989, n° 9, p. 45.

[2] M. DEGUERGUE, « Jurisprudence », in D. ALLAND, S. RIALS, dir., *Dictionnaire de la culture juridique*, Lamy-Puf, coll. Quadrige-dicos poche, 2003, p. 886.

[3] Le Tribunal des conflits a pu, en effet, faire évoluer sa jurisprudence sur une certaine question de répartition des compétences tout n'en appliquant pas le nouveau régime juridique ainsi créé aux faits à l'origine du jugement, ce nouveau régime ne devant valoir que pour l'avenir et donc ne concerner que les faits survenant postérieurement au jugement, cela afin de préserver la sécurité juridique (T. confl., 9 mars 2015, *Rispal*).

[4] H. KELSEN, *Théorie pure du droit*, 2e éd., trad. Ch. Eisenmann, Dalloz, 1962, p. 461.

comme les sujets de l'ordre juridique sont tenus de se conformer à la nouvelle interprétation sous peine de voir, pour celles-là, leurs décisions annulées et, pour ceux-ci, leurs conduites sanctionnées, ladite interprétation ayant clairement force de droit, quoiqu'elle ne puisse avoir force de loi dans la hiérarchie des normes[1]. Selon Kelsen, s'éloignant alors de son normativisme, il est même tout à fait envisageable qu'une décision juridictionnelle d'une cour suprême sorte du cadre de la loi et la transgresse.

Jean-Louis Bergel n'hésite pas à écrire que « le rôle du juge est essentiel pour rajeunir la loi, la vivifier ou l'estomper, voire l'ignorer ou la combattre. Bien qu'il ait pour mission de se soumettre à la loi et de l'appliquer, le juge, qui est le relai nécessaire entre l'édiction de la règle de droit et son effectivité, peut en réalité la combattre »[2]. La décision juridictionnelle crée assurément du droit de manière définitive « dès lors que l'acte de cet organe ne peut plus être annulé, dès lors qu'il a acquis force de droit par la force de chose jugée »[3]. La hiérarchie des organes juridictionnels et l'autorité des cours suprêmes — indispensables afin que le pluralisme juridique ne soit pas un pluralisme des jurisprudences[4] — conduisent, *de facto*, à imposer aux tribunaux le respect des règles d'origine prétorienne[5].

---

[1] M. TROPER, *Pour une théorie juridique de l'État*, Puf, coll. Léviathan, 1994, p. 90 ; Ph. MALAURIE, « La jurisprudence combattue par la loi », in *Mélanges René Savatier*, Dalloz, 1965, p. 603 s.

[2] J.-L. BERGEL, *Théorie générale du droit*, 5e éd., Dalloz, coll. Méthodes du droit, 2012, p. 84-85.

[3] H. KELSEN, *Théorie pure du droit*, 2e éd., trad. Ch. Eisenmann, Dalloz, 1962, p. 461.

[4] J. CARBONNIER, *Sociologie juridique*, Puf, coll. Quadrige, 1994, p. 362.

[5] J.-L. BERGEL, « Le processus de transformation de décisions de justice en normes juridiques », *RRJ* 1993, p. 1055.

C'est ainsi que les cours suprêmes statuant en dernier ressort créent « beaucoup de droit nouveau »[1]. D'ailleurs, le Conseil constitutionnel n'a-t-il pas affirmé que seule l'activité des juges du droit peut faire jurisprudence[2] ? Il semble acquis que « le juriste doit porter son attention non là où s'exerce l'activité de juridiction (devant les juges du fond), mais là où elle est contrôlée (Conseil d'État et Cour de cassation) »[3]. Les règles de l'appel et de la cassation tendent à imposer à l'ensemble des juridictions inférieures le respect des interprétations retenues et des normes posées par les juridictions suprêmes. Ce sont donc ces dernières qui déterminent définitivement le contenu du droit positif ; et Michel Troper de retenir que les individus sont moins soumis à la loi qu'à l'interprétation de la loi[4]. La liberté du juge n'est « totale » que pour les juridictions suprêmes[5]. L'interprète de dernier ressort, dont les décisions sont insusceptibles de tout recours — mis à part, éventuellement, devant la Cour européenne des droits de l'homme — est bien davantage que l'auteur de la Constitution le maître du droit.

On parle de « co-législateurs » concernant les juges de la légalité et de « co-constituants » à propos des juges de la constitutionnalité[6]. Surtout, en cas de conflit entre législateur et juge sur un problème de droit quelconque, si les actes du

---

[1] *Ibid.*

[2] Cons. const., déc. 8 avr. 2011, n° 2011-120 QPC, *M. Ismaël A.*

[3] E. SERVERIN, « L'actualité de François Gény du point de vue de la méthode », in Ph. JESTAZ, C. THOMASSET, J. VANDERLINDEN, dir., *François Gény, mythes et réalités – 1899-1999 : Centenaire de* Méthode d'interprétation et sources en droit privé positif – *Essai critique*, Dalloz-Bruylant-Yvon Blais (Paris-Bruxelles-Montréal), 2000, p. 369.

[4] M. TROPER, *Pour une théorie juridique de l'État*, Puf, coll. Léviathan, 1994, p. 100.

[5] M. TROPER, « Interprétation », in D. ALLAND, S. RIALS, dir., *Dictionnaire de la culture juridique*, Lamy-Puf, coll. Quadrige-dicos poche, 2003, p. 843.

[6] Ch.-A. MORAND, « La jurisprudence : de la pyramide au réseau », in J.-L. BERGEL, dir., *La méthodologie de l'étude des sources du droit*, PUAM (Aix-en-Provence), 2001, p. 233.

premier dominent ceux du second dans la hiérarchie des normes, c'est toujours le second qui l'emporte en dernière analyse puisque c'est lui qui fixe le droit directement applicable aux justiciables.

Et les juges constitutionnels sont ceux qui disposent du pouvoir normatif le plus étendu, en raison du degré très élevé de généralité qui caractérise habituellement les textes de valeur constitutionnelle. Seulement la qualité de juge du Conseil constitutionnel, son appartenance au pouvoir judiciaire, est-elle soumise à caution.

On observe que, depuis la fin du XXe s., la reconnaissance de la force créatrice des décisions de justice est si pleine que certains auteurs évoquent une remise en cause de la prohibition des arrêts de règlement à travers les arrêts de principe, ainsi qu'à travers les avis judiciaires[1]. Quant à l'article 1351 du Code civil, qui consacre l'autorité relative de la chose jugée, il n'empêche pas davantage que la réalité des faits ne suive pas la réalité du droit, étant entendu qu'un juriste pragmatique est un juriste qui s'ouvre aux données factuelles et qui, lorsque la pratique l'emporte sur le texte, n'ignore pas cet élément. Et les juges français semblent disposer d'une relativement grande liberté de conscience juridique, ainsi qu'en témoignent les conflits au sein des chambres des cours suprêmes ou le fait qu'il arrive que des juges des juridictions inférieures résistent aux cours supérieures. Cela amène à relativiser la force normative de la jurisprudence ; cette dernière ne doit être ni idéalisée ni absolutisée. Mais il arrive également que des tribunaux bafouent la loi. Les résistances rencontrées ne sont pas le propre de la jurisprudence.

---

[1] L. DEPAMBOUR-TARRIDE, « Juge (dans la longue durée) », in D. ALLAND, S. RIALS, dir., *Dictionnaire de la culture juridique*, Lamy-Puf, coll. Quadrige-dicos poche, 2003, p. 871.

Dans d'autres ordres juridiques que l'ordre étatique français, des juridictions rendent officiellement des arrêts de règlement. Tel est bien sûr le cas dans les pays de *common law*. Surtout, tel est le cas de la Cour de justice de l'Union européenne et de la Cour européenne des droits de l'homme. En droit français, les normes d'origine juridictionnelle n'ont, en termes d'obligatoriété juridique, puisqu'il n'y a pas de règle du précédent obligatoire, que la valeur de directives ou de suggestions. Il faut néanmoins faire exception des décisions du Conseil constitutionnel, lorsqu'il censure ou valide un texte de loi, et du Conseil d'État, lorsqu'il se prononce relativement à un acte administratif règlementaire ; le cas échéant, tout administré peut se prévaloir du jugement annulant l'acte[1]. Les « jugements » du Conseil constitutionnel, en particulier ceux faisant suite à une question prioritaire de constitutionnalité, et certains « jugements » du Conseil d'État, s'il est permis de les appeler ainsi, bénéficient par exception d'une autorité absolue de chose jugée, revêtent des effets *erga omnes*.

Mais une jurisprudence, ordinairement, n'existe que parce que la directive ou suggestion est effectivement suivie. Il suffit de se borner à constater qu'il arrive que des directives ou suggestions soient effectivement suivies dans les affaires postérieures et similaires pour en conclure qu'il y a des jurisprudences.

L'ensemble de ces éléments invite la doctrine, si ce n'est oblige la doctrine, à admettre qu'il existe une « loi des juges »[2], laquelle doit être appelée « jurisprudence », le mot, bien que mal choisi, étant devenu d'usage courant afin de désigner ce phénomène. Reste ensuite à savoir identifier les règles jurisprudentielles. Toute la question est de savoir à partir de quel moment l'interprétation de normes préexistantes devient créatrice. Lorsque le développement jurisprudentiel sert à

---

[1] D. DE BÉCHILLON, *Qu'est-ce qu'une règle de droit ?*, Odile Jacob, 1997, p. 52.
[2] Réf. à F. RIGAUX, *La loi des juges*, Odile Jacob, 1997.

combler un vide législatif, que le juge fait œuvre normative sans pouvoir se raccrocher à quelque loi préexistante, il n'est pas de doute permis : de nouvelles normes sont créées[1]. Mais, très souvent, il s'avère délicat de séparer les explications prétoriennes qui constituent des règles nouvelles et celles qui ne sont que des précisions de règles législatives préexistantes. Une norme doit-elle être autonome pour mériter l'étiquette de « jurisprudence » ?

Il n'est guère assuré que le juge ait « une mission créatrice qui ressort de ce fait qu'une disposition législative n'acquiert son plein développement et sa portée définitive que par l'application juridictionnelle qui en est faite par les tribunaux »[2]. L'identification d'une nouvelle règle de droit dans une décision de justice est loin d'être aisée et, après celui de la reconnaissance abstraite et théorique de la jurisprudence, l'autre défi que la jurisprudence pose à la doctrine est celui de sa découverte concrète parmi les milliers de jugements et arrêts que les chercheurs en droit ont à traiter.

Il est permis d'imaginer, à la suite de Diderot, qu' « il est plus important d'avoir de bons juges que de bonnes lois. Les meilleures lois sont vaines si le juge est mauvais et les plus

---

[1] Carré de Malberg pouvait ainsi écrire que, « lorsque toute règle législative fait défaut, il ne peut plus être question d'interprétation ; on ne peut pas davantage dire ici qu'il y ait à compléter la loi ; mais la vérité est qu'il y a lieu alors pour le juge de combler ces lacunes en disant du droit là où aucun ordre juridique n'a été établi par le législateur. En un mot, à côté des cas où la fonction juridictionnelle consiste simplement à reconnaître et à déclarer le droit légal, il faut placer ceux où elle consistera à créer du droit en l'absence de toute prescription législative » (R. CARRÉ DE MALBERG, *Contribution à la théorie générale de l'État spécialement d'après les données fournies par le droit constitutionnel français*, t. I, Librairie du Recueil Sirey, 1920, p. 702-703).

[2] *Ibid.*, p. 702. Qui note, en outre, que « le juge remplit cette tâche avec un large pouvoir d'appréciation personnelle : la preuve en est dans le fait, si fréquent, de diversité et même de contrariété des jugements » (*ibid.*).

mauvaises lois peuvent être rectifiées par de bons juges »[1]. Mais à partir de quel moment le bon juge qui rectifie la mauvaise loi fait-il œuvre créatrice ? Est-il possible d'être un bon juge qui rectifie une mauvaise loi tout en restant soumis à celle-ci et en n'ajoutant rien au contenu du droit positif ? Plus largement, toute interprétation est-elle une création ? L'interprétation d'une norme peut-elle seulement être créatrice d'une autre norme ?

[1] D. DIDEROT, *Observations sur le Nakaz*, 1774 (cité par P. AMSELEK, « L'étrangeté ontologique du droit », *Droits* 1990, n° 11, p. 90).

Chapitre 3. La doctrine à l'épreuve de la délicate distinction entre interprétation et création du droit par les juges

Suivant l'article 12 du Code de procédure civile, « le juge tranche le litige conformément aux règles de droit qui lui sont applicables ». La première étape de la *jurisdictio* consiste donc en la recherche, parmi le dense corpus des normes préexistantes et (plus ou moins) valides dans l'ordre juridique, des règles de droit applicables au litige. Ensuite, trois hypothèses sont à envisager : soit le juge trouve une norme idoine et, pour l'appliquer, l'interprète nécessairement[1], quoique dans une dimension variable ; soit il ne trouve aucune norme applicable et établit alors de façon *ad hoc* la règle qu'il juge la plus légitime quant au litige qu'il doit trancher ; soit — mais cette dernière hypothèse est heureusement rare — il trouve une norme applicable mais décide de ne pas l'appliquer et de créer une norme différente afin de rendre, selon lui, une décision plus juste.

Aussi convient-il de précisément séparer ce qui relève de l'interprétation du droit et ce qui appartient à la création du droit, cela en termes matériels car nul doute que, souvent, « l'interprétation sert de paravent ou d'alibi à la création jurisprudentielle du droit »[2] et que ce qui est opportunément qualifié d'« interprétation » est en réalité de la pure création normative. Savigny écrivait que « la loi et l'interprétation de la loi marchent toujours ensemble »[3] ; cela est entièrement vrai,

---

[1] Y compris Kelsen a pu considérer qu'il n'est pas d'application d'une norme sans interprétation (H. KELSEN, *Théorie pure du droit*, 2e éd., trad. Ch. Eisenmann, Dalloz, 1962, p. 517 s.).

[2] M. DE VILLIERS, « Le principe de légalité », in Th. DE BERANGER, M. DE VILLIERS, dir., *Droit public général*, 5e éd., LexisNexis, coll. Manuel, 2011, p. 433.

[3] F. C. VON SAVIGNY, *System der heutigen römischen Rechts*, t. I, 1840, p. 305 (cité par O. BEAUD, *La puissance de l'État*, Puf, coll. Léviathan, 1994, p. 191).

mais à condition de n'appeler « interprétation » que *les déductions tirées aussi objectivement et directement possible des textes*, non les décisions prises en opportunité, en fonction des intuitions ou à l'aune de quelque idéal d'équité, et qu'on cherche ensuite à rattacher à l'une ou l'autre norme préexistante afin de lui conférer une légitimité formelle.

L'interprétation, *allant de pair avec la fonction d'application du droit* (*1*), doit impérativement être séparée de la création du droit (*3*), même si la frontière entre interprétation et création normatives est difficile à tracer (*2*). L'interprétation est *l'activité ordinaire et quotidienne des tribunaux*, en raison de la « texture ouverte » des énoncés normatifs (*4*), quand la création — qui les transforme en sources du droit — fait figure d'activité plus exceptionnelle. Enfin, un sort particulier doit être réservé aux textes dont le contenu normatif est trop obscur pour pouvoir être interprété par les juges, si bien qu'ils ne peuvent s'accompagner que de créations prétoriennes (*5*).

1. L'interprétation concomitante à l'application d'une norme préexistante

Le choix de distinguer strictement création et interprétation, la première relevant de la fonction créatrice du droit quand la seconde relève de la fonction applicatrice du droit, est important tant il est loin d'aller de soi. Nombreux sont ceux qui voient dans l'interprétation une création et qui parlent d'« interprétation créatrice »[1], qui affirment que l'interprétation serait construction ou, au moins, reconstruction[1].

---

[1] *Cf.* P.-A. COTE, « L'interprétation de la loi – Une création sujette à des contraintes », in D. BOURCIER, P. MACKAY, dir., *Lire le droit – Langue, texte, cognition*, LGDJ, coll. Droit et société, 1992, p. 135 s. L'auteur décrit les différentes analyses existant en la matière, mais ne prend pas partie pour celle

Mais, plutôt qu'une conception active et volontariste de l'interprétation, mieux vaut peut-être considérer que le juge, lorsqu'il interprète la loi, n'est toujours qu'un « continuateur » du législateur[2], s'adonnant à une activité mécanique ou scientifique de traduction ou de compréhension, mais non à une activité politique de création[3] — Prosper Weil parlait, certainement non sans raisons, de « politique jurisprudentielle » et de « jurisprudence politique » à propos de l'activité contentieuse du Conseil d'État[4]. Toute mesure d'application d'un texte juridique implique une interprétation, mais elle n'implique pas

---

selon laquelle interpréter, c'est créer. Notamment, il explique que, aux yeux d'une frange de la doctrine, « le processus d'interprétation apparaît comme purement déclaratif du sens que recèle le texte. Plus précisément, il se conçoit comme une activité de compréhension du texte, une activité cognitive et déductive et non pas comme un acte créateur » (*ibid.*, p. 138). L'interprète ne joue alors qu'un rôle passif de découverte de la signification de la norme juridique, laquelle précède son intervention.

[1] M.-A. FRISON-ROCHE, « Logique, hiérarchie et dépendance des sources de droit », in D. BOURCIER, P. MACKAY, dir., *Lire le droit – Langue, texte, cognition*, LGDJ, coll. Droit et société, 1992, p. 123 ; P. AMSELEK, « L'étrangeté ontologique du droit », *Droits* 1990, n° 11, p. 88.

[2] R. SÈVE, *Philosophie et théorie du droit*, Dalloz, coll. Cours, 2007, p. 180.

[3] Pour une analyse contraire, *cf.* F. RIGAUX, *La loi des juges*, Odile Jacob, 1997 ; P. MOOR, *Pour une théorie micropolitique du droit*, Puf, coll. Les voies du droit, 2005. Notamment, les pratiques de la Cour de cassation, qualifiées par un magistrat de « pieuse hypocrisie », cacheraient, derrière l'apparente soumission à la logique juridique, au raisonnement syllogistique, une « démarche politique et téléologique », la prise en compte de logiques sociales et politiques (A. BANCAUD, « Considérations sur une "pieuse hypocrisie" : la forme des arrêts de la Cour de cassation », *Dr. et société* 1987, p. 373 (cité par J. COMMAILLE, « La sociologie et les sens du droit », *Droits* 1989, n° 10, p. 25)). Également, É. MILLARD, « Quelques remarques sur la signification politique de la théorie réaliste de l'interprétation », in *Mélanges Michel Troper*, Economica, 2006, p. 725 s. ; P. DEUMIER, « Pouvoir créateur du juge et rédaction des décisions de justice », *Arch. phil. droit* 2007, p. 49 s.

[4] P. WEIL, « Le Conseil d'État statuant au contentieux : politique jurisprudentielle ou jurisprudence politique ? », *Annales de la faculté de droit d'Aix* 1959, p. 281 s.

une création *ex nihilo* des normes que comporte ce texte, ce qui est uniquement le fait de son auteur.

En d'autres termes, l'interprétation se rattache au donné et non au construit[1] et Voltaire ne saurait être un guide en ce qu'il proposait qu' « interpréter la loi, c'est toujours la corrompre »[2]. L'interprétation va de pair avec l'application ; et toutes deux s'opposent à la création. On peut être une « autorité de concrétisation »[3] sans être une autorité de création — on « doit » l'être diront d'aucuns tenants d'une séparation des pouvoirs pleine et entière.

Il n'en demeure pas moins que la limite entre interprétation et création du droit par les juges est souvent floue.

2. La frontière évanescente entre interprétation et création des règles juridiques

Une juridiction crée une règle de droit nouvelle dès lors qu'elle pose et utilise une norme générale, abstraite, impersonnelle et permanente qui antérieurement à son intervention n'existait pas dans l'ordre juridique. Ensuite, il n'est pas lieu, ici, de séparer les règles de conduite, les règles de procédure et les règles attributives[4]. La grande majorité des normes issues de la jurisprudence sont des règles de conduite.

---

[1] *Cf.*, en particulier, F. GÉNY, *Méthode d'interprétation et sources en droit privé positif*, LGDJ, 1919.

[2] VOLTAIRE, V° « Lois civiles », in *Dictionnaire philosophique*, 1764 (cité par R. SÈVE, *Philosophie et théorie du droit*, Dalloz, coll. Cours, 2007, p. 173).

[3] É. MILLARD, *Théorie générale du droit*, Dalloz, coll. Connaissance du droit, 2006, p. 112.

[4] *Cf.* B. BARRAUD, *Théories du droit et pluralisme juridique – t. II : La théorie syncrétique du droit et la possibilité du pluralisme juridique*, PUAM (Aix-en-Provence), coll. Inter-normes, 2016, n° 52.

Les sources juridictionnelles ajoutent une règle nouvelle à une branche du droit dès qu'elles arrêtent un nouveau modèle de comportement, modèle qui peut consister en un devoir-être (une obligation), en un devoir-non-être (une interdiction) ou en un pouvoir-être (une permission ou faculté). En revanche, il n'y a pas de création quand le juge se contente d'appliquer une norme préexistante dont la portée et/ou le sens est/sont incertain(s), c'est-à-dire lorsqu'il se borne à l'interpréter.

Concrètement, lorsque le juge affirme sans se fonder sur aucun texte préexistant qu'il est obligatoire pour toutes les personnes d'une catégorie *x* de population de faire *quelque-chose*, il édicte une nouvelle norme ; mais, quand une norme donnée prévoit qu' « il est obligatoire aux personnes appartenant à la catégorie *x* de faire *quelque-chose* » et que le juge retient que la population *y* est contrainte de se soumettre à cette disposition car elle doit être considérée comme appartenant à la catégorie *x*, il n'est alors nulle création de norme nouvelle. Lorsque la Cour de cassation consacre le caractère d' « acte règlementaire de droit privé » contenant des normes parfaitement impératives des codes de conduite privés[1], elle reconnaît le droit mais ne le crée en aucune manière.

À l'inverse, si la loi dispose qu' « il est défendu de cueillir des fleurs » et que le juge tire de cette disposition, par analogie, qu'il est défendu de cueillir également des champignons, cette fois il a fait œuvre créatrice, même s'il explique que sa décision découle logiquement de la loi.

Autrement dit, il faut distinguer les normes dont il est permis de dire qu'elles étaient nécessairement contenues au sein de normes préexistantes dont elles ne sont pas séparables et celles dont il n'est pas possible de le dire, auquel cas il y a innovation

[1] Cass. soc., 25 sept. 1991, *Sté Unigrains c/ Mme Geffroy*.

normative. Par exemple, l'article 1384 alinéa 1er du Code civil[1] n'était à l'origine qu'une simple disposition introductive sans valeur prescriptive, puis la Cour de cassation, en consacrant un principe général de responsabilité délictuelle du fait des choses et en construisant un principe identique pour la responsabilité du fait d'autrui, en a changé radicalement la nature[2]. L'interprétation par la Cour de cassation a joué dans ce cas un rôle décisif ; elle n'a cependant été en aucune façon créatrice puisque les normes en cause sont bien portées par l'article du code.

Quant à la loi pénale, qui est intéressante du fait qu'elle est d'interprétation stricte[3], la Cour de cassation a explicitement reconnu qu'il pouvait parfaitement arriver que la jurisprudence, « interprétant la loi, [étende] le champ d'une incrimination existante, au risque d'aller parfois manifestement au-delà même des prévisions du législateur de l'époque »[4]. La question de savoir si l'interprétation est alors stricte ou non peut être posée ; il n'y a en tout cas pas de création normative envisageable[5].

---

[1] « On est responsable non seulement du dommage que l'on cause par son propre fait, mais encore de celui qui est causé par le fait des personnes dont on doit répondre, ou des choses que l'on a sous sa garde ».

[2] M. MEKKI, « Propos introductifs sur le droit souple », in Association Henri Capitant, *Le droit souple*, Dalloz, coll. Thèmes et commentaires, 2009, p. 16.

[3] C. pén., art. 111-4.

[4] Cour de cassation, *L'innovation technologique – Rapport annuel 2005*, La documentation française, 2006, p. 94 (cité par J. HERVOIS, *La production de la norme juridique en matière scientifique et technologique*, th., Université de La Rochelle, 2011, p. 454).

[5] L'arrêt rendu par sa Chambre criminelle de la Cour de cassation le 28 septembre 2005 constitue une bonne illustration (n° 04-85.024). Cette dernière a alors considéré qu'un instituteur qui, après avoir récupéré des images pornographiques sur un site à caractère pédophile sur lequel il s'était connecté depuis l'ordinateur d'un établissement scolaire, les avait enregistrées et conservées dans un fichier enregistré sur le disque dur de cet ordinateur, s'était rendu coupable d'un délit de recel de fixation d'enregistrement ou de transmission, en vue de leur diffusion d'images pornographiques de mineurs. Le problème juridique résidait ici dans le fait de savoir si, comme le

Reste que l'interprétation du droit par le juge et la création du droit par le juge sont deux activités incomparables l'une à l'autre et qu'il importe de strictement distinguer.

3. La séparation indispensable des activités interprétatrice et créatrice des juges

Si « le juriste, comme le musicien, est avant tout un interprète »[1], doivent être séparés le musicien qui suit autant

---

prétendait le requérant, le délit de recel ne pouvait pas être constitué dès lors que les images n'avaient pas été matériellement et volontairement fixées sur un support matériel. En effet, l'article 321-1 du Code pénal énonce bien que le délit doit porter sur une chose, mais sans préciser que cette chose doit être matérielle. Dans un arrêt du 3 avril 1995 (n° 93-81.569), la Chambre criminelle avait soutenu que « des informations qui ne peuvent faire l'objet d'une appréhension matérielle sont insusceptibles d'être l'objet d'un recel ». Restait à savoir ce que signifiait « appréhension matérielle », ce que la Cour eut l'occasion de préciser en jugeant qu'une telle appréhension n'était pas vérifiée dans le cas de la divulgation dans un journal d'informations en violation d'un secret (professionnel), « faute d'élément matériel de détention ». Pourtant la Cour soutint en 2005 qu' « il [importait] peu que les images litigieuses n'aient pas été fixées sur un support matériel », c'est-à-dire sur papier, disquette ou CD-rom. Et la Cour d'ajouter que « l'emmagasinement sur le disque dur d'images de mineur présentant un caractère pornographique obtenus à l'aide du délit d'enregistrement, de transmission et de diffusion par quelque moyen que ce soit, en l'espèce Internet, [caractérisait] le délit de recel visé ». Cet exemple montre combien une nouveauté technologique telle que l'internet peut bousculer les catégories juridiques préexistantes, même après que le législateur soit intervenu, conférant au juge une responsabilité particulière, mais sans que nécessairement il doive créer de nouvelles normes, l'interprétation-adaptation des règles existantes pouvant suffire à satisfaire le besoin normatif (J. HERVOIS, *La production de la norme juridique en matière scientifique et technologique*, th., Université de La Rochelle, 2011, p. 455).

[1] N. ROULAND, « Droit et musique », Le bien commun, France culture, 11 oct. 2012.

que faire se peut la partition et celui qui détourne son regard d'elle afin de laisser libre cours à l'improvisation ou qui ne dispose pas de partition et est par conséquent dans l'obligation d'improviser. En tout cas l'idée d'« interprétation créatrice » n'est-elle pas à retenir, tandis qu'il vaut mieux se préserver de l'usage de l'expression « interprétation constructive » — le problème étant de savoir s'il faut y voir une véritable création normative ou une simple précision d'une norme donnée —[1] ; soit il y a interprétation et donc pure application, avec éventuelle précision, d'une norme préexistante, soit il y a création et application d'une norme nouvelle.

Aussi est-il pertinent de suivre René Capitant en ce qu'il plaçait, à côté des cas réglés, soit expressément soit virtuellement, par la loi et qui n'appellent de la part du juge qu'une interprétation des textes, les « cas où la loi n'a pas statué » et où, par suite, « il ne peut plus s'agir d'interpréter une volonté législative qui fait défaut »[2]. Et il faut ajouter à cela les rares cas dans lesquels les juges se laissent aller à « juger la loi » et, celle-ci ne leur convenant pas, appliquent de nouvelles normes plutôt que les règles législatives pourtant « applicables » ; car « toute norme, fût-elle de valeur constitutionnelle, plie le cas échéant devant le juge »[3] et nul doute qu'il se trouve des magistrats qui, comme Duguit, sont convaincus, non pas que « *dura lex sed lex* », mais que « nul n'est obligé d'obéir à la

---

[1] On retient qu'il y a interprétation constructive « quand le juge va plus loin que la simple élucidation d'un point obscur de texte » (M. DE VILLIERS, « Le principe de légalité », in Th. DE BERANGER, M. DE VILLIERS, dir., *Droit public général*, 5e éd., LexisNexis, coll. Manuel, 2011, p. 435).

[2] R. CAPITANT, *Introduction à l'étude du droit civil*, 2e éd., Pedone, 1907, p. 61 (cité par R. CARRÉ DE MALBERG, *Contribution à la théorie générale de l'État spécialement d'après les données fournies par le droit constitutionnel français*, t. I, Librairie du Recueil Sirey, 1920, p. 706).

[3] M. MORVAN, *Le principe de droit privé*, Éditions Panthéon-Assas, 1999, p. 629 (cité par M. LEHOT, « Propositions pour une rénovation de la théorie générale des sources du droit », *RRJ* 2003, p. 2363).

loi quand elle est contraire au droit »[1]. Ce n'est en tout cas pas l'interprétation qui peut s'analyser comme étant la « forme intellectuelle de la désobéissance »[2] mais plutôt la création *contra legem* de nouvelles normes.

Il est parfaitement possible de refuser à l'interprétation la possibilité d'être tout à la fois applicatrice et créatrice et de s'accorder sur le fait que, en raison de l'abstraction qui caractérise les textes de loi, « la distance qui les sépare du fait, de l'espèce, de la difficulté concrète, des circonstances du litige, des relations réelles, est telle qu'il faut renoncer à prétendre les appliquer à ces réalités. Le terme même d'"application" de la loi est chargé d'une idéologie rudimentaire et trompeuse. Nul juriste ne devrait le prendre au pied de la lettre. Il sait trop qu'il lui faut choisir une disposition, lui donner un sens, avant de reconnaître, dans le fait indocile, ses conditions "d'application" et d'en déterminer les effets possibles »[3].

D'ailleurs, la distinction entre énoncé normatif et signification normative explique pourquoi le Conseil constitutionnel peut rendre des décisions interprétatives, peut poser des réserves d'interprétation ; si une seule interprétation était possible ou, du moins, valide, le haut Conseil ne serait pas amené à indiquer aux organes d'application des lois quelle est l'interprétation constitutionnelle qu'il faut privilégier. Des professeurs commentent l'usage des réserves d'interprétation en notant que c'est alors le Conseil constitutionnel qui fait la loi et non le Parlement[4] ; cela ne paraît pas juste car que serait la « loi » du Conseil constitutionnel sans la loi parlementaire

---

[1] L. DUGUIT, *Manuel de droit constitutionnel*, 4e éd., De Boccard, 1923, p. 94. Le « droit » auquel faisait référence Duguit n'est pas le droit positif étatique mais quelque forme de droit naturel.

[2] J. CARBONNIER, *Droit civil – Introduction*, 26e éd., Puf, 1999, p. 304.

[3] Ch. ATIAS, *Épistémologie juridique*, Dalloz, coll. Précis, 2002, p. 122.

[4] En ce sens, N. MOLFESSIS, « La réécriture de la loi relative au Pacs par le Conseil constitutionnel », *JCP G* 2000, n° 210.

initiale ? Elle n'existerait tout simplement pas. La réserve d'interprétation, ainsi que son nom l'indique, n'est qu'une interprétation en aucune manière créatrice.

Étant un acte de connaissance plus[1] qu'un acte de volonté[2], l'opération d'interprétation ne peut être une opération de

---

[1] L'utilisation du terme « plus » n'est pas anodine car, certainement, « la distinction entre acte de volonté et acte de connaissance doit être dépassée ; un acte de connaissance est dans une certaine mesure un acte de volonté et tout acte de volonté passe par la connaissance » (L. HABIB, « L'impur objet de la science du droit », *Droits* 1990, n° 11, p. 104). De la même manière, « l'interprète n'est ni lié ni libre par rapport aux normes qu'il interprète » (*ibid.*).

[2] Un débat important consiste à savoir si interpréter est un acte de connaissance (l'interprète révèle la signification préexistante de l'énoncé, révèle le sens voulu par celui qui l'a adopté, la seule volonté étant celle de l'auteur de la norme et non celle de celui qui l'applique ; telle est la position des normativistes) ou bien un acte de volonté (seul l'interprète établit la signification de l'énoncé, devenant ainsi l'auteur de la norme ; c'est là l'opinion des réalistes). Pour les tenants de l'interprétation comme acte de volonté, comme Michel Troper, « tout texte est affecté d'un certain coefficient d'interprétation et est porteur de plusieurs sens entre lesquels l'organe d'application doit choisir, et c'est dans ce choix que consiste l'interprétation » (M. TROPER, « Le problème de l'interprétation et la théorie de la supra-légalité constitutionnelle », in *Mélanges Charles Eisenmann*, Cujas, 1975, p. 135 (cité par X. MAGNON, *Théorie(s) du droit*, Ellipses, coll. Universités-Droit, 2008, p. 141)). Quant à Éric Millard, qui tend à suivre les doctrines réalistes du droit, il convient que « la théorie de l'interprétation connaissance ne prétend pas avoir une portée pratique immédiate : elle ne guide pas la décision juridique. Déterminant le cadre de significations possibles de tout énoncé, en fonction de règles syntaxiques et grammaticales, sémantiques et logico-systémiques, elle fait nécessairement apparaître que des choix sont à effectuer, que des décisions sont nécessaires quand il s'agit de concrétiser le droit. Tout comme la théorie de l'interprétation connaissance se refuse à considérer que ces choix sont son objet d'étude (il s'agit de simples faits), elle se refuse à apprécier et orienter les options qu'elle met en évidence » (É. MILLARD, *Théorie générale du droit*, Dalloz, coll. Connaissance du droit, 2006, p. 92). Il faut croire, pourtant, qu'il existe des décisions juridictionnelles qui ne sont que la conséquence d'une interprétation-connaissance, le sens de la règle appliquée étant suffisamment clair et précis, si bien que nulle option n'était donnée au magistrat.

création. Les juges devraient avoir pour seul principe directeur l'intention de « faire en sorte que le plus grand nombre possible d'anticipations se trouvent confirmées »[1].

Les cours et tribunaux, lorsqu'ils interprètent des normes données afin de les appliquer à des cas concrets, peuvent envisager trois dimensions essentielles qui sont les dimensions littérale, systémique et téléologique, lesquelles concernent respectivement la recherche objective du sens du texte, la recherche objective de sa cohérence avec le reste du *corpus* juridique et la recherche objective de l'intention du législateur, de la finalité du texte[2]. Ces trois modes classiques

---

[1] F. A. HAYEK, *Droit, législation et liberté – Une nouvelle formulation des principes libéraux de justice et d'économie politique*, t. I, trad. R. Audouin, Puf, 1980, p. 124 (cité par A.-J. ARNAUD, *Critique de la raison juridique – 2. Gouvernants sans frontières – Entre mondialisation et post-mondialisation*, LGDJ, coll. Droit et société, 2003, p. 160). En outre, doit être prise en compte la dimension sociale de l'activité d'interprétation. L'interprète est un « acteur communicationnel » et l'interprétation est une activité orientée vers l' « intercompréhension », c'est-à-dire l'entente des participants à la communication sur la validité d'une énonciation (J. HABERMAS, *Théorie de l'agir communicationnel*, t. II, Fayard, 1987, p. 133 (cité par L. HABIB, « L'impur objet de la science du droit », *Droits* 1990, n° 11, p. 105)). L'interprète doit avoir pour ambition d'obtenir la reconnaissance subjective de son interprétation par les différents « publics » de la norme.

[2] *Cf.* B. FRYDMAN, *Le sens des lois – Histoire de l'interprétation et de la raison juridique*, 2e éd., Bruylant-LGDJ (Bruxelles-Paris), coll. Penser le droit, 2011 ; F. OST, M. VAN DE KERCHOVE, *Entre la lettre et l'esprit : les directives d'interprétation en droit*, Bruylant (Bruxelles), 1989 ; J. WROBLEWSKI, « L'Interprétation en droit : théorie et idéologie », *Arch. phil. droit* 1972, p. 51 s. ; G. KALINOWSKI, « L'interprétation du droit : ses règles juridiques et logiques », *Arch. phil. droit* 1985, p. 191 s. ; P.-A. COTE, « L'interprétation de la loi – Une création sujette à des contraintes », in D. BOURCIER, P. MACKAY, dir., *Lire le droit – Langue, texte, cognition*, LGDJ, coll. Droit et société, 1992, p. 135 s. ; P. DEUMIER, « L'interprétation de la loi : quel statut ? quelles interprétations ? quel(s) juge(s) ? quelles limites ? », *RTD civ.* 2011, p. 90 s. ; Y. GAUDEMET, « Méthodes du juge », in D. ALLAND, S. RIALS, dir., *Dictionnaire de la culture juridique*, Lamy-Puf, coll. Quadrige-dicos poche, 2003, p. 769 s.

d'interprétation sont d'ailleurs parfois l'objet de directives de second degré, *i.e.* de normes procédurales, qui portent sur leur mode d'utilisation, notamment sur leur chronologie éventuelle[1] — mais, en France, celles-ci sont rares ; simplement l'article 111-4 du Code pénal, qui dispose que « la loi pénale est d'interprétation stricte »[2] (encore faut-il interpréter ce texte afin de savoir ce qu'est une « interprétation stricte »), et l'article 1156 du Code civil, selon lequel « on doit dans les conventions rechercher quelle a été la commune intention des parties contractantes, plutôt que de s'arrêter au sens littéral des termes », peuvent-ils être relevés.

Les modalités de l'interprétation ont donné lieu à d'intenses débats et, par exemple, on pouvait estimer que, dans une conception moderne du droit, l'émetteur de la norme juridique étant celui qui lui attribue son sens, les organes d'application doivent nécessairement se contenter de rechercher son intention[3], tandis que, à l'occasion de la cérémonie du centenaire du Code civil, en 1904, Alexis Ballot-Beaupré affirmait solennellement, avec l'autorité que lui donnait sa qualité de premier président à la Cour de cassation, la liberté d'interprétation des organes d'application du droit : « Quand le texte présente quelque ambiguïté, j'estime que le juge a les pouvoirs d'interprétation les plus étendus ; il ne doit pas s'attarder à rechercher obstinément quelle a été, il y a cent ans, la pensée des auteurs du Code ; il doit se demander ce qu'elle

---

1 *Cf.* G. KALINOWSKI, « L'interprétation du droit : ses règles juridiques et logiques », *Arch. phil. droit* 1985, p. 191 s.

2 Le volontarisme des juges ne doit en aucun cas aboutir à remettre en cause l'impossibilité pour eux d'ériger des infractions pénales spécifiques ou encore l'obligation qui leur est faite d'interpréter strictement la loi pénale, nonobstant le risque de voir les auteurs de certaines pratiques très dommageables à la société échapper à toute condamnation pénale.

3 F. GÉNY, *Méthode d'interprétation et sources en droit privé positif*, t. I, LGDJ, 1954, p. 30 (mais François Gény ne faisait pas sienne cette conception).

serait si le même article était aujourd'hui rédigé par eux »[1]. Rompant avec une tradition respectueuse de la lettre des textes et influencé par la méthode d'interprétation historique de Saleilles[2] et par la « libre recherche scientifique » de Gény — qui consiste dans le recours aux données de la nature des choses positives, c'est-à-dire aux circonstances historiques, économiques et sociales principalement —[3], le haut magistrat invitait ainsi à désormais « adapter le Code civil de manière humaine et libérale aux réalités et aux exigences de la vie moderne »[4].

Il faut dire que, aujourd'hui comme hier, rechercher la volonté exprimée par le législateur en s'attachant aux conditions d'élaboration de la loi est une tâche compliquée tant, à travers la lecture des rapports préliminaires, des travaux des commissions, des interventions en séance, des amendements et des contre-amendements, il s'avère généralement impossible de conférer à l'intention parlementaire un caractère unitaire, voire une simple cohérence[5]. Certainement est-il vrai que « la lettre tue, c'est l'esprit qui vivifie »[6] ; et « les textes qui durent sont ceux qui acceptent d'être interprétés »[7]. Il s'agit dans tous les

---

[1] Cité par L. DUGUIT, *Traité de droit constitutionnel – Tome premier : La règle de droit, le problème de l'État*, 3e éd., De Boccard, 1927, p. 177.

[2] Notamment, R. SALEILLES, *L'individualisation de la peine – Étude de criminalité sociale*, Alcan, 1898.

[3] F. GÉNY, *Méthode d'interprétation et sources en droit privé positif*, LGDJ, 1899.

[4] Cité par Ch. JAMIN, « Dix-neuf cents (crise et renouveau dans la culture juridique) », in D. ALLAND, S. RIALS, dir., *Dictionnaire de la culture juridique*, Lamy-Puf, coll. Quadrige-dicos poche, 2003, p. 383.

[5] François Gény observait : « La velléité législative, qui n'a pas su prendre conscience d'elle-même, se fixer en une volonté précise, puis se traduire dans le texte authentique de la loi, demeure non avenue pour l'interprète, et ne peut entrer en ligne dans l'application du droit positif » (F. GÉNY, *Méthode d'interprétation et sources en droit privé positif*, t. I, LGDJ, 1919, p. 120).

[6] SAINT PAUL, *Seconde épître aux Corinthiens*, 3, 6.

[7] N. ROULAND, « Droit et musique », Le bien commun, France culture, 11 oct. 2012.

cas, à travers la mise en œuvre d'une certaine méthode interprétative, de comprendre ou préciser le sens d'une norme donnée par avance et non de la créer ni même de la « recréer »[1]. Quelle que soit la liberté d'interprétation que confère la méthode d'interprétation retenue, elle ne saurait être comprise comme une liberté de création.

Quant au fait de savoir, en cas de création, si la norme nouvelle peut « faire jurisprudence », a déjà été définie précédemment la notion de jurisprudence et, en résumé, tout dépend, d'une part, de la position plus ou moins élevée occupée par la cour ou le tribunal dans la hiérarchie juridictionnelle et, d'autre part, de la postérité de la nouvelle « proposition normative », c'est-à-dire de son accueil par les autres juridictions de même rang et par celles de rang inférieur.

Reste que, au moment où la juridiction a élaboré puis appliqué une nouvelle règle, il n'est que possible de remarquer qu'elle a créé du droit. Peut-être ensuite les autres juges vont-ils revenir sur cette création en n'appliquant pas la règle nouvelle, la faisant rapidement disparaître de l'ordonnancement juridique. Aussi convient-il d'ajouter que, si la jurisprudence peut être comparée à la coutume en ce que le temps doit normalement lui donner sa force juridique, les sources juridictionnelles, telles qu'entendues en ces lignes, produisent des normes dont la valeur jurisprudentielle peut être incertaine mais qui n'en sont pas moins, dans l'attente d'être adoptées ou rejetées par les autres juridictions, des normes générales dont il est permis de considérer qu'elles appartiennent aux branches du droit auxquelles elles se rattachent naturellement, bien que précairement.

---

[1] M. TROPER, « Le problème de l'interprétation et la théorie de la supra-légalité constitutionnelle », in *Mélanges Charles Eisenmann*, Cujas, 1975, p. 133 (cité par M. LEHOT, « Propositions pour une rénovation de la théorie générale des sources du droit », *RRJ* 2003, p. 2363).

Par ailleurs, il est remarquable que la « texture ouverte » des énoncés normatifs oblige les juges à opérer de multiples interprétations, rendant la frontière entre création et interprétation du droit encore plus délicate à tracer. Cela vaut tout spécialement dans certaines branches du droit actuelles, lesquelles connaissent un nombre élevé de notions et de formulations législatives vagues — parfois volontairement vagues.

4. La « texture ouverte » des énoncés normatifs, gage d'une interprétation permanente et plurielle

Si une norme est la signification d'un énoncé linguistique, la norme existe déjà avec cet énoncé, avant que quiconque n'en recherche la signification, ce qui ne peut être analysé pertinemment comme un acte nomo-créatif. Cependant, les normes juridiques ne se présentent pas tels des objets finis, tels des outils aux contours fixes et définitifs, créés une fois pour toutes par les sources du droit[1]. La règle de droit est variable et incertaine parce que l'interprétation est variable, tant synchroniquement d'un organe d'application à un autre ou d'un individu à un autre que diachroniquement d'une époque à une autre[2].

Hart, avec sa notion de « texture ouverte » du droit, convenait que, « chaque fois que nous sommes disposés à

---

[1] P. AMSELEK, « L'étrangeté ontologique du droit », *Droits* 1990, n° 11, p. 89.

[2] Paul Amselek écrit ainsi que, « par cette espèce de fluidité ou élasticité, les normes juridiques font penser, non pas simplement à ces règles de plomb qui étaient utilisées dans l'architecture à Lesbos et qui pouvaient, par leur flexibilité, épouser les formes de la pierre, mais à des outils de mercure, ce métal à la texture particulièrement mouvante auquel les alchimistes du XVe siècle ont donné le nom du messager ailé des dieux de l'Antiquité grecque, constamment en mouvement, balloté d'un interlocuteur à un autre » (*ibid.*).

appeler quelque-chose une règle, il est possible de distinguer des cas centraux et clairs auxquels elle s'applique avec certitude et d'autres pour lesquels il existe des raisons aussi bien d'affirmer que de nier qu'elle s'y applique. Rien ne peut éliminer cette dualité qui existe entre un noyau de certitude et une pénombre de doute, lorsque nous sommes appelés à subsumer des situations particulières sous des règles générales. Cela aboutit à reconnaître à toutes les règles une marge d'imprécision ou texture ouverte »[1].

Il faudrait donc renoncer à une simple logique de déduction dans le raisonnement juridique à partir du texte de loi ; mais en tout cas n'y a-t-il guère de création de norme nouvelle lorsqu'est ainsi interprétée une disposition normative, peu important que celle-ci, qui est officiellement une seule et unique norme, puisse être interprétée de diverses manières et donc être le foyer d'une pluralité de normes potentielles.

Aux yeux de Michel Troper, tenant d'une « théorie réaliste de l'interprétation »[2] s'intéressant à la « production réelle du droit »[3], la connaissance de la signification *a priori* de la norme serait impossible car, par principe, tout texte est indéterminé, c'est-à-dire porteur de plusieurs sens possibles[4]. Les organes

---

[1] H. L. A. HART, *Le concept de droit*, trad. M. van de Kerchove, Publications des Facultés universitaires Saint-Louis (Bruxelles), 1994, p. 155.

[2] Par exemple, M. TROPER, « Une théorie réaliste de l'interprétation », *Annales de la Faculté de droit de Strasbourg* 2000, n° 4, p. 51 s.

[3] D. DE BÉCHILLON, « Réflexions critiques », *RRJ* 1994, p. 251.

[4] Le professeur retient, notamment, que, « si c'est l'énoncé exprimant la norme qui n'est pas clair, la fonction de l'interprétation est de déterminer la signification non de la norme, [...] mais seulement de l'énoncé qui l'exprime. Autrement dit, *ce qui fait l'objet d'une interprétation n'est pas une norme, mais seulement un texte*, dont la signification ne saurait être distinguée de celle de son contenu. L'idée de norme implique [...] qu'une certaine conduite doit avoir lieu et l'interprétation du texte permet seule de déterminer laquelle. [...] L'interprétation a pour objet "les mots qui expriment la norme", c'est-à-dire non la norme elle-même, mais le texte » (M. TROPER, *Pour une théorie juridique de l'État*, Puf, coll. Léviathan, 1994, p. 88 (souligné dans le texte

d'application du droit agiraient alors dans un paradoxal cadre de « liberté contrainte »[1] ou « encadrée »[2] — « plaisante justice qu'une rivière borne », disait Pascal[3]. Cela ne doit pas signifier qu'interpréter le droit serait créer le droit — alors que, au sens des réalistes, il n'y a, certes, qu'un seul moment de création du droit, mais celui-ci serait celui de l'interprétation des lois par les organes d'application et non celui de l'élaboration des lois par le Parlement[4], si bien que, par exemple, il ne pourrait jamais y

original)). Et d'ajouter, à propos de l'essai kelsénien de théorie de l'interprétation figurant en appendice de la seconde édition de *Théorie pure du droit* : « Kelsen raisonne comme si l'objet de l'interprétation authentique pouvait être une norme juridique à appliquer. Mais si l'on emploie, à propos de la théorie de l'interprétation, des définitions que Kelsen lui-même donne de quelques concepts, on constate que l'objet de l'interprétation ne peut être une norme. Interpréter, en effet, c'est déterminer la signification de quelque chose. Par ailleurs, une norme est la signification d'un acte de volonté. On ne saurait donc interpréter une norme, parce qu'on ne peut déterminer la signification d'une signification » (*ibid.*, p. 82).

[1] *Cf.* V. CHAMPEIL-DESPLATS, M. TROPER, « Proposition pour une théorie des contraintes juridiques », in V. CHAMPEIL-DESPLATS, C. GRZEGORCZYK, M. TROPER, dir., *Théorie des contraintes juridiques*, Bruylant-LGDJ (Bruxelles-Paris), coll. La pensée juridique, 2005, p. 11 s. ; P.-A. COTE, « L'interprétation de la loi – Une création sujette à des contraintes », in D. BOURCIER, P. MACKAY, dir., *Lire le droit – Langue, texte, cognition*, LGDJ, coll. Droit et société, 1992, p. 135 s. ; É. MILLARD, *Théorie générale du droit*, Dalloz, coll. Connaissance du droit, 2006, p. 97.

[2] G. CANIVET, « Le juge et la force normative », in C. THIBIERGE, dir., *La force normative – Naissance d'un concept*, LGDJ-Bruylant (Paris-Bruxelles), 2009, p. 23.

[3] B. PASCAL, *Pensées*, 1669.

[4] Pour les réalistes, « l'organe qui donne l'interprétation authentique de la loi (juge) détermine sa signification objective au regard de l'ordre juridique. Interpréter est en effet déterminer la signification d'un acte, tandis qu'une norme est définie comme la signification d'un acte par lequel une certaine conduite est prescrite. Il en résulte naturellement qu'interpréter c'est créer une norme » (M. TROPER, *Pour une théorie juridique de l'État*, Puf, coll. Léviathan, 1994, p. 137). Et Michel Troper d'expliquer encore que « le jugement comporte le plus souvent, dans sa motivation, une justification de l'interprétation donnée. Schématiquement, cette justification présente également la forme d'un syllogisme (appelons-le secondaire) : la majeure est un principe

avoir d'actes d'application de la Constitution contraires à la Constitution puisque cette dernière serait créée au moment où elle est appliquée[1].

Bobbio pouvait ajouter que, « depuis l'époque de ce qu'on a nommé le fétichisme de la loi, beaucoup d'eau est passée sous les ponts et personne ne croit plus sérieusement au juge automate »[2], il n'en demeure pas moins que l'interprétation, lorsqu'elle est réellement une interprétation et qu'elle ne se

---

d'interprétation, la mineure le texte à interpréter, et la conclusion le sens donné à ce texte. On peut noter que dans ce modèle la conclusion du syllogisme secondaire n'est autre que la majeure du syllogisme primaire » (*ibid.*, p. 100).

1 Michel Troper retient que « la Constitution n'a pour contenu que les normes posées par les interprétations des organes d'application et ces derniers ne sont jamais soumis qu'à leur propre volonté » (M. TROPER, « Le problème de l'interprétation et la théorie de la supra-légalité constitutionnelle », in *Mélanges Charles Eisenmann*, Cujas, 1975, p. 143 (cité par M. LEHOT, « Propositions pour une rénovation de la théorie générale des sources du droit », *RRJ* 2003, p. 2363)). Quant à la « théorie du droit empiriste », elle consiste, de même, à retenir qu' « il n'y a pas de connaissance possible des normes à partir d'une connaissance de la signification des énoncés. Les énoncés peuvent avoir des significations, bien entendu, et les méthodes linguistiques permettent de déterminer ces significations. Mais ils n'ont pas de significations juridiques : ce ne sont pas des normes. C'est l'opération d'interprétation (comprise comme le fait de décider une signification parmi une pluralité), ou si l'on préfère encore dans le sens de l'interprétation authentique de Kelsen, qui va conférer à l'énoncé sa signification juridique. Du point de vue juridique, l'interprétation n'est pas une opération intellectuelle de la science du droit permettant de déterminer ce qui doit être ; c'est une opération décisionnelle de certaines autorités décidant une signification. La signification est le produit d'un acte de volonté de l'interprète : c'est une prescription (ou une performation, selon un autre point de vue). Ces décisions d'attribution de significations constituent des faits et ces faits sont les faits à partir desquels travaille une science empirique du droit : elle décrit des normes (significations) à partir des actes d'attribution de signification » (É. MILLARD, *Théorie générale du droit*, Dalloz, coll. Connaissance du droit, 2006, p. 95).

2 N. BOBBIO, *Essais de théorie du droit*, trad. M. Guéret, Ch. Agostini, LGDJ-Bruylant (Paris-Bruxelles), coll. La pensée juridique, 1998, p. 38.

transforme pas en prétexte à la création de toutes autres normes, ne peut être en même temps création et qu'il n'est pas lieu de voir dans le juge la figure d'un « co-législateur »[1] qui « recrée » toujours la loi[2] grâce à un « pouvoir normatif dérivé »[3], même s'il est possible d'y voir celle d'un législateur dès lors qu'il supplée ou subroge le Parlement dans sa mission d'élaboration des règles de droit générales[4]. Interpréter, c'est parfaitement et entièrement contribuer à la fonction d'application du droit et n'aucunement contribuer à la fonction de création du droit.

Si la théorie réaliste de l'interprétation n'était pas « caricaturale »[5] mais plutôt l'approche des phénomènes juridiques correspondant le mieux à la réalité pratique de ceux-ci, il faudrait convenir que des juges élus démocratiquement, comme aux États-Unis, seraient autrement plus légitimes que des juges-technocrates tels que les magistrats français formés à l'École nationale de la magistrature, puisque le juge, en assignant librement leurs contenus normatifs aux lois, substitue sa propre volonté à celle des représentants élus du peuple, siégeant au

---

[1] Ch.-A. MORAND, « La jurisprudence : de la pyramide au réseau », in J.-L. BERGEL, dir., *La méthodologie de l'étude des sources du droit*, PUAM (Aix-en-Provence), 2001, p. 233.

[2] M. TROPER, « Interprétation », in D. ALLAND, S. RIALS, dir., *Dictionnaire de la culture juridique*, Lamy-Puf, coll. Quadrige-dicos poche, 2003, p. 843. Également, M. TROPER, « Le problème de l'interprétation et la théorie de la supra-légalité constitutionnelle », in *Mélanges Charles Eisenmann*, Cujas, 1975, p. 133 (cité par M. LEHOT, « Propositions pour une rénovation de la théorie générale des sources du droit », *RRJ* 2003, p. 2363).

[3] B. MATHIEU, « La normativité de la loi : une exigence démocratique », *Cah. Cons. const.* 2007, n° 21.

[4] M. CAPPELLETTI, « Des juges législateurs ? », in M. CAPPELLETTI, dir., *Le pouvoir des juges*, Economica-PUAM (Aix-en-Provence), 1990, p. 23 s.

[5] É. MILLARD, *Théorie générale du droit*, Dalloz, coll. Connaissance du droit, 2006, p. 97.

Parlement[1]. La séparation des pouvoirs autant que la démocratie n'existent pas en cas de « gouvernement des juges »[2].

En outre, que tous les mots, et donc tous les ensembles de mots que sont les énoncés, soient susceptibles de recevoir plusieurs sens et donc de revêtir différentes significations peut être relativisé en droit par le fait que celui-ci va de pair avec un langage technique ; or les langages techniques sont moins polysémiques par nature que le langage courant puisqu'ils se doivent de connaître des définitions strictes et précises.

Cela ne veut néanmoins pas dire qu'il faudrait revenir à l'idée qui fut celle de la Convention, en 1793, toute à sa logique de table rase, de supprimer les facultés de droit car, pour ces révolutionnaires, un enseignement juridique spécialisé était devenu totalement inutile puisqu'avait été rédigé un « code de lois » si simple et clair qu'il ne suscitait nulle difficulté d'interprétation[3]. Cela relevait évidemment de l'utopique en même temps que de l'idéologique[4] et il n'est en aucun instant permis de penser que, en droit, l'interprétation des normes ne serait pas un élément central et décisif. Il demeure toujours indispensable de disposer des outils adéquats afin de pouvoir

---

[1] *Cf.*, en particulier, A. GARAPON, *Le gardien des promesses – Justice et démocratie*, Odile Jacob, 1996.

[2] Réf. à É. LAMBERT, *Le Gouvernement des juges et la lutte contre la législation sociale aux États-Unis – L'expérience américaine du contrôle judiciaire de la constitutionnalité des lois*, Giard, 1921 ; également, M. TROPER, « Le gouvernement des juges, mode d'emploi », in *Grandes conférences de la Chaire d'étude des fondements philosophiques de la justice et de la société démocratique*, Presses de l'Université Laval (Québec), coll. Mercure du Nord-Verbatim, 2006. *Cf.* B. MATHIEU, « La normativité de la loi : une exigence démocratique », *Cah. Cons. const.* 2007, n° 21.

[3] J.-M. CARBASSE, « Professeurs à la faculté de droit », in D. ALLAND, S. RIALS, dir., *Dictionnaire de la culture juridique*, Lamy-Puf, coll. Quadrige-dicos poche, 2003, p. 1244. Rapidement, la loi du 22 ventôse an XII (13 mars 1804) a créé les écoles de droit, lesquelles ont retrouvé le nom de facultés en 1808.

[4] Ch. ATIAS, *Épistémologie juridique*, Dalloz, coll. Précis, 2002, p. 190.

passer du signifiant au(x) signifié(s)[1]. La clarté de la loi n'est pas nécessairement qu'un idéal[2], mais elle ne saurait quoi qu'il en soit être un absolu.

Pour ne prendre qu'un exemple, on se demande, depuis 1804, quelle est la signification du mot « loi » dans l'article 1103 (ex 1134) du Code civil[3]. Pourtant, ce code ne contient aucune disposition relative à l'interprétation de ses articles et des lois en général ; il semble présupposer que le sens des normes serait toujours clair, au point qu'il n'envisage l'obscurité de la loi qu'en tant que prétexte insusceptible d'être invoqué par un juge pour refuser de se prononcer, comme si elle était impossible[4].

Il n'en demeure pas moins que, dans de nombreuses situations, les cours et tribunaux, parce qu'ils manquent de lois — ou, éventuellement, parce que les lois ne leur conviennent pas —, élaborent de nouvelles normes et, donc, créent du droit, créent, plus ou moins profondément, de la jurisprudence, étant entendu que la jurisprudence doit être comprise en tant qu'ensemble de normes d'origines prétorienne et non en tant qu'ensemble d'interprétations de lois d'origine prétorienne[5].

---

[1] P. AMSELEK, « L'étrangeté ontologique du droit », *Droits* 1990, n° 11, p. 88.

[2] *Cf.* A. FLÜCKIGER, « Le principe de clarté de la loi ou l'ambiguïté d'un idéal », *Cah. Cons. const.* 2006, n° 21, p. 74 s.

[3] *Cf.* J.-P. CHAZAL, « De la signification du mot loi dans l'article 1134 alinéa 1er du Code Civil », *RTD civ.* 2001, p. 265 s.

[4] Il faut néanmoins faire mention de l'article 1156 selon lequel « on doit dans les conventions rechercher quelle a été la commune intention des parties contractantes, plutôt que de s'arrêter au sens littéral des termes ».

[5] Pour une analyse contraire, *cf.* J.-L. AUBERT, E. SAVAUX, *Introduction au droit et thèmes fondamentaux du droit civil*, 14e éd., Dalloz, coll. Sirey université, 2012, p. 356 (les auteurs traitent la jurisprudence dans la partie de leur ouvrage relative à « l'interprétation de la règle de droit » et non dans celle concernant « la création de la règle de droit ») ; P. DEUMIER, *Introduction générale au droit*, 2e éd., LGDJ, coll. Manuel, 2013, p. 284.

Il existe néanmoins une exception : les juges créent aussi du droit lorsqu'il y a réellement « indéterminabilité » du contenu normatif d'une loi ou de tout autre acte normatif applicable[1].

5. La création immanquable du droit par le juge en cas d'indéterminabilité des normes applicables

En cas d'indéterminabilité du contenu normatif d'une loi ou de tout autre acte normatif applicable, le magistrat n'est plus l'interprète du texte ; il « réalise sa propre volonté »[2], loin dudit texte, loin de toutes normes préexistantes et données. Par suite, si l'attitude du juge n'est toujours qu'interprétative ou créatrice, il se trouve des cas dans lesquels il est difficile de dire de quelle fonction juridique participe le magistrat. Carré de Malberg, au début du XXe s., expliquait que, « parfois, le législateur ne donne pas aux principes qu'il énonce une formule absolument nette et rigoureuse : intentionnellement, il s'en tient à des termes autorisant des applications ou déductions en sens divers, et il ne pose qu'un minimum de principes, de façon à laisser aux tribunaux la latitude de fixer par eux-mêmes la portée des prescriptions contenues dans la loi »[3]. Autrement dit, il arrive que la loi ne puisse être interprétée tant aucun sens réel ne lui a été octroyé par son auteur[4]. Le degré de précision du

---

[1] S. RIALS, *Le juge administratif français et la technique du standard*, LGDJ, 1980, p. 272 (cité par O. BEAUD, *La puissance de l'État*, Puf, coll. Léviathan, 1994, p. 194).

[2] *Ibid.* (cité par O. BEAUD, *La puissance de l'État*, Puf, coll. Léviathan, 1994, p. 194).

[3] R. CARRÉ DE MALBERG, *Contribution à la théorie générale de l'État spécialement d'après les données fournies par le droit constitutionnel français*, t. I, Librairie du Recueil Sirey, 1920, p. 713.

[4] Ainsi le professeur strasbourgeois notait-il par ailleurs que « toutes les fois que l'interprétation proprement dite, obtenue par l'analyse grammaticale et logique du contenu du texte, ne fournit pas au juge d'indication ferme sur la

vocabulaire législatif restreint ou accroit la liberté d'appréciation du juge et, lorsque cette précision se révèle très faible, il n'est matériellement plus possible d'interpréter la loi.

Un auteur détaille : « L'intervalle interprétatif d'une norme constitue un ensemble contenant toutes les interprétations acceptables de la norme à un moment donné. [...] Plus la formulation est précise, plus l'intervalle est étroit, et vice-versa »[1]. Or, lorsque le sens de la loi est trop imprécis, lorsque sa portée est potentiellement excessivement étendue, à tel point qu'il est possible d'en tirer peu ou prou toute signification accommodante ou opportune, ne faut-il pas considérer non que le Parlement donne aux tribunaux un texte de loi à appliquer mais plutôt qu'il leur octroie un blanc-seing afin de créer le droit qu'ils jugeront utile ? Il n'est alors plus lieu de rechercher si la norme effectivement appliquée par le juge est logiquement contenue dans la règle d'origine législative — elle l'est nécessairement étant données les dimensions quasi-infinies d'un texte de loi vague — mais plutôt l'intention du magistrat : a-t-il entendu appliquer un droit donné par avance ou appliquer un droit élaboré par lui pour l'occasion ?

En ce sens, il est remarquable que, de manière classique, le Conseil constitutionnel applique sa jurisprudence relative à l'incompétence négative du législateur pour considérer qu'un énoncé législatif ambigu ou imprécis confère à l'autorité chargée de son application un pouvoir qui la conduit, de fait, à établir la loi substantielle. Or le législateur ne peut pas sous-traiter, en dehors des prévisions précises de la Constitution (par

---

volonté du législateur et la portée de ses prescriptions, le juge recouvre la liberté de dire le droit par lui-même, et la juridiction consiste alors à dégager une solution pour les besoins de l'espèce, en tenant compte [...] des circonstances et conditions actuelles dans lesquelles se pose la question qui lui est soumise » (*ibid.*).

[1] S. LEBEL-GRENIER, *Pour un pluralisme juridique radical*, th., Université McGill de Montréal, 2002, p. 306.

exemple à son article 38), le soin d'élaborer la loi[1]. Selon le Conseil, le principe de clarté de la loi et l'objectif d'accessibilité et d'intelligibilité de la loi imposent au législateur d'« adopter des dispositions suffisamment précises et des formules non équivoques afin de [...] ne pas reporter sur des autorités administratives ou juridictionnelles le soin de fixer des règles dont la détermination n'a été confiée par la Constitution qu'à la loi »[2], bien que ces autorités « conservent le pouvoir d'appréciation et, en cas de besoin, d'interprétation inhérent à l'application d'une règle de portée générale à des situations particulières »[3].

Cependant, la grande majorité des articles de loi s'avèrent suffisamment précis pour ne pas devoir s'interroger en ces termes. Les « neutrons législatifs » — tels que « ordre public » ou « bonnes mœurs », lorsqu'ils ne sont accompagnés d'aucune précision[4] —, que dénonçait le Président du Conseil constitutionnel[5], demeurent plutôt rares. Carré de Malberg ajoutait encore que, à son époque, « le législateur s'en [tenait] systématiquement au procédé qui consiste à résumer ses volontés ou intentions en quelques sèches formules, qui constituent le dispositif de la loi ; et, pour le surplus, il s'en remet[ait] à la puissance, soit d'interprétation, soit d'appréciation propre, du

---

[1] Cons. const., déc. 21 avr. 2005, n° 2005-512 DC, *Loi d'orientation et de programme pour l'avenir de l'école*.

[2] Cons. const., déc. 29 juill. 2004, n° 2004-500 DC, *Loi organique relative à l'autonomie financière des collectivités territoriales*.

[3] Cons. const., déc. 13 janv. 2005, n° 2004-509 DC, *Loi de programmation pour la cohésion sociale*.

[4] D. ROUSSEAU, « L'élaboration de la loi et l'action du juge », *Cahiers français* 1998, n° 288, p. 9.

[5] « Vœux du Président du Conseil constitutionnel au Président de la République », 3 janv. 2005 (cité par J. HERVOIS, *La production de la norme juridique en matière scientifique et technologique*, th., Université de La Rochelle, 2011, p. 44).

juge »[1]. Même si le Parlement peine à saisir pertinemment les activités du monde et des sociétés contemporaines, il est assez exceptionnel que, lorsqu'il intervient, ce ne soit que pour fixer de grandes vues, des objectifs généraux sans les accompagner des moyens normatifs jugés adéquats.

La création du droit par les sources juridictionnelles est très normalement la conséquence de vides dans le corpus législatif et seulement très occasionnellement celle d'une habilitation non exprès mais néanmoins directe conférée par un législateur se bornant à arrêter des dispositions généralissimes afin de laisser toute latitude aux organes d' « application » qui sont alors, dans les faits, des organes de création.

Interroger le « problème théorique fécond pour la pratique »[2] de l'interprétation des normes est délicat[3] car, une fois ce problème résolu, encore faudrait-il se pencher sur celui de l'interprétation des interprétations, puis sur celui de l'interprétation des interprétations des interprétations etc.[4]. Loin d'être

---

[1] R. CARRÉ DE MALBERG, *Contribution à la théorie générale de l'État spécialement d'après les données fournies par le droit constitutionnel français*, t. I, Librairie du Recueil Sirey, 1920, p. 713.

[2] Réf. à C. SINTEZ, « À l'origine de la sanction, la norme ou son interprétation ? Une question théorique féconde pour la pratique », *Arch. phil. droit* 2011, p. 389 s.

[3] *Cf.*, en particulier, *Arch. phil. droit* 1972, « L'interprétation dans le droit » ; Association Henri Capitant, *L'interprétation par le juge des règles écrites*, Economica, 1980.

[4] En ce sens, un professeur écrit : « On ne voit pas pourquoi le résultat de l'interprétation authentique d'une loi serait moins sujet à interprétation que l'énoncé interprété. Il est naïf de croire qu'une règle de droit, une fois interprétée par le juge, est revêtue d'un sens clair et précis, qui ne souffre plus la discussion. La pluralité de significations, qui existe avant que la loi soit interprétée, persiste après. Il est vain de vouloir interrompre cette chaîne interprétative. Tout ce que l'on peut escompter c'est que l'interprétation authentique réduise le nombre des significations possibles ; quoiqu'à bien réfléchir cette réduction se révèle illusoire puisque l'énoncé de la décision peut être source de nouvelles ambiguïtés. [...] La chaîne est sans fin, les interprétations des décisions d'interprétation seront elles-mêmes susceptibles

exhaustif sur ces sujets[1] — il y aurait bien davantage à dire, par exemple, à l'aune du fait que, dans le droit coranique, l'interprétation des textes est interdite[2] —, il s'agissait ici de chercher seulement à préciser la ligne de démarcation entre interprétation et création, étant entendu qu'une source du droit est quelque-chose qui crée, non quelque-chose qui interprète.

Reste que l'herméneutique et l'exégèse[3] sont au cœur des travaux des juristes. Christian Atias pouvait dénoncer comme relevant d'une « idéologie trop artificielle » la pensée de ceux qui voient dans l'interprétation une anomalie et qui estiment que « le langage juridique serait une technique parfaitement maîtrisée, d'un emploi entièrement délibéré »[4]. L'activité intellectuelle ordinaire, primaire même, du spécialiste du droit

---

d'interprétation. Il n'y aurait pas de description utilisable du droit positif » (J.-P. CHAZAL, « Philosophie du droit et théorie du droit, ou l'illusion scientifique », *Arch. phil. droit* 2001, p. 323).

[1] *Cf.*, pour un exposé des diverses problématiques impliquées, par exemple, B. FRYDMAN, *Le sens des lois – Histoire de l'interprétation et de la raison juridique*, 2e éd., Bruylant-LGDJ (Bruxelles-Paris), coll. Penser le droit, 2011 ; F. OST, M. VAN DE KERCHOVE, *Entre la lettre et l'esprit : les directives d'interprétation en droit*, Bruylant (Bruxelles), 1989 ; H. BATIFFOL, « Questions de l'interprétation juridique », *Arch. phil. droit* 1972 ; P. DEUMIER, « L'interprétation de la loi : quel statut ? quelles interprétations ? quel(s) juge(s) ? quelles limites ? », *RTD civ.* 2011, p. 90 s. ; J. CHEVALLIER, « L'interprétation des lois », in G. FAURÉ, G. KOUBI, dir., *Le Titre préliminaire du Code civil*, Economica, 2003, p. 125 s.

[2] *Cf.* A. MEZGHANI, *L'État inachevé – La question du droit dans les pays arabes*, Gallimard, coll. Bibliothèque des sciences humaines, 2011.

[3] Selon Paul Ricœur, l'herméneutique est l' « exercice méthodique de l'interprétation » et, « si l'on appelle exégèse l'ensemble des procédés appliqués directement à des textes singuliers, l'herméneutique est une discipline de second degré appliquée aux règles générales de l'exégèse » (P. RICŒUR, « L'herméneutique et la méthode des sciences sociales », in P. AMSELEK, dir., *Théorie du droit et science*, Puf, coll. Léviathan, 1994, p. 15 (cité par X. MAGNON, *Théorie(s) du droit*, Ellipses, coll. Universités-Droit, 2008, p. 50)). *Cf.*, par ailleurs, P. DUBOUCHET, « Herméneutique et théorie normative du droit », *RRJ* 1994, p. 745 s.

[4] Ch. ATIAS, *Épistémologie juridique*, Dalloz, coll. Précis, 2002, p. 190.

est d'interpréter des normes données par avance, soit d'établir la signification d'énoncés prescriptifs ; c'est là ce que font quotidiennement l'avocat, l'enseignant et l'étudiant[1]. En revanche, ceux-ci ne créent jamais de règles de droit nouvelles capables d'intégrer l'ordonnancement juridique positif ; ce qui est certainement lié au fait que, s'ils peuvent interpréter « scientifiquement », ils ne le peuvent jamais de façon « authentique » — pour reprendre le terme kelsénien désignant les interprétations qui sont le fait des « lecteurs habilités »[2] à interpréter le droit par quelques normes de l'ordre juridique[3]. Cela conduit à relativiser la vision d'une « logique centrifuge de l'interprétation contraire à la logique centripète de la souveraineté »[4].

Aussi était-il nécessaire de précisément séparer l'interprétation de la création, la difficulté étant que, pour ce qui est du travail du juge, qui lui est en mesure de créer du droit positif, il est souvent difficile de dire s'il a créé une nouvelle norme ou s'il s'est borné à appliquer, en la précisant, une norme antérieure d'origine législative ou d'autre origine, éventuellement jurisprudentielle. Jean-Louis Bergel dit que le juge doit avoir une « conception dynamique de [sa] mission » et se doter d'un « pouvoir de rajeunissement des lois »[5]. Cela ne saurait

---

[1] *Cf.* J. CHEVALLIER, « Les interprètes du droit », in P. AMSELEK, dir., *Interprétation et Droit*, Bruylant-PUAM (Bruxelles-Aix-en-Provence), 1995, p. 115 s.

[2] P. MOOR, *Pour une théorie micropolitique du droit*, Puf, coll. Les voies du droit, 2005 (cité par J. HERVOIS, *La production de la norme juridique en matière scientifique et technologique*, th., Université de La Rochelle, 2011, p. 43).

[3] H. KELSEN, *Théorie pure du droit*, 2e éd., trad. Ch. Eisenmann, Dalloz, 1962, p. 461.

[4] O. BEAUD, *La puissance de l'État*, Puf, coll. Léviathan, 1994, p. 195.

[5] J.-L. BERGEL, *Théorie générale du droit*, 5e éd., Dalloz, coll. Méthodes du droit, 2012, p. 349. Le professeur précise son propos en ces termes : « Cette conception dynamique et saine de la mission du juge ne peut conduire à lui reconnaître le droit de faire de la justice un instrument de transformation de la

être normalement que le fait de l'interprétation ; mais il est aisé d'imaginer combien la poursuite de tels objectifs amène à flirter souvent avec la création normative.

Par conséquent, il faut redire, au moment de réfléchir plus précisément à la jurisprudentialisation du droit actuel, que les normes jurisprudentielles sont celles qui sont les plus difficiles à identifier et à recenser.

---

société en anticipant d'éventuelles réformes ou en favorisant certaines catégories de justiciables » (*ibid.*).

Troisième partie

La jurisprudentialisation du droit : un objet d'étude au cœur des préoccupations de la doctrine

Est ici désigné par « jurisprudentialité » le caractère foncièrement prétorien d'une branche du droit donnée. Quant au terme « jurisprudentialisation », il indique le « passage d'un droit du législateur à un droit des juges »[1]. Jurisprudentialité et jurisprudentialisation du droit s'opposent à la « juridictionnalité » et à la « juridictionnalisation » du droit[2]. Ces dernières renvoient au fait que les cours et tribunaux soient au cœur du droit en ce que l'activité de justice, de résolution des litiges, serait ou deviendrait l'activité juridique première.

Peut-être « les aspirations de l'homme contemporain le portent[-elles] plus volontiers à se tourner vers l'État-juge que vers l'État-législateur »[3], mais cela est sans rapport direct avec le fait que le juge soit aussi ou non un législateur. Notamment parmi les tenants d'une approche réaliste, un tel discours est tenu et on considère que la régulation judiciaire serait en général plus efficiente que la législation, le règlement des conflits se fondant sur un calcul économique rationnel de la part de tous les acteurs, de sorte qu'une « sélection naturelle » des « bonnes règles » serait observable[4]. Sélectionner les « bonnes règles » n'est pas du tout la même activité que créer les

---

[1] G. TIMSIT, « Raisonnement juridique », in D. ALLAND, S. RIALS, dir., *Dictionnaire de la culture juridique*, Lamy-Puf, coll. Quadrige-dicos poche, 2003, p. 1292.

[2] Par exemple, M. FATIN-ROUGE STÉFANINI, L. GAY, J. PINI, dir., *Autour de la qualité des normes*, Bruylant, coll. À la croisée des droits, 2010, p. 95 s.

[3] R. JACOB, « Symbolique du droit et de la justice », in D. ALLAND, S. RIALS, dir., *Dictionnaire de la culture juridique*, Lamy-Puf, coll. Quadrige-dicos poche, 2003, p. 1461.

[4] R. POSNER, *Economic Analysis of Law*, 3e éd., Little Brown (Boston), 1986 (cité par F. OST, M. VAN DE KERCHOVE, *De la pyramide au réseau ? – Pour une théorie dialectique du droit*, Publications des Facultés universitaires Saint-Louis (Bruxelles), 2002, p. 332). En ce sens, il ne fait aucun doute que la mission principale du juge consiste à « reconnaître les intérêts en présence, à évaluer leurs forces respectives, à les peser, en quelque sorte, avec la balance de la justice, en vue d'assurer la prépondérance des plus importants [...] et finalement d'établir entre eux un équilibre éminemment désirable » (F. GÉNY, *Méthode d'interprétation et sources en droit privé positif*, t. II, LGDJ, 1954, p. 167). *Cf.*, notamment, J. FISCHER, *Le pouvoir modérateur du juge en droit civil français*, PUAM (Aix-en-Provence), 2004 ; D. VIVIEN, « Essai sur l'art de juger », *Rev. adm.* 1999, p. 463 s.

« bonnes règles » ; la jurisprudentialisation doit être séparée de la juridictionnalisation et la jurisprudentialité du droit doit être distinguée de la juridictionnalité du droit.

Concernant la jurisprudentialisation et la jurisprudentialité, il s'agira, en ces pages, de souligner que, si la doctrine les observe avec un intérêt croissant à mesure qu'elles apparaissent tels des phénomènes majeurs du droit contemporain (*chapitre 1*), elle ne manque pas d'également les critiquer et de plaider pour moins de jurisprudence dans le droit (*chapitre 2*).

Chapitre 1. L'observation de la jurisprudentialisation du droit par la doctrine

Les juridictions, et en premier lieu les juridictions suprêmes, s'immiscent de plus en plus dans le champ de la création du droit (*1*). Il faut dire que la jurisprudence paraît posséder de nombreux avantages dès lors qu'il s'agit de saisir des phénomènes et objets nouveaux et incomparables à ceux qu'a connus le XXe s. (*4*), de telle sorte que c'est souvent le législateur lui-même qui, plus ou moins explicitement, délègue le soin d'élaborer le droit aux magistrats (*2*). Les rapports entre loi et jurisprudence sont cependant faits d'autant d'opposition que de complémentarité (*3*). Enfin, au-delà de la question de la création des règles juridiques, les tribunaux sont au cœur de l'organisation des droits contemporains, ils en sont les grands architectes. Il ne s'agit alors plus de jurisprudentialité du droit mais de juridictionnalité du droit (*5*).

1. De plus en plus de normes d'origine prétorienne dans le droit positif

En premier lieu, l'influence du Conseil constitutionnel, juge des lois, sur le contenu du droit n'est certainement plus à démontrer — Conseil constitutionnel dont Georges Vedel disait qu'il a été créé « par inadvertance » en ce que les rédacteurs de la Constitution de 1958 ont souhaité en faire le gardien du Parlement et qu'il est par la suite devenu le défenseur des droits et libertés des citoyens[1], l'introduction d'un contrôle des lois *a*

[1] Entendu dans « La résistible ascension du Conseil constitutionnel », La marche de l'histoire, France inter, 16 mai 2013. Ainsi commente-t-on, par

posteriori par l'intermédiaire de la question prioritaire de constitutionnalité venant parachever au XXIe s. cette évolution.

Néanmoins, ce n'est pas dans la jurisprudence du Conseil qu'il faut chercher, quantitativement parlant, le développement de la jurisprudence. Aujourd'hui toujours, il s'évertue à ne faire œuvre créatrice qu'en cas de véritable besoin et à ne pas excéder son rôle de gardien de la Constitution — loin de muer en « co-constituant »[1]. Sans doute Georges Burdeau distinguait-il le texte de la Constitution, la « Constitution réelle », née de la pratique du pouvoir, et la « Constitution vivante », née des interprétations du juge constitutionnel[2] ; il est toutefois délicat d'identifier de nombreuses créations juridiques issues du travail du Conseil constitutionnel. Dans les décisions de ce dernier, les interprétations ne sont que rarement créatrices ; les membres du Conseil n'ont été tentés que dans quelques cas extrêmes de se substituer aux parlementaires, représentants des citoyens et des collectivités territoriales.

Les réticences du Conseil constitutionnel à ériger des principes jurisprudentiels propres prouvent qu'il n'entend pas excéder son rôle et se substituer aux autorités habilitées à exercer le pouvoir constituant ni même précéder le Parlement et le Gouvernement dans le processus d'élaboration d'un cadre

---

exemple, que, « aujourd'hui, le contrôle de constitutionnalité apparaît comme le point archimédique où se rencontrent démocratie et État de droit : en même temps qu'il stabilise la démocratie des partis, il est censé assurer une égale protection des droits fondamentaux » (O. JOUANJAN, « État de droit », in D. ALLAND, S. RIALS, dir., *Dictionnaire de la culture juridique*, Lamy-Puf, coll. Quadrige-dicos poche, 2003, p. 652).

[1] Ch.-A. MORAND, « La jurisprudence : de la pyramide au réseau », in J.-L. BERGEL, dir., *La méthodologie de l'étude des sources du droit*, PUAM (Aix-en-Provence), 2001, p. 233.

[2] G. BURDEAU, « Une survivance : la notion de Constitution », in *Mélanges Mestre*, Sirey, 1956, p. 53 (cité par P. DEUMIER, *Introduction générale au droit*, 2e éd., LGDJ, coll. Manuel, 2013, p. 167). Georges Burdeau constatait que le décalage entre Constitution écrite et Constitution réelle est accepté comme un fait naturel.

juridique particulier[1]. Par conséquent, il faut relativiser l'affirmation selon laquelle, jusqu'en 1958, la loi aurait été souveraine, tandis que l'institution du Conseil constitutionnel aurait entraîné un « renversement de l'équilibre des pouvoirs »[2]. Il est tout à fait contestable que les juges constitutionnels soient des « législateurs à part entière »[3]. Peut-être pourraient-ils l'être mais, concrètement, ils se montrent davantage timorés qu'audacieux[4]. « Avec le Conseil constitutionnel, décrit Robert Badinter, le droit prend la parole à la place de la politique »[5] ; cela même si, par ailleurs, à l'inverse des décisions rendues par

---

[1] Le fait que le Conseil se soit souvent réfugié derrière l'idée qu'il ne « détient pas un pouvoir d'appréciation et de décision identique à celui du Parlement » indique qu'il ne lui appartient que, d'une part, de veiller à ce que le noyau dur des droits rattachables à un principe constitutionnel ne soit pas violé et, d'autre part, de contrôler la cohérence interne de la loi au regard de ces mêmes principes. Selon certains, l'attitude du Conseil constitutionnel serait révélatrice de la soumission du droit à la politique qui s'observerait en France, au contraire de ce qui se passe aux États-Unis, notamment (L. COHEN-TANUGI, *Le droit sans l'État*, 2e éd., Puf, coll. Quadrige essais débats, 2007, p. 125).

[2] R. ERRERA, *Et ce sera justice – Le juge dans la cité*, Gallimard, 2013.

[3] M. TROPER, *Pour une théorie juridique de l'État*, Puf, coll. Léviathan, 1994, p. 337.

[4] Statuant sur le fondement de l'article 61 alinéa 2 de la Constitution, le Conseil constitutionnel a fait preuve d'une prudence extrême dans l'application des normes constituant le bloc de constitutionnalité, non seulement en ne forçant pas trop son interprétation des textes constitutionnels, mais aussi en choisissant de mettre en avant l'idée selon laquelle il « n'a pas un pouvoir général d'appréciation et de décision de même nature que celui du Parlement [et il] ne saurait rechercher si les objectifs que s'est assigné le législateur auraient pu être atteints par d'autres voies, dès lors que les modalités retenues par la loi ne sont pas manifestement inappropriées à l'objectif visé » (Cons. const., déc. 27 juill. 2000, n° 2000-433 DC, *Loi modifiant la loi n° 86-1067 relative à la liberté de communication*, cons. 41). *Cf.*, notamment, D. BARANGER, *Le droit constitutionnel*, 6e éd., Puf, coll. Que sais-je ?, 2013 ; P. AVRIL, « La jurisprudence institutionnelle du Conseil constitutionnel est-elle créatrice de droit ? », *Arch. phil. droit* 2007, p. 33 s.

[5] Cité par D. BARANGER, « Les fausses institutions », Le bien commun, France culture, 23 mai 2013.

la Cour de cassation ou par le Conseil d'État, celles que prononce le Conseil constitutionnel ne présentent que des « apparences de justice et de procédure » et sont en réalité « très opaques »[1]. Et la « révolution de la question prioritaire de constitutionnalité »[2] ne paraît pas avoir changé la donne.

Il n'en demeure pas moins que le droit doit être substantiellement adapté aux réalités sociologiques, culturelles, technologiques ou encore économiques actuelles et que le législateur et le Gouvernement peinent à procéder à cette adaptation. Aussi l'attitude du Conseil constitutionnel ne se retrouve-t-elle guère parmi les autres juridictions suprêmes[3] et, surtout, parmi les juridictions ordinaires, qui hésitent de moins en moins à délaisser l'application syllogistique des normes et à s'inscrire dans la politique juridique, donc à construire et déconstruire certaines branches du droit, donnant à la doctrine une quantité de travail ô combien conséquente.

Le droit contemporain tend à se présenter à l'image du droit administratif, dans lequel le juge, « estimant inutile ou impossible de faire semblant d'interpréter un texte, crée en pleine lumière les règles dont il a besoin, [...] est conduit, du

---

[1] D. SCHNAPPER, *Une sociologue au Conseil constitutionnel*, Gallimard, coll. NRF essais, 2010. *Cf.*, également, G. DRAGO, « Justice constitutionnelle », in D. ALLAND, S. RIALS, dir., *Dictionnaire de la culture juridique*, Lamy-Puf, coll. Quadrige-dicos poche, 2003, p. 902 s.

[2] D. ROUSSEAU, « Les grandes mutations du droit constitutionnel », conférence à l'École doctorale de sciences juridiques de Grenoble, 3 mars 2010. Le professeur explique que, « avant la QPC, la Constitution n'était qu'un instrument pour les colloques. Maintenant, elle devient un vrai outil de droit positif pour plaider dans les prétoires. La Constitution n'est plus qu'entre les mains des universitaires, elle passe entre les mains des magistrats, des justiciables, des avocats ». En outre, en raison de l'entrée en application de la question prioritaire de constitutionnalité, le Conseil constitutionnel rend désormais quelques 200 décisions chaque année, contre 20 par an dans les années qui ont suivi la réforme constitutionnelle de 1974 et une par an entre 1958 et 1974.

[3] *Cf.*, en particulier, R. NOGUELLOU, « Le Conseil d'État et la régulation des télécommunications », *RDP* 2010, p. 825 s.

fait du silence ou des déficiences de la loi, à "inventer" les normes juridiques nécessaires à l'exercice de sa fonction »[1].

Si les nouvelles branches du droit qui émergent, tel le droit des nouvelles technologies de l'information et de la communication, se construisent largement autour de la jurisprudence, ce sont même toutes les branches classiques du droit qui, lorsqu'elles doivent s'adapter au contexte contemporain, connaissent d'importants et denses développements jurisprudentiels, souvent à la lisière de l'interprétation et de la création normatives. Au début des années 2000, des professeurs spécialistes de ces questions estimaient qu'il était « dangereux de légiférer » et en appelaient à un droit largement abandonné à la souplesse du droit d'origine juridictionnelle[2] ; si, depuis lors, le Parlement a légiféré sur nombre de questions, et si le droit d'origine législative dépasse désormais nettement en quantités de normes produites le droit d'origine juridictionnelle, ce dernier demeure toutefois important quantitativement et décisif qualitativement concernant bien des problèmes de droit. Il est fréquent de voir des commentateurs considérer que « c'est au juge qu'il incombe d'élaborer un corps de droit stable et équilibré »[3] ou plaider en faveur d'un « décentrement de l'équilibre des pouvoirs vers le juge »[4].

---

[1] M. DE VILLIERS, « Le principe de légalité », in Th. DE BERANGER, M. DE VILLIERS, dir., *Droit public général*, 5e éd., LexisNexis, coll. Manuel, 2011, p. 436. Et l'auteur d'ajouter que « le droit administratif s'avoue, sans complexe mais non sans délectation, un droit prétorien » (*ibid.*). *Cf.*, notamment, Y. GAUDEMET, *Les méthodes du juge administratif*, LGDJ, 1972.

[2] M. VIVANT, N. MALLET-POUJOL, « Internet et responsabilités », *JCP E* 2000, p. 1856.

[3] C. GATEAU, T. ROUHETTE, « Le statut d'hébergeur en Europe, une insécurité juridique née de la difficile adaptation du droit à l'évolution technologique », *RLDI* 2011, n° 72, p. 74.

[4] J. CATTAN, *Le droit et les communications électroniques*, th. Université d'Aix-Marseille, 2012, p. 190.

« Le juge tranche le litige conformément aux règles de droit qui lui sont applicables »[1]. Or la réalité est bien qu'une part importante de ces règles applicables ont été créées par d'autres juridictions et se présentent ainsi sous les traits de la jurisprudence. Et, même lorsqu'il existe des lois, les difficultés des parlementaires à faire œuvre pertinente conduisent à relever que « la distance qui les sépare du fait, de l'espèce, de la difficulté concrète, des circonstances du litige, des relations réelles, est telle qu'il faut renoncer à prétendre appliquer [leurs lois] à ces réalités »[2].

Portalis regrettait que « nous raisonnons comme si les législateurs étaient des dieux, et comme si les juges n'étaient pas mêmes des hommes »[3]. Désormais, si les juges n'étaient effectivement rien de plus, dans la bouche de ceux qui les regardent, que les « serviteurs de la loi »[4], rien de plus que « des machines physiques au moyen desquelles les lois sont exécutées comme l'heure est marquée par l'aiguille d'une montre »[5], il faudrait en déduire que la doctrine ferait œuvre fort peu conséquente. Tel ne paraît néanmoins guère être le cas et le nombre de ceux qui constatent combien les décisions des tribunaux contribuent à tout un pan des régimes juridiques qu'ils étudient ne cesse de grandir.

Portalis convenait également qu'« un Code, quelque complet qu'il puisse paraître, n'est pas plus tôt achevé que mille

---

[1] CPC, art. 12, al. 1er.

[2] Ch. ATIAS, *Épistémologie juridique*, Dalloz, coll. Précis, 2002, p. 122.

[3] J.-É.-M. PORTALIS, *Exposé des motifs du titre préliminaire du Code civil*, 1804.

[4] R. JACOB, « Symbolique du droit et de la justice », in D. ALLAND, S. RIALS, dir., *Dictionnaire de la culture juridique*, Lamy-Puf, coll. Quadrige-dicos poche, 2003, p. 1461.

[5] N. BONAPARTE, *Pensées pour l'action*, Puf, 1943, p. 41 (cité par A. LECA, *La genèse du droit – Essai d'introduction historique au droit*, 3e éd., Librairie de l'Université d'Aix-en-Provence, 2002, p. 137).

questions inattendues viennent s'offrir aux magistrats »[1] et que « la prévoyance des législateurs est limitée »[2]. Puis d'ajouter, de manière prophétique, que « la communication des hommes est si active [...] qu'il est impossible au législateur de pourvoir à tout »[3] et qu' « on ne peut pas plus se passer de jurisprudence que de lois »[4]. On ne saurait mieux dire afin de justifier ou simplement expliquer la fonction créatrice des juges lorsqu'ils sont mis à l'épreuve des contentieux du XXIe s. Et, si « la loi dispose toujours de manière générale et ne prévoit pas les cas accidentels », comme l'enseignait déjà Aristote[5] — elle n'énonce pas ses propres cas d'application[6] —, il semble que les cas accidentels soient aujourd'hui plus communs qu'hier, obligeant en conséquence les cours et tribunaux à juger sans lois. Décrits tels des « gouvernés qui gouvernent »[7], les magistrats, face aux enjeux complexes et mouvants d'aujourd'hui, paraissent être plus gouvernants que gouvernés.

Ils sont peut-être également des gouvernés-gouvernants dès lors que c'est le silence ou l'obscurité de la loi qui les pousse à faire œuvre normative.

---

1 J.-É.-M. PORTALIS, *Discours préliminaire sur le projet de Code civil*, 1801.

2 *Ibid.*

3 *Ibid.*

4 *Ibid.* Mais Portalis disait aussi que « c'est à la jurisprudence que nous abandonnons les cas rares et extraordinaires, qui ne sauraient entrer dans le plan d'une législation raisonnable, les détails trop variables et trop contentieux, qui ne doivent point occuper le législateur, et tous les objets que l'on s'efforcerait inutilement de prévoir » (*ibid.*).

5 ARISTOTE, *La Politique*, vers 330 av. J.-C., L. III, chap. 10.

6 H. L. A. HART, *Le concept de droit*, trad. M. van de Kerchove, Publications des Facultés universitaires Saint-Louis (Bruxelles), 1994, p. 157.

7 A. SÉRIAUX, *Le Droit – Une introduction*, Ellipses, 1997, p. 161.

2. Le Parlement tenté d'abandonner la fonction créatrice aux juges ? Le silence ou l'obscurité de certaines lois

Maurice Hauriou regrettait que « certaines lois trop détaillées ne laissent aucune place à la construction jurisprudentielle »[1], ajoutant que « c'est là un inconvénient »[2]. Seulement, loin de s'imaginer capable d'encadrer très en détails toutes les activités et tous les phénomènes actuels, le législateur, parfois presque expressément[3] et le plus souvent par son silence, reporte sur les tribunaux le soin de préciser le contenu et la portée du droit applicable[4].

Pour cela, lorsque ce n'est pas l'abstention du Parlement qui invite le juge à intervenir, est utilisée la technique des standards, derrière lesquels les juges peuvent décider de placer

---

[1] M. HAURIOU, *Précis élémentaire de droit constitutionnel*, 2e éd., Librairie du Recueil Sirey, 1930, p. 81.

[2] *Ibid.*

[3] Par exemple, le fait que le constituant de 1946 a consacré l'existence des principes fondamentaux reconnus par les lois de la République mais sans en préciser l'identité peut s'analyser comme une habilitation donnée aux juges en la matière.

[4] *Cf.* V. FORTIER, « La fonction normative des notions floues », *RRJ* 1991, p. 755 s. Déjà au début du XXe s. Carré de Malberg observait que, régulièrement, « le législateur ne donne même pas aux principes qu'il énonce une formule absolument nette et rigoureuse : intentionnellement, il s'en tient à des termes autorisant des applications ou déductions en sens divers, et il ne pose qu'un minimum de principes, de façon à laisser aux tribunaux la latitude de fixer par eux-mêmes la portée des prescriptions contenues dans la loi » (R. CARRÉ DE MALBERG, *Contribution à la théorie générale de l'État spécialement d'après les données fournies par le droit constitutionnel français*, t. I, Librairie du Recueil Sirey, 1920, p. 713). Et d'ajouter : « Actuellement, le législateur s'en tient systématiquement au procédé qui consiste à résumer ses volontés ou intentions en quelques sèches formules, qui constituent le dispositif de la loi ; et, pour le surplus, il s'en remet à la puissance, soit d'interprétation, soit d'appréciation propre, du juge » (*ibid.*).

à peu près ce qu'ils souhaitent et qui s'analysent telles des « délégations tacites »[1], ou celle des « notions-cadres », notions intentionnellement indéterminées (comme « ordre public » ou « principes de l'équité naturelle »[2]) qui débouchent, moyennant l'appréciation nécessaire d'un organe exécutif, sur une série infinie d'applications répondant aux critères généraux de la notion-cadre[3]. Logiquement, plus une disposition est floue, plus ce sont ses instances d'application qui en définissent le contenu[4], non au moyen de simples interprétations, lesquelles s'avèrent impossibles, mais au moyen de véritables créations[5]. Le législateur suit ainsi le conseil de François Gény selon lequel il devrait « laisser des blancs dans ses constructions afin de

---

[1] S. BELAÏD, *Essai sur le pouvoir créateur et normatif du juge*, LGDJ, coll. Bibliothèque de philosophie du droit, 1974, p. 381 (cité par P. LASCOUMES, É. SERVERIN, « Théories et pratiques de l'effectivité du droit », *Dr. et société* 1986, p. 132) ; V. FORTIER, « La fonction normative des notions floues », *RRJ* 1991, p. 755. *Cf.*, tout spécialement, S. RIALS, *Le juge administratif et la technique du standard – Essai sur le traitement juridictionnel de l'idée de normativité*, LGDJ, 1980.

[2] La notion de « principes de l'équité naturelle » est peut-être la plus floue de tout le corpus législatif. Elle est utilisée à l'article 565 du Code civil, lequel dispose que « le droit d'accession, quand il a pour objet deux choses mobilières appartenant à deux maîtres différents, est entièrement subordonné aux principes de l'équité naturelle ». En réalité, cela signifie que le pouvoir est délégué aux juges qui deviennent des « ministres d'équité ». Peut aussi être mentionné l'article 1135 du Code civil, selon lequel « les conventions obligent non seulement à ce qui est exprimé, mais encore à toutes les suites que l'équité [...] donne à l'obligation d'après sa nature ».

[3] G. CORNU, « Linguistique juridique », in D. ALLAND, S. RIALS, dir., *Dictionnaire de la culture juridique*, Lamy-Puf, coll. Quadrige-dicos poche, 2003, p. 954.

[4] C. BERGEAL, *Rédiger un texte normatif – Manuel de légistique*, Berger-Levrault, 2012.

[5] Ou bien à travers des « interprétations constructives », si l'usage de cette expression est toléré. On spécifie les interprétations constructives telles les interprétations au moyen desquelles « les juges vont plus loin que la simple élucidation d'un point obscur de texte » (M. DE VILLIERS, « Le principe de légalité », in Th. DE BERANGER, M. DE VILLIERS, dir., *Droit public général*, 5e éd., LexisNexis, coll. Manuel, 2011, p. 435).

permettre au juge d'adapter ses règles aux situations nouvelles »[1], situations nouvelles qui sont chaque jour un peu plus monnaie courante.

Pour Jacques Chevallier, ce serait une marque importante du passage de la modernité juridique à la postmodernité juridique qui se situerait dans la tendance du législateur à retenir des « notions fonctionnelles » et des « standards de jugement », soit des notions incertaines, « à contenu variable »[2], si ce n'est vagues, afin de permettre aux juges de les co-déterminer ou même de les sur-déterminer[3]. Si ce n'est sans doute pas systématiquement que la loi revêt cette texture, la jurisprudence n'est alors pas un ennemi de la législation que le législateur devrait combattre mais bien plutôt son allié[4].

On peut alors esquisser une forme de « pyramide renversée » — reposant sur son sommet — dans laquelle les lois dépendent très directement des choix effectués par les juges, lesquels, en dernière analyse, seraient les véritables législateurs[5]. De l'aveu

---

[1] F. GÉNY, *Méthode d'interprétation et sources en droit privé positif*, 2e éd., LGDJ, 1954 (cité par P. LASCOUMES, É. SERVERIN, « Théories et pratiques de l'effectivité du droit », *Dr. et société* 1986, p. 131).

[2] Sur cette notion, *cf.* Ch. PERELMAN, R. VANDER ELST, dir., *Les notions à contenu variable en droit*, Bruylant (Bruxelles), 1984.

[3] J. CHEVALLIER, « Vers un droit post-moderne ? Les transformations de la régulation juridique », *RDP* 1998, p. 659. Également, G. TIMSIT, *L'archipel de la norme*, Puf, 1997.

[4] Pour une analyse contraire, *cf.* Ph. MALAURIE, « La jurisprudence combattue par la loi », in *Mélanges René Savatier*, Dalloz, 1965, p. 603 s. ; J.-L. BERGEL, « La "loi du juge" : dialogue ou duel ? », *Mélanges Pierre Kayser*, t. I, PUAM (Aix-en-Provence), 1979, p. 21 s. ; B. MATHIEU, « Remarques sur un conflit de légitimité entre le juge et le législateur dans la détermination de l'intérêt général et la protection de la sécurité juridique – À propos de la décision de l'Assemblée plénière de la Cour de cassation du 24 janvier 2003 », *RFDA* 2003, p. 470 s.

[5] F. RIGAUX, *La loi des juges*, Odile Jacob, 1997, p. 246 (cité par F. OST, M. VAN DE KERCHOVE, *De la pyramide au réseau ? Pour une théorie dialectique du droit*, Publications des Facultés universitaires Saint-Louis (Bruxelles), 2002, p. 98).

même de certains membres du Conseil constitutionnel, il existe des formules dans la loi qui y sont introduites alors que l'on assume le caractère incertain de leur portée ou de leur périmètre juridique dans l'attente des commentaires de la doctrine et, surtout, des applications des tribunaux, si bien que la boutade « j'attends de lire votre commentaire pour comprendre ce que j'ai décidé » n'est pas toujours une coquetterie[1].

Si la vision réaliste selon laquelle « la loi est ce que les juges disent qu'elle est »[2] doit être largement relativisée, elle gagne cependant en crédibilité à mesure que se développe le droit prétorien. Et il en va de même de l'adage selon lequel « la doctrine propose, le juge dispose »[3] — et non « la loi dispose ».

Le Conseil d'État et le Secrétariat général du Gouvernement, dans leur « Guide de légistique », expliquent de manière significative que « la conception de la norme nouvelle doit obéir à un principe de proportionnalité, qui peut être énoncé de la manière suivante : [...] un équilibre doit être trouvé entre, d'une part, le souci de précision et d'application uniforme de la norme et, d'autre part, la préservation d'une marge d'interprétation suffisante pour permettre une mise en œuvre circonstanciée en fonction des différents cas de figure et une stabilité suffisante à moyen terme dans un contexte évolutif »[4]. Or, en présence d'objets « évolutifs », délicats à comprendre et à encadrer, il est tentant de retenir de cet exposé le fait que les normes doivent laisser à leurs destinataires publics (les organes d'application) une « marge d'interprétation suffisante »,

---

[1] J. PINI (cité par E. KERVICHE, « Débats et discussions », in M. FATIN-ROUGE STÉFANINI, L. GAY, J. PINI, dir., *Autour de la qualité des normes*, Bruylant (Bruxelles), coll. À la croisée des droits, 2010, p. 305).

[2] H. L. A. HART, *Le concept de droit*, trad. M. van de Kerchove, Publications des Facultés universitaires Saint-Louis (Bruxelles), 1994, p. 178.

[3] Cité par A. SÉRIAUX, *Le Droit – Une introduction*, Ellipses, 1997, p. 140.

[4] Conseil d'État, Secrétariat général du Gouvernement, « Guide pour l'élaboration des textes législatifs et règlementaires », 2e éd., [en ligne] <legifrance.fr>, 2007, p. 6.

laquelle peut aller jusqu'à une forme de délégation de la capacité de produire des normes.

Il est plus délicat d'entendre le conseil selon lequel les normes législatives devraient demeurer précises afin de préserver la sécurité juridique. Le temps où Montesquieu pouvait soutenir que « la loi ne doit pas contenir d'expression vagues »[1] paraît lointain, tout comme le temps où le Premier ministre, par une circulaire en date du 25 mai 1988 « relative à la méthode de travail du Gouvernement », pouvait souligner que « la production de normes juridiques peut revêtir des formes néfastes » au nombre desquelles figurent l'aboutissement à des « textes obscurs suscitant toutes sortes de difficultés d'interprétation et d'application ». Au contraire, il pourrait être pertinent d'imaginer qu'un texte adapté serait un texte qui, plutôt que des difficultés d'interprétation et d'application, permettrait une multiplicité, si ce n'est une infinité, d'interprétations et d'applications, afin de laisser les organes d'application aussi libres que possible, ce qui ne s'analyse pas autrement, en fin de compte, que telle une délégation de la capacité créatrice.

Et le temps des codifications napoléoniennes qui prétendaient être des « codifications de tarissement ou de captation de toutes les autres sources de droit »[2] ne semble plus être qu'un lointain souvenir. Avec les standards et les notions-cadres, peut être estimé que l' « indéterminabilité de la règle » est si grande que le juge ne doit plus être considéré comme l'interprète du texte ; il est plutôt réputé « réaliser sa propre volonté »[3]. En d'autres termes, dans ces circonstances, il est effectivement

---

[1] MONTESQUIEU, *De l'esprit des lois*, 1748, L. XXIV, chap. 16.

[2] É. PICARD, « Common law », in D. ALLAND, S. RIALS, dir., *Dictionnaire de la culture juridique*, Lamy-Puf, coll. Quadrige-dicos poche, 2003, p. 242.

[3] S. RIALS, *Le juge administratif français et la technique du standard – Essai sur le traitement juridictionnel de l'idée de normativité*, LGDJ, 1980, p. 272 (cité par O. BEAUD, *La puissance de l'État*, Puf, coll. Léviathan, 1994, p. 194).

l'auteur de la loi, de l'acte de commandement. Éventuellement même, la loi, suivant l'exemple des directives européennes, se borne à fixer des objectifs, laissant les tribunaux libres des moyens à mettre en œuvre afin d'atteindre ces objectifs, moyens qui ne sont autres que les règles juridiques[1].

Toutefois, le droit « postmoderne » se démarque surtout en raison du fait que nombre de carences législatives obligent les sources juridictionnelles à suppléer les sources législatives[2]. Si les notions de « vides », « lacunes » et « creux » dans l'arsenal juridique — qu'il faut comprendre comme désignant le seul arsenal législatif — sont depuis longtemps connues[3], les droits actuels s'avèrent particulièrement marqués par de tels défauts. À l'entrée « Lacune » des lexiques juridiques, on explique qu'il y a une « lacune du droit » dès qu'il se trouve un « point sur lequel la loi, muette ou insuffisante, a besoin d'être complétée par celui qui l'applique ou l'interprète (grâce notamment à d'autres sources du droit) »[4].

Ensuite, il faut distinguer les « lacunes *praeter legem* », qui sont des « lacunes involontaires correspondant à une imperfection législative »[5], et les « lacunes *intra legem* », c'est-à-dire les « lacune volontaires (de la part du législateur) qui se traduisent dans la loi par l'utilisation de notions intentionnellement vagues »[6] et qui ont été l'objet des paragraphes précédents. Les régimes législatifs visant à saisir les nouvelles activités et les nouveaux phénomènes qu'offre le monde

---

[1] R. LIBCHABER, « Qu'est-ce qu'une loi ? », *RTD civ.* 1999, p. 244.

[2] En ce sens, déjà, R. SAVATIER, « Les creux du droit positif au rythme des métamorphoses d'une civilisation », in Ch. PERELMAN, dir., *Le problème des lacunes en droit*, Bruylant (Bruxelles), 1968, p. 534 s.

[3] En particulier, Ch. PERELMAN, dir., *Le problème des lacunes en droit*, Bruylant (Bruxelles), 1968.

[4] V° « Lacune », in G. CORNU, dir., *Vocabulaire juridique*, 8e éd., Puf, coll. Quadrige, 2007, p. 535.

[5] *Ibid.*, p. 536.

[6] *Ibid.*

d'aujourd'hui connaissent davantage de lacunes *praeter legem* que de lacunes *intra legem* ; et reste que, réunies, elles ont pour conséquence de faire reposer largement le droit sur l'activité créatrice des tribunaux.

Ces observations incitent à interroger les relations entretenues par la législation et la jurisprudence, l'une et l'autre pouvant être considérées comme étant en position de domination, selon le point de vue adopté : normativiste ou réaliste.

3. Les rapports entre législation et jurisprudence : conflictualité ou complémentarité ?

Il n'est plus nécessaire de montrer à quel point le rôle du juge dépend de la manière et de la minutie avec lesquelles le législateur a préalablement structuré une branche du droit donnée[1], ce qui amène à comprendre que les tribunaux et cours doivent se saisir de nombreuses problématiques en tant que sources du droit. Aussi ne faudrait-il guère juger que loi et jurisprudence s'opposeraient ; très généralement, les jurisprudences complètent les lois ou même les inspirent. Selon Louis Favoreu, il faudrait reconnaître aux juges, au moins concernant les matières les plus délicates à saisir efficacement, « une fonction essentielle d'aiguillage, une fonction pédagogique

---

[1] Ph. JESTAZ, *Les sources du droit*, Dalloz, coll. Connaissance du droit, 2005, p. 67. Le professeur relève en particulier, de façon significative, que « le pouvoir du juge s'accroît dans des secteurs [...] où l'évolution accélérée du progrès technique prive rapidement la matière de sa cohérence initiale » (*ibid.*).

d'orientation vers les solutions à adopter par le pouvoir constituant ou le pouvoir législatif »[1].

De facto, diverses solutions jurisprudentielles ont été consacrées postérieurement par le Parlement. Il n'est d'ailleurs par rare que les juges s'invitent dans les débats parlementaires, à travers de nombreuses références à la jurisprudence « en vigueur » relativement aux problématiques discutées. D'aucuns peuvent dès lors parler de véritable « dialogue » entre juges et législateur. Néanmoins, l'affirmation selon laquelle la jurisprudence serait « le tuteur de la loi »[2] doit être relativisée et il n'est pas rare que le Parlement souhaite prendre le contre-pied de la jurisprudence.

Au XXIe s., il appartiendrait aux prétoires et non plus aux hémicycles de préserver les équilibres sociaux ; les juges se verraient transférer la responsabilité de « trancher les nœuds gordiens de l'histoire, de la morale et de l'économie »[3] ; ce serait à eux qu'il reviendrait désormais de « peser les intérêts » et de définir les solutions socialement acceptables[4]. Le législateur n'est cependant pas prêt — et peut-être faut-il s'en réjouir — à s'effacer davantage.

En tout cas le caractère prétorien du droit peut-il apparaître bénéfique à différents égards — même si le prochain chapitre sera consacré aux critiques qu'il est également possible d'adresser à cette jurisprudentialité du droit.

---

[1] L. FAVOREU, « Rapport introductif », in N. LENOIR, B. MATHIEU, D. MAUS, dir., *Constitution et éthique biomédicale*, La documentation française, coll. Les cahiers constitutionnels de Paris I, 1998 (cité par J. HERVOIS, *La production de la norme juridique en matière scientifique et technologique*, th., Université de La Rochelle, 2011, p. 425).

[2] J.-C. BÉCANE, M. COUDERC, J.-L. HÉRIN, *La loi*, 2e éd., Dalloz, coll. Méthodes du droit, 2010, p. 62.

[3] A. MINC, *Au nom de la loi*, Gallimard, 1998 (cité par J. CHEVALLIER, *L'État post-moderne*, 3e éd., LGDJ, coll. Droit et société, 2008, p. 113).

[4] J. CHEVALLIER, *L'État post-moderne*, 3e éd., LGDJ, coll. Droit et société, 2008, p. 113.

4. La jurisprudentialisation opportune de certaines branches du droit

L'opportunité de la jurisprudence résiderait dans sa capacité à « rajeunir » ou « actualiser » le droit et à « éviter aux justiciables les inconvénients d'un droit vieilli »[1]. Par conséquent, les sociétés, les techniques, les cultures et les économies du XXIe s. étant marquées par des mouvements à la fois permanents et rapides, la légitimité du droit issu des cours de justice paraît aller de soi. En même temps, les normes en question ne devraient pas avoir le temps de devenir jurisprudence ; aussi faut-il comprendre que le terme « jurisprudentialité » renvoie à un droit fabriqué par les juges mais non à un droit, tel le droit administratif, dont les grandes lignes ont été établies il y a longtemps au sein des prétoires et qui désormais n'évolue plus que ponctuellement.

La jurisprudence se présentait, à l'époque de Raymond Saleilles, en tant qu'élément conciliateur entre les nécessaires stabilité et rigidité des principes juridiques et la non moins nécessaire évolution des règles de droit et de la manière de les comprendre pour les conformer aux exigences de la vie[2]. Sans doute l'illustre historien du droit aurait-il tenu un discours similaire s'il avait eu à analyser le droit contemporain ; peut-être même aurait-il estimé que, dans des secteurs de plus en plus évolutifs et incertains, il revient logiquement aux cours et tribunaux de prendre en charge la production des normes au

---

[1] J.-L. BERGEL, *Théorie générale du droit*, 5e éd., Dalloz, coll. Méthodes du droit, 2012, p. 349.

[2] R. SALEILLES, « Le Code civil et la méthode historique », in *Le Code civil allemand – Livre du centenaire*, 1904, p. 97 s. (cité par A.-J. ARNAUD, *Critique de la raison juridique – 1. Où va la sociologie du droit ?*, LGDJ, 1981).

moyen de leur « droit à contenu variable »[1] leur permettant de « repenser le droit à leur guise en permanence »[2].

Actuellement, nombreux sont ceux qui goûtent davantage au droit d'origine juridictionnelle qu'au droit d'origine législative parce qu'il est plus facile et rapide de réviser une jurisprudence que de réviser une loi[3], élément dont l'intérêt est évident dès lors que les éléments en cause revêtent un caractère très changeant et requièrent un droit régulièrement révisé donc aisément révisable, sans quoi il serait un droit toujours en décalage avec la technique, avec la pratique et avec les mentalités[4]. En ce sens, il est remarquable que l'imprécision des dispositions législatives précédemment évoquée, et qui peut parfois s'apparenter à une véritable délégation du pouvoir de créer le droit, s'explique aussi par la crainte du législateur d'établir des normes risquant de devenir trop vite obsolètes dès lors qu'elles sont précises — ou même risquant d'être déjà obsolètes au moment de leur entrée en vigueur.

On propose de séparer les domaines relevant légitimement de la jurisprudence et les domaines revenant naturellement à la représentation nationale[5]. Il semble que les premiers soient de plus en plus nombreux, contrairement aux seconds. Les exigences d'un nombre croissant de branches du droit

---

[1] *Ibid.* (cité par A.-J. ARNAUD, *Critique de la raison juridique – 1. Où va la sociologie du droit ?*, LGDJ, 1981).

[2] A. PUNZI, « Pour une philosophie réaliste du droit – Villey et les équivoques sur le droit naturel », *Dr. et société* 2009, p. 87.

[3] J. HERVOIS, *La production de la norme juridique en matière scientifique et technologique*, th., Université de La Rochelle, 2011, p. 457.

[4] *Cf.*, spécialement, P. LIVET, « Temps de la loi, rythme des révisions et théorie des jeux », in P. GÉRARD, F. OST, M. VAN DE KERCHOVE, dir., *L'accélération du temps juridique*, Publications des Facultés universitaires Saint-Louis (Bruxelles), 2000, p. 93 s.

[5] L. COHEN-TANUGI, *Le droit sans l'État*, 2e éd., Puf, coll. Quadrige essais débats, 2007, p. 89-90.

paraissent mieux compatibles avec les caractéristiques de la jurisprudence qu'avec les contraintes de la loi.

De plus, beaucoup observent à quel point « la puissance du juge s'élève en proportion de la crise de légitimité frappant le législateur »[1]. À l'heure de la « postmodernité », le prestige de la loi diminuerait dramatiquement quand le prestige de la jurisprudence augmenterait de manière quasi-inversement proportionnelle[2]. « En cas de crise des institutions politiques, enseigne-t-on, il y a une réponse institutionnelle : le recours au juge »[3]. Et Paul Ricœur pouvait écrire, en 1996, que « le judiciaire est poussé en première ligne par des institutions politiques en voie de décomposition »[4], pouvoir judiciaire qui, par suite, doit s'immiscer dans la fonction créatrice.

Or le législateur, par exemple concernant les enjeux environnementaux, les enjeux de la finance transnationale ou les enjeux de la cybercriminalité, doit affronter une crise de légitimité faisant que les destinataires de ses normes y voient difficilement le représentant de leur volonté générale. On remarque à quel point les acteurs des environnements globaux sont souvent les partisans d'un libéralisme total les rendant allergiques aux règlementations, ne supportant guère que la

---

[1] B. MATHIEU, « La normativité de la loi : une exigence démocratique », *Cah. Cons. const.* 2007, n° 21. Également, en ce sens, A. GARAPON, *Le gardien des promesses – Justice et démocratie*, Odile Jacob, 1996.

[2] B. FRYDMAN, « Le droit, de la modernité à la post-modernité », *Réseaux* 2000, n° 88-90, p. 73. L'auteur note que, « dans ce contexte favorable, les magistrats se sont petit à petit délivrés de leur position de sujétion et même d'abaissement » (*ibid.*, p. 74).

[3] D. BLANC, « Crises institutionnelles (France-Europe) », Cycle de conférences 2012 les midis du CERTAP, 27 févr. 2012.

[4] P. RICOEUR, « Préface », in A. GARAPON, *Le gardien de promesses – Justice et démocratie*, Odile Jacob, 1996, p. 12 (cité par F. OST, M. VAN DE KERCHOVE, *De la pyramide au réseau ? Pour une théorie dialectique du droit*, Publications des Facultés universitaires Saint-Louis (Bruxelles), 2002, p. 99). Également, M. VAN DE KERCHOVE, « Jurisprudence et rationalité juridique », *Arch. phil. droit* 1985, p. 220 s.

régulation par le juge — mais il s'agit d'une régulation *a posteriori* antinomique de la jurisprudence qui n'est qu'une autre forme de règlementation, c'est-à-dire de droit *a priori*[1]. Ce serait même de manière générale que, « en raison de la crise de la représentation, le juge apparaît, au sein des institutions, comme l'autorité la plus légitime à se substituer à un législateur incapable ou indigne d'exprimer l'intérêt général »[2], notamment car il serait excessivement influencé par des groupes de pression et autres « forces immorales »[3], là où les juges parviendraient par nature à demeurer neutres et autonomes[4]. Le juge devrait donc jouer le premier rôle déjà parce qu'il semble plus pragmatique dans ses actes juridiques, ce qui d'ailleurs explique pourquoi il en vient à excéder les fonctions officiellement attachées à son mandat[5].

Pour terminer ce chapitre, il convient de dépasser la jurisprudentialisation du droit et d'envisager également, en quelques lignes, la juridictionnalisation du droit, c'est-à-dire l'importance des interventions des juges au-delà de leurs créations de normes générales et impersonnelles.

---

[1] L. RAPP, « L'avenir de la régulation », *RLDI* 2006, n° 17.

[2] B. MATHIEU, « La normativité de la loi : une exigence démocratique », *Cah. Cons. const.* 2007, n° 21 (l'auteur expose cette opinion qui, selon lui, serait de plus en plus commune, mais il ne la fait pas sienne).

[3] G. RIPERT, *Les forces créatrices du droit*, LGDJ, 1955 (cité par P. LASCOUMES, É. SERVERIN, « Théories et pratiques de l'effectivité du droit », *Dr. et société* 1986, p. 133).

[4] P. LASCOUMES, É. SERVERIN, « Théories et pratiques de l'effectivité du droit », *Dr. et société* 1986, p. 133.

[5] A.-J. ARNAUD, *Critique de la raison juridique – 2. Gouvernants sans frontières – Entre mondialisation et post-mondialisation*, LGDJ, coll. Droit et société, 2003, p. 162.

5. Jurisprudentialisation et juridictionnalisation du droit

On souligne, par exemple, que le perfectionnement des technologies va de pair avec un éparpillement du droit et que « c'est au juge qu'il revient de retrouver une cohérence suffisante dans le système juridique »[1]. Le Conseil d'État lui-même retient, au sujet de certaines atteintes aux libertés actuelles, qu' « il est préférable de réserver au juge le prononcé des mesures restrictives de la liberté »[2]. Et d'aucuns d'abonder dans le même sens[3], qualifiant le juge de « clé » du droit[4] et observant combien « le juge est sans cesse sollicité »[5]. Selon un commentateur, « lorsque de nouveaux défis sont posés, seule la régulation par les tribunaux semble, dans un premier temps, correspondre à la sagesse »[6].

---

[1] R. RICCI, « L'ordonnancement d'un système juridique par la recherche de la cohérence : l'apport des études comparatives de jurisprudence », in M. DOAT, J. LE GOFF, P. PÉDROT, dir., *Droit et complexité – Pour une nouvelle intelligence du droit vivant*, Presses universitaires de Rennes, 2007, p. 195.

[2] Conseil d'État, *Le numérique et les droits fondamentaux*, La documentation française, coll. Les rapports du Conseil d'État, 2014, p. 232.

[3] Par exemple, L. MARINO, « Les droits fondamentaux émancipent le juge : l'exemple du droit d'auteur », *JCP G* 2010, n° 829 ; M. VIVANT, « Le commerce électronique, défi pour le juge », *D.* 2003, p. 674 s.

[4] J. CATTAN, *Le droit et les communications électroniques*, th., Université d'Aix-Marseille, 2012, p. 547.

[5] *Ibid.*

[6] L. COHEN-TANUGI, *Le droit sans l'État*, 2e éd., Puf, coll. Quadrige essais débats, 2007, p. 87. L'auteur ajoute : « Comment en effet légiférer et règlementer à partir de rien, sans l'expérience des problèmes et des facteurs pertinents que charrient les précédents judiciaires, sans une idée claire des défis auxquels sera confrontée la société ? Est-il souhaitable d'adopter *a priori* des règles générales qui paraîtront nécessairement rigides dans des domaines très mouvants, où les risques seront statistiquement rares et les problèmes imprévisibles ? » (*ibid.*).

On aboutit à ériger le juge en nouvelle « figure centrale » du droit[1], à décrire un droit « dessiné et redessiné en permanence par les magistrats »[2], à concevoir le droit tel un ordonnancement hétérogène, coopératif et réseautique que seuls les cours et tribunaux ordonneraient[3], ce qui doit peut-être être nuancé tant le droit, complexe et multiple, revêt des allures variables en fonction des branches du droit analysées. Reste que le mouvement général du droit paraît bien être celui de sa jurisprudentialisation et, plus généralement, de sa juridictionnalisation.

Concernant cette juridictionnalisation, l'extrait suivant de l'article « Sources du droit » du *Dictionnaire de la culture juridique* est significatif :

> *Concevable dans un système où les sources sont en nombre limité, la hiérarchisation des sources pour résoudre les conflits s'épuise avec la multiplication des sources et, ce qui va de pair, avec le phénomène de leur égalisation en dignité. La hiérarchie des normes ne règle plus les conflits les plus sensibles entre les prescriptions. À la place s'établit un système d'appréciation au cas par cas. Par où se confirme la montée en puissance du juge dans l'actuelle séquence des sources du droit.*[4]

Le grand pouvoir des cours et tribunaux serait ainsi, en même temps qu'il contribue à le renforcer, la conséquence du

---

[1] M.-C. PONTHOREAU, « Trois interprétations de la globalisation juridique – Approche critique des mutations du droit public », *AJDA* 2006, p. 20.

[2] *Ibid.*

[3] Notamment, M. DELMAS-MARTY, *Les forces imaginantes du droit – t. I : Le relatif et l'universel*, Le Seuil, coll. La couleur des idées, 2004 ; F. OST, M. VAN DE KERCHOVE, *De la pyramide au réseau ? – Pour une théorie dialectique du droit*, Publications des Facultés universitaires Saint-Louis (Bruxelles), 2002.

[4] P. DEUMIER, Th. REVET, « Sources du droit (problématique générale) », in D. ALLAND, S. RIALS, dir., *Dictionnaire de la culture juridique*, Lamy-Puf, coll. Quadrige-dicos poche, 2003, p. 1433.

pluralisme juridique qui prospère à l'ère contemporaine. Plus spécialement, la montée en puissance des sources et normes privées contraindrait l'État à réagir au moyen de la législation, mais aussi au moyen de la jurisprudence. Et, du point de vue des nouveaux acteurs privés du monde nomo-juridique, il est important de savoir si les juges confèreront ou non force obligatoire à leurs actes normatifs[1], les qualifieront ou non d'« actes règlementaires de droit privé »[2], en particulier lorsqu'il s'agit de codes de conduite ou de chartes[3]. Divers auteurs conviennent ainsi que l'époque actuelle exigerait une

---

[1] C. GROULIER, « La distinction de la force contraignante et de la force obligatoire des normes juridiques – Pour une approche duale de la force normative », in C. THIBIERGE, dir., *La force normative – Naissance d'un concept*, LGDJ-Bruylant (Paris-Bruxelles), 2009, p. 206.

[2] Cass. soc., 25 sept. 1991, *Sté Unigrains c/ Mme Geffroy*.

[3] *Cf.* A. PENNEAU, *Règles de l'art et normes techniques*, LGDJ, coll. Bibliothèque de droit privé, 1989 ; Ch. JUBAULT, « Les "codes de conduite privés" », in Association Henri Capitant, *Le droit souple*, Dalloz, coll. Thèmes et commentaires, 2009, p. 37 ; F. OSMAN, « Avis, directives, codes de bonne conduite, recommandations, déontologie, éthique, etc. – Réflexion sur la dégradation des sources privées du droit », *RTD civ.* 1995, p. 525 ; A. DEBET, « Les chartes et autres usages du droit de l'internet », *CDE* 2008, n° 4, p. 40. Concernant les coutumes, il est remarquable qu'Hauriou écrivait que celles-ci « étant des règles non écrites, leur teneur doit être établie par le juge à l'occasion de chaque procès » (M. HAURIOU, *Précis élémentaire de droit constitutionnel*, 2e éd., Librairie du Recueil Sirey, 1930, p. 25). Quant à Duguit, il considérait de même que « la coutume se constate surtout dans les décisions de la jurisprudence, qui certainement ne créent pas le droit, mais forment le moyen de constatation le plus exact et le plus précis de la coutume. […] Il est une partie du droit public, le droit administratif, où la part du droit constaté par la coutume est considérable et où le facteur essentiel de formation coutumière est la jurisprudence, particulièrement la jurisprudence de notre Conseil d'État » (L. DUGUIT, *Traité de droit constitutionnel – Tome premier : La règle de droit, le problème de l'État*, 3e éd., De Boccard, 1927, p. 688).

« régulation juridique pluraliste et multiforme »[1] dans laquelle le juge occuperait une position cardinale[2].

Il est de plus en plus fréquent que, concernant une même situation, il se trouve plusieurs normes juridiques applicables en concurrence ou à combiner ; les décisions opérées par les juges et leurs justifications sont alors décisives. Ainsi que le relevait Herbert Hart lorsqu'il exposait sa thèse de la « règle de reconnaissance », une telle règle comporte une certaine dose d'incertitude, si bien que le juge se présente tel l'interprète ultime de la relevance juridique des règles en compétition[3]. Les choix juridictionnels sont dès lors la « voie d'intégration privilégiée de la norme alternative dans le droit positif »[4] ; et on peut remarquer que « le code de bonne conduite d'une grande entreprise multinationale n'est pas un texte juridique de portée normative quand il sert d'argument marketing sur un site web, il le devient lorsqu'il est invoqué devant un juge qui y voit le fondement d'obligations juridiques »[5].

La réception des « propositions de droit » par leurs destinataires publics que sont les juges apparaît dès lors en tant que phénomène central des activités juridiques, ce qui, en d'autres termes, signifie que ces juges occupent le devant de la scène[6]. Par exemple, en cas de conflit entre le droit de la

---

[1] J. COMMAILLE, « Droit et politique », in D. ALLAND, S. RIALS, dir., *Dictionnaire de la culture juridique*, Lamy-Puf, coll. Quadrige-dicos poche, 2003, p. 479.

[2] A. GARAPON, *Le gardien des promesses – Justice et démocratie*, Odile Jacob, 1996 ; D. SALAS, *Le Tiers pouvoir – Vers une autre justice*, Hachette, 2000.

[3] H. L. A. HART, *Le concept de droit*, trad. M. van de Kerchove, Publications des Facultés universitaires Saint-Louis (Bruxelles), 1994, p. 157.

[4] K. BENYEKHLEF, *Une possible histoire de la norme – Les normativités émergentes de la mondialisation*, Thémis (Montréal), 2008, p. 815.

[5] M. XIFARAS, « Après les Théories Générales de l'État : le droit global ? », *Jus Politicum* 2012, n° 8, p. 44.

[6] C. PÉRÈS, « La réception du droit souple par les destinataires », in Association Henri Capitant, *Le droit souple*, Dalloz, coll. Thèmes et commentaires, 2009, p. 107.

concurrence et le droit de la propriété intellectuelle, c'est au juge qu'il revient de trouver la solution d'équilibre entre ces deux législations dont le Parlement a reconnu les raisons d'être respectives. Il en va identiquement, pour citer un autre exemple, concernant le besoin de conciliation entre les règles visant à protéger la liberté d'expression et les règles visant à protéger l'ordre public[1].

Dans ces cas, les juges, s'ils jouent un rôle de « cours régulatrices »[2], ne jouent pas un rôle de sources du droit puisqu'ils n'ajoutent aucune norme nouvelle au droit positif ; ils s'inscrivent alors entièrement dans le cadre de leur mission d'application du droit.

Si « le juge n'est pas seulement le gardien de la pyramide mais aussi son bâtisseur »[3], il y a juridictionnalité lorsque le juge se fait gardien de la pyramide et il y a jurisprudentialité lorsqu'il se fait bâtisseur, lorsqu'il rend des arrêts de principe faisant dire à certains observateurs que « le juge est aujourd'hui le principal architecte du droit »[4], que la prohibition des arrêts de règlement a vécu[5] ou qu'une « conception plus ouverte de la

---

[1] M.-Ch. ROQUES-BONNET, *Le droit peut-il ignorer la révolution numérique ?*, Michalon, 2010, p. 205 (« la liberté d'expression relève d'un équilibre que seul le juge semble devoir redéfinir, entre ordre public et liberté individuelle, entre droit international et droit constitutionnel, entre réglementation et régulation, et entre droit et déontologie »).

[2] J.-L. AUTIN, « Réflexions sur l'usage de la régulation en droit public », in M. MIAILLE, dir., *La régulation, entre droit et politique*, L'Harmattan, 1995, p. 45.

[3] P. DEUMIER, B. DE LAMY, « La hiérarchie des normes : une pyramide à géométrie variable », *LPA* 9 oct. 2000, p. 12.

[4] D. SALAS, « Juge (aujourd'hui) », in D. ALLAND, S. RIALS, dir., *Dictionnaire de la culture juridique*, Lamy-Puf, coll. Quadrige-dicos poche, 2003, p. 863.

[5] B. BEIGNIER, « Les arrêts de règlement », *Droits* 1989, n° 9, p. 45 s. ; L. DEPAMBOUR-TARRIDE, « Juge (dans la longue durée) », in D. ALLAND, S. RIALS, dir., *Dictionnaire de la culture juridique*, Lamy-Puf, coll. Quadrige-dicos poche, 2003, p. 871.

mission du juge remplace le schéma périmé du juge logicien, exécutant mécanique de la formule légale »[1].

Or, si le rôle d'application n'est guère critiquable — et nul doute que, sous cet angle, le droit ne peut se passer des juges —, en revanche, que ces derniers édictent une part élevée de règles *ex nihilo* est discutable, spécialement par comparaison avec des sources étatiques spécialisées (les AAI) qui occupent, peut-être paradoxalement, une position moins central dans l'élaboration du droit, alors pourtant qu'elles sont censées être mieux au fait des problématiques et des intérêts en présence dès lors que la matière en cause est technique et/ou originale.

En somme, l'expression « gouvernement des juges » doit-elle conserver une connotation négative, notamment s'il est vrai que toute règlementation *a priori* n'est « ni possible ni souhaitable »[2] ? On estime que le juge serait particulièrement légitime à élaborer le droit parce qu'il puise son action dans l'espace public[3] et est « en prise directe avec le social »[4], parce qu'il fait preuve d'une certaine « porosité par rapport aux situations de fait »[5], parce qu'il se présente tel le « sociologue des mentalités de son temps »[6], en tant qu' « endroit le plus

---

[1] B. FRYDMAN, « Le droit, de la modernité à la post-modernité », *Réseaux* 2000, n° 88-90, p. 74.

[2] P. LASCOUMES, É. SERVERIN, « Théories et pratiques de l'effectivité du droit », *Dr. et société* 1986, p. 131. *Cf.*, notamment, M. TROPER, « Le gouvernement des juges, mode d'emploi », in *Grandes conférences de la Chaire d'étude des fondements philosophiques de la justice et de la société démocratique*, Presses de l'Université Laval (Québec), coll. Mercure du Nord-Verbatim, 2006.

[3] D. SALAS, « Le juge dans la cité, nouveaux rôles, nouvelle légitimité », *Justices* 1995, p. 181.

[4] M.-A. FRISON-ROCHE, « Les offices du juge », in *Mélanges Jean Foyer*, Puf, 1997, p. 463.

[5] *Ibid.*

[6] R. DWORKIN (cité par S. RIALS, « La fonction de juger, l'office du juge », *Droits* 1989, n° 9, p. 3).

adapté à la formation et à la transformation du droit »[1]. La jurisprudence serait toujours le « reflet de la société »[2].

Il est cependant incertain que la jurisprudence soit la source étatique la plus légitime ou même l'une des sources étatiques les plus légitimes à élaborer le droit et que les juridictions soient mieux que les sources étatiques politiques, que sont le Parlement et le Gouvernement, en mesure d'édicter des régimes juridiques satisfaisants au vu des enjeux actuels.

---

[1] M. Bastit, « Réflexions introductives sur le procès », *RRJ* 1983, p. 123. Sur ces différents points, *cf.*, tout particulièrement, S. Turenne, *Le juge face à la désobéissance civile en droit américain et français comparés*, LGDJ, 2007. Également, L. Karpik, « Comment le juge trace son chemin entre l'État et la société civile », in A. Berthoud, É. Serverin, *La production des normes entre État et société civile – Les figures de l'institution et de la norme entre État et sociétés civiles*, L'Harmattan, 2000, p. 77 s.

[2] P. Lascoumes, É. Serverin, « Théories et pratiques de l'effectivité du droit », *Dr. et société* 1986, p. 133. Également, É. Serverin, *Théorie de la pratique jurisprudentielle en droit privé*, Presses universitaires de Lyon, 1985.

Chapitre 2. La contestation de la jurisprudentialisation du droit par la doctrine

De plus en plus de branches du droit sont, dans une large mesure, des droits prétoriens, c'est-à-dire des droits substantiellement bâtis par les juges au moyen de la jurisprudence. Aux yeux de la doctrine, cette réalité peut n'apparaître guère satisfaisante et les critiques des orientations jurisprudentielles opérées par les cours et tribunaux sont fréquentes. Peut-être serait-il bienvenu qu'ils ne jouent qu'un rôle résiduel, non un rôle essentiel, parmi les diverses sources du droit. Or, aujourd'hui, il en va très différemment et il se trouve chaque jour un peu plus de jurisprudence dans le droit. Et d'aucuns redoutent qu'un droit prétorien soit un droit excessivement fragile.

Cette fragilité, la doctrine l'attribue à différentes causes : les juges risqueraient trop souvent de s'adonner à un difficilement acceptable activisme politique (*1*) ; ils ne disposeraient pas des compétences suffisantes pour établir pertinemment le droit dans nombre de branches du droit techniques, ce qui conduit à redouter leur soumission aux avis d'experts partiaux (*2*) ; leur légitimité démocratique serait inexistante, si bien que la légitimité démocratique du droit qu'ils créent serait de même nulle (*3*) ; enfin, alors que diverses autres difficultés peuvent être signalées (*4*), le droit prétorien serait source d'insécurité juridique puisque, par définition, il se déploie de manière insidieuse, loin de toute publication dans quelque journal officiel (*5*).

1. La peur de l'activisme politique des magistrats

« Le roi comme juge est médiéval, le roi comme législateur est moderne », résumait un commentateur de la doctrine de Jean

Bodin[1]. La modernité juridique correspondrait dès lors à une maîtrise du droit par le législateur quand l'archaïsme juridique coïnciderait avec une domination du juge. Par conséquent, si la « postmodernité » allait de pair avec un retour à la primauté des magistrats dans les phénomènes juridiques et, plus spécifiquement, dans les processus de création de normes, peut-être faudrait-il voir dans cette donnée un recul, une régression.

On dit que « la France est redevenue un État de Justice, comme sous l'Ancien Régime »[2] ; étant entendu qu'il importe de séparer la « judiciarisation de la société », désignant l'importance des juges en ce qu'ils tranchent les conflits[3], et la « jurisprudentialisation du droit », qui correspond au développement de la part du droit d'origine prétorienne[4]. La méfiance à l'égard du droit des cours et tribunaux a été exprimée par beaucoup et souvent de façon radicale. Gaston Jèze, par exemple, lors du débat qui suivit le rapport de Kelsen sur la garantie juridictionnelle de la Constitution (en 1928), défendit la position selon laquelle le meilleur garant de la Constitution resterait inéluctablement le Parlement. Il se méfiait des juges, quels qu'ils soient, parce qu'ils seraient « traditionalistes », ajoutant qu' « il est dangereux de leur confier la mission de dire le droit en matière politique »[5].

---

[1] R. E. GIESEY, « Medieval Jurisprudence in Bodin's Concept of Sovereignity », in *Verhandlungen in München*, Munich, 1973, p. 183 (cité par O. BEAUD, *La puissance de l'État*, Puf, coll. Léviathan, 1994, p. 44).

[2] J. KRYNEN, « La figure du juge aux XIXe et XXe siècles », *Le bien commun*, France culture, 15 mars 2012.

[3] F. POIRAT, « État », in D. ALLAND, S. RIALS, dir., *Dictionnaire de la culture juridique*, Lamy-Puf, coll. Quadrige-dicos poche, 2003, p. 647.

[4] En ce sens, É. SERVERIN, « Juridiction et jurisprudence : deux aspects des activités de justice », *Dr. et société* 1993, p. 339 s. ; D. LINOTTE, « Déclin du pouvoir jurisprudentiel et ascension du pouvoir juridictionnel en droit administratif », *AJDA* 1980, p. 632 s.

[5] Cité par O. BEAUD, « L'œuvre de Gaston Jèze signifie-t-elle un repli de la doctrine publiciste française sur la technique juridique ? », *Jus Politicum* 2013, n° 11, p. 33.

D'aucuns vont jusqu'à faire de la jurisprudence un outil au service de l' « activisme » des juges[1]. Dire le droit en matière politique, c'est pourtant bien ce que font les tribunaux régulièrement lorsqu'ils édictent de nouvelles normes, le droit n'étant toujours que l'instrument de la politique[2]. En particulier, les pratiques de la Cour de cassation, qualifiées par un magistrat de « pieuse hypocrisie », cacheraient, derrière l'apparente soumission à la logique juridique et au raisonnement syllogistique, une « démarche politique et téléologique », la prise en compte de logiques sociales et politiques plus que juridiques[3].

En témoigne la jurisprudence de la Cour de cassation « Mulholland drive » : ici, les hauts magistrats se sont efforcés d'appliquer le « test en trois étapes » pour finalement retenir que « l'atteinte à l'exploitation normale de l'œuvre, propre à faire écarter l'exception de copie privée, s'apprécie au regard des risques inhérents au nouvel environnement numérique, quant à la sauvegarde des droits d'auteur et de l'importance économique que l'exploitation de l'œuvre sous forme de DVD représente pour l'amortissement des coûts de production pour l'industrie cinématographique »[4]. Ils ne se sont ainsi guère

---

[1] D. TALLON, « Précédent », in D. ALLAND, S. RIALS, dir., *Dictionnaire de la culture juridique*, Lamy-Puf, coll. Quadrige-dicos poche, 2003, p. 1185.

[2] P. WEIL, « Le Conseil d'État statuant au contentieux : politique jurisprudentielle ou jurisprudence politique ? », *Annales de la faculté de droit d'Aix* 1959, p. 281 ; G. CANIVET, N. MOLFESSIS, « La politique jurisprudentielle », in *Mélanges Jacques Boré*, Dalloz, 2007, p. 79. Aux États-Unis, il se trouve des juges élus sous une étiquette politique (E. ZOLLER, « Américanisation », in L. CADIET, dir., *Dictionnaire de la justice*, Puf, 2004).

[3] A. BANCAUD, « Considérations sur une "pieuse hypocrisie" : la forme des arrêts de la Cour de cassation », *Dr. et société* 1987, p. 373 (cité par J. COMMAILLE, « La sociologie et les sens du droit », *Droits* 1989, n° 10, p. 25). *Cf.*, en outre, Y. GAUDEMET, « Méthodes du juge », in D. ALLAND, S. RIALS, dir., *Dictionnaire de la culture juridique*, Lamy-Puf, coll. Quadrige-dicos poche, 2003, p. 1018 s.

[4] Cass. 1ère civ., 28 févr. 2006, *S.A. Studio canal c/ M. Stéphane P.*

contentés d'appliquer quelque droit préexistant ; ils ont procédé à de la régulation et à de l'analyse économique du droit.

En outre, la jurisprudentialité du droit est dénonçable, aux yeux d'une part de la doctrine, dès lors qu'il est difficile d'imaginer comment les juges pourraient être plus compétents et moins influençables que les parlementaires.

2. La crainte du manque de compétence et de la mise sous influence des magistrats

La jurisprudence, d'un côté, tend à s'imprégner des croyances et des valeurs des magistrats. D'un autre côté, elle tend à mettre en lumière les insuffisances de leurs savoirs scientifique et technique. Et, quand, conscients de leurs lacunes, les juges demandent conseil à des *amici curiæ*, à des experts extérieurs, on les soupçonne incontinent d'être sous l'influence de ceux-ci, ce qui contribue à détériorer leur légitimité[1]. Il faut dire qu'on voit souvent dans l'indépendance des juges leur principale qualité, si ce n'est leur seule qualité[2]. L'argument selon lequel les cours et tribunaux seraient mieux au fait que les autres acteurs étatiques des problématiques et enjeux en présence, des conséquences concrètes des normes élaborées et des difficultés potentielles d'application de celles-ci apparaît donc assez douteux.

L'extrait suivant du compte-rendu d'un procès touchant aux nouvelles technologies de l'information et de la communication témoigne du caractère assez immanquable de cette réserve :

---

[1] J. HERVOIS, *La production de la norme juridique en matière scientifique et technologique*, th., Université de La Rochelle, 2011, p. 392.

[2] P. DEUMIER, *Introduction générale au droit*, 2e éd., LGDJ, coll. Manuel, 2013, p. 94.

> *Le plus choquant reste que le procès a mis en scène un gouffre d'incompréhension entre le monde de la justice et celui d'internet. En effet, la magistrate chargée de l'affaire semblait ne pas connaître Google, dont elle prononçait le nom à la française (« gogleu »), ni savoir ce que signifiait un « login », prononcé « lojin ». Difficile donc d'expliquer comment il est possible de tomber sur des documents de travail par une simple recherche à des juges si peu informés sur internet et ses dérives. « Mais il faut tout de même taper des mots-clés ? », demande un des juges, avant de se questionner sur la probabilité de tomber sur des documents de santé publique lorsque l'on fait une recherche sur le régime syrien. Au fil de l'audience, on se rend compte que les magistrats ont une vision fantasmée d'internet et des documents que l'on peut y trouver. Alors que l'accusé avait expliqué que les documents téléchargés n'étaient pas confidentiels, une magistrate s'indigne : « Vous ne vous souciez pas de savoir si vous alliez tuer toute la planète ? ». Les juges semblent totalement hermétiques à toute notion technique, même les plus basiques. Mais on retrouve la même incompréhension du côté du ministère public puisque son représentant a avoué ne pas avoir compris la moitié des termes qu'il a entendu pendant le déroulement de l'audience. On est donc en droit de se demander comment des juges peuvent-ils rendre une solution basée sur des faits dont les termes leur sont aussi flous.*[1]

Sans doute cet exemple n'est-il pas un cas unique et paroxystique mais plutôt le reflet d'une situation commune parmi les prétoires. Et il ne s'agit certainement pas de critiquer sévèrement des juges incompétents ; il s'agit de souligner

---

[1] J. HOURDEAUX, « Un journaliste condamné pour des documents trouvés sur Google », [en ligne] <mediapart.fr>, 5 févr. 2014.

combien, n'étant forcément pas spécialistes de toutes les questions techniques, mouvantes et complexes qui se posent aujourd'hui, ils ne peinent pas moins que les parlementaires à en saisir les enjeux et la portée. C'est donc déjà le contenu de la jurisprudence qui peut être dénoncé par la doctrine, en ce qu'il ne saurait être plus congruent et efficient que la législation.

En conséquence, on convient que ce n'est pas aux magistrats d'être le « phare d'un droit en rupture »[1] ou, en d'autres termes, d'être les guides du droit. Le « gouvernement des juges »[2] et la « loi des juges »[3] sont appréhendés telles de peu engageantes perspectives. Il n'est donc pas rare que la doctrine s'élève contre la jurisprudentialisation du droit, d'autant plus que d'autres critiques peuvent encore être émises à son égard. Notamment, l'absence de légitimité démocratique est un obstacle de taille pour une source de droit.

3. Le problème de l'absence de légitimité démocratique de la jurisprudence

La jurisprudence a été critiquée en ce qu'elle serait une source abusive du droit car elle ne jouit d'aucune légitimité démocratique et car elle viole la séparation des pouvoirs[4]. En

---

[1] R. Sève, *Philosophie et théorie du droit*, Dalloz, coll. Cours, 2007, p. 207.

[2] Réf. à É. Lambert, *Le Gouvernement des juges et la lutte contre la législation sociale aux États-Unis – L'expérience américaine du contrôle judiciaire de la constitutionnalité des lois*, Giard, 1921 ; également, M. Troper, « Le gouvernement des juges, mode d'emploi », in *Grandes conférences de la Chaire d'étude des fondements philosophiques de la justice et de la société démocratique*, Presses de l'Université Laval (Québec), coll. Mercure du Nord-Verbatim, 2006.

[3] Réf. à F. Rigaux, *La loi des juges*, Odile Jacob, 1997.

[4] O. Dupeyroux, « La jurisprudence, source abusive de droit », in *Mélanges Jacques Maury*, t. II, Dalloz, 1960, p. 349.

premier lieu, il semble appartenir au Parlement plus qu'aux tribunaux d'identifier l'intérêt général[1]. L'absence de légitimité démocratique des juges[2] — que certains qualifient de « bureaucrates »[3] — implique que, si par ailleurs en termes de légitimité technico-scientifique ils ne dépassent pas les qualités des parlementaires, le législateur devrait être perçu telle la source la plus opportune de normes. Il est vrai que ce dernier souffre, aux yeux de beaucoup de citoyens, d'une mauvaise réputation due aux nombreuses péripéties qui ont marqué son ouvrage au cours des années 2000 et 2010, si bien que, par comparaison, la jurisprudence peut être mieux admise ; mais il n'est guère assuré que cette situation puisse longtemps perdurer.

Or, si la jurisprudence est en premier lieu un « phénomène d'autorité »[4], c'est-à-dire un phénomène qui « se définit en opposition à la contrainte par la force et à la persuasion

---

[1] Sur ce point, *cf.*, par exemple, B. MATHIEU, « Remarques sur un conflit de légitimité entre le juge et le législateur dans la détermination de l'intérêt général et la protection de la sécurité juridique – À propos de la décision de l'Assemblée plénière de la Cour de cassation du 24 janvier 2003 », *RFDA* 2003, p. 470 s.

[2] Sur ce point, *cf.*, notamment, C. GUARNIERI, P. PÉDERZOLI, *La puissance de juger – Pouvoir judiciaire et démocratie*, Michalon, 1996. Pour une analyse contraire, *cf.* A. GARAPON, *Le gardien des promesses – Justice et démocratie*, Odile Jacob, 1996 ; D. SALAS, « Juge (aujourd'hui) », in D. ALLAND, S. RIALS, dir., *Dictionnaire de la culture juridique*, Lamy-Puf, coll. Quadrige-dicos poche, 2003, p. 863 (« à côté du mandat exercé par les représentants, le prétoire contribue à agrandir l'espace de la démocratie. Voilà ce qu'exprime l'avancée du juge : un engagement civique qui déborde l'expression du seul suffrage, cherche de nouveaux canaux d'expression, explore des formes nouvelles de représentation »).

[3] Réf. à J. BELL, *The Judge as Bureaucrats*, Oxford University Press, 1987.

[4] R. LIBCHABER, *L'ordre juridique et le discours du droit – Essai sur les limites de la connaissance du droit*, LGDJ, 2013, p. 359. Pour une analyse contraire, *cf.* M. DEGUERGUE, « Jurisprudence », in D. ALLAND, S. RIALS, dir., *Dictionnaire de la culture juridique*, Lamy-Puf, coll. Quadrige-dicos poche, 2003, p. 884.

par arguments »[1], le retrait de la reconnaissance de cette autorité — qui est actuellement déjà loin d'être parfaite — pourrait emporter des conséquences graves atteignant jusqu'à son existence même. La jurisprudence s'avère par conséquent ontologiquement beaucoup plus fragile que la loi, beaucoup plus susceptible de voir sa qualité détériorée à mesure des résistances qu'elle rencontre. En somme, elle se distingue de la loi en ce que son sort dépend beaucoup plus directement de sa réception par ses destinataires publics (les autres organes d'application) et privés (ses sujets).

En ce sens, il est remarquable que certains spécifient la jurisprudence comme reposant sur des croyances[2], plus précisément des croyances en une force normative et en une légitimité. Seulement, si des croyances peuvent être fortes à l'image de celles qui s'attachent à certaines religions, elles peuvent aussi être faibles et instables. Or il est déjà des commentateurs qui voient dans le juge une « institution impuissante »[3] souffrant d'une « crise d'identité »[4]. Les tribunaux manquent à la fois de légitimité scientifique et technologique et de légitimité démocratique.

Au-delà des questions de la démocratie et de l'État de droit — à travers le problème de la séparation des pouvoirs —, d'autres réserves peuvent atteindre le droit prétorien.

---

[1] H. ARENDT, *La crise de la culture* (1968), trad. P. Lévy et *alii*, Gallimard, coll. Folio essais, 2011.

[2] Notamment, G. TIMSIT, *Les figures du jugement*, Puf, coll. Les voies du droit, 1993.

[3] D. SALAS, « Juge (aujourd'hui) », in D. ALLAND, S. RIALS, dir., *Dictionnaire de la culture juridique*, Lamy-Puf, coll. Quadrige-dicos poche, 2003, p. 862.

[4] *Ibid.*

4. Les difficultés inéluctablement attachées à un droit prétorien

Tout d'abord, le *common law* est connu pour son excessive complexité, pour sa lourdeur administrative. Certes, la part jurisprudentielle du droit échappe partiellement à cette difficulté en raison du fait que l'obligatoriété du précédent est morale et non juridique ; mais alors, faute de règle du précédent obligatoire, la force juridique de la jurisprudence est fatalement plus faible dans les pays de droit d'inspiration romano-germanique que dans les pays de *common law* puisqu'au sein de ces premiers cette force juridique est celle de l'avis ou de la suggestion[1].

En outre, le juge comme source du droit souffre du fait qu'il est dépendant des cas qui lui sont soumis, du fait qu'il ne peut édicter de nouvelle norme qu'à condition qu'une espèce particulière lui en donne l'occasion — même s'il existe certainement des « cavaliers jurisprudentiels » —, tandis que le Parlement et le Gouvernement, bien qu'ils doivent respecter de lentes et difficiles procédures, sont libres d'intervenir dès qu'ils en éprouvent le besoin. Le juge ne dispose normalement d'aucune « initiative d'édiction », ce qui rend sa production juridique nécessairement laborieuse et chaotique.

Par ailleurs, Carbonnier expliquait le succès de la jurisprudence principalement en raison de la capacité des juges à « ralentir le temps » et à ne jamais agir dans l'urgence, ce qui serait un gage de sagesse[2]. Seulement, à l'ère contemporaine, il est de plus en plus attendu de l'État qu'il procède de manière accélérée, si ce n'est expéditive, afin de suivre le rythme de l'évolution des technologies et des pratiques. La jurisprudence

---

[1] N. Bobbio, *Essais de théorie du droit*, trad. M. Guéret, Ch. Agostini, LGDJ-Bruylant (Paris-Bruxelles), coll. La pensée juridique, 1998, p. 157.

[2] J. Carbonnier, « L'État dans une vision civiliste », *Droits* 1992, n° 15, p. 35.

ne répondrait donc pas mieux que la loi à cette demande. On relève que « la stabilité de la jurisprudence est célébrée par comparaison avec le foisonnement éphémère de la législation »[1] ; quant à la texture des normes espérée pour les branches du « nouveau droit », cela paraît plaider davantage en faveur de la législation qu'en faveur de la jurisprudence.

Enfin, c'est l'humanité même des juges qui est parfois décriée. C'est ainsi que Jean-Louis Bergel regrette que, *a fortiori* dans un système ne connaissant pas de précédent obligatoire, « la généralité et la permanence de la loi impliquent des garanties que les états d'âmes de certains magistrats ne sauraient assurer : trop d'exemples fantaisistes le démontrent. Les magistrats ne sont que des hommes ou des femmes, même si l'on peut rêver qu'ils soient tous des modèles de compétence, de clairvoyance, d'impartialité et de sérieux, tant leur rôle est éminent. Si beaucoup le sont, tous ne peuvent l'être »[2]. Il faut néanmoins rappeler qu'une décision de justice peu opportune, très critiquable, peut difficilement donner lieu à une jurisprudence puisque cela dépend de la réception par les autres juridictions — pour ce qui est des juridictions ordinaires du moins. Autrement dit, plusieurs centaines de parlementaires pourraient toujours mieux qu'un juge unique ou qu'un collège de quelques juges élaborer des régimes juridiques satisfaisants. Pareille position est néanmoins discutable et discutée parmi la doctrine

Il faut encore signaler la critique que Georges Ripert adressait à la jurisprudence en raison du fait qu'il est plus difficile de changer une jurisprudence bien établie que de modifier une loi[3]. Cette constatation va à l'encontre de l'attente

---

[1] M. DEGUERGUE, « Jurisprudence », in D. ALLAND, S. RIALS, dir., *Dictionnaire de la culture juridique*, Lamy-Puf, coll. Quadrige-dicos poche, 2003, p. 885.

[2] J.-L. BERGEL, *Théorie générale du droit*, 5e éd., Dalloz, coll. Méthodes du droit, 2012, p. 259.

[3] G. RIPERT, *Les forces créatrices du droit*, LGDJ, 1955, p. 14.

de droits souples et adaptables. Mais l'on peut se demander si l'absence de précédent obligatoire n'évite pas à la jurisprudence de rendre, comme la codification, le droit trop rigide. En outre, il semble que les jurisprudences forgées à l'heure actuelle soient plus fragiles et instables, car moins profondément ancrées dans la pensée juridique collective, que les jurisprudences qui constituent, par exemple, le droit administratif.

Concernant la dénonciation de la jurisprudence en ce qu'elle autoriserait à édicter des règles d'application rétrospective[1], elle paraît en partie mal fondée puisque la jurisprudence se définit tel un ensemble de normes d'origine prétorienne, ce qui implique que la jurisprudence existe toujours avant d'être mise en œuvre par les tribunaux. Il est peut-être difficile de retenir que, « par hypothèse, la jurisprudence est naturellement rétroactive »[2] car, au moment où la règle est constituée, elle n'a pas le caractère de règle jurisprudentielle et, dans tous les cas où elle sera ensuite appliquée, il n'y aura de rétroactivité que si les faits en cause se sont produits antérieurement à la date du jugement à l'origine de la jurisprudence.

Sur ce point, il est d'ailleurs remarquable que le Tribunal des conflits, en 2015, a fait évoluer sa jurisprudence sur une certaine question de répartition des compétences tout en n'appliquant pas le nouveau régime juridique ainsi créé aux faits à l'origine du jugement, ce nouveau régime ne devant valoir que pour l'avenir et donc ne concerner que les faits

---

[1] R. LIBCHABER, *L'ordre juridique et le discours du droit – Essai sur les limites de la connaissance du droit*, LGDJ, 2013, p. 356.

[2] J. RIVERO, « Sur la rétroactivité de la règle jurisprudentielle », *AJDA* 1968, p. 15 (cité par P. DEUMIER, *Introduction générale au droit*, 2e éd., LGDJ, coll. Manuel, 2013, p. 306). Également, C. RADÉ, « De la rétroactivité du revirement de jurisprudence », *D.* 2005, p. 988 s.

survenant postérieurement au jour du jugement, cela afin de préserver la sécurité juridique[1].

Toutefois, la Cour de cassation retient, pour sa part, qu'une jurisprudence peut s'appliquer à des faits s'étant produits 25 ans avant l'avènement de celle-ci parce que « l'interprétation jurisprudentielle d'une norme ne peut être différente selon l'époque des faits considérés et nul ne peut se prévaloir d'un droit acquis à une jurisprudence figée »[2]. Le droit prétorien peut alors être déploré en ce qu'il est source d'injustice plus que de justice[3]. Et, l'application du droit devant être uniforme, au lendemain d'un arrêt « faisant jurisprudence », tous les juges de rang inférieur doivent mettre en œuvre la nouvelle norme sans égards pour la date des faits en cause — Bentham pouvait ainsi

---

[1] T. confl., 9 mars 2015, *Rispal*. De même, la Cour de cassation (Cass 2e civ., 8 juill. 2004, *Société nationale de radiodiffusion Radio France SA* ; Cass. ass. plén., 21 déc. 2006, *La Provence*) puis le Conseil d'État (CE ass., 16 juill. 2007, *Tropic*) ont accepté que leurs nouvelles jurisprudences, en cas de circonstances exceptionnelles, puissent ne s'appliquer qu'aux seuls faits futurs, ce qui illustre combien la jurisprudence est une réalité, les règles en cause ne s'appliquant pas aux litiges tranchés à ces occasions. *Cf.* P. MORVAN, « Le revirement de jurisprudence pour l'avenir : humble adresse aux magistrats ayant franchi le Rubicon », *D.* 2005, p. 247 s.

[2] Cass. 1ère civ., 9 oct. 2001, *Coindoz c/ Christophe*. Cette position de la Cour de cassation a d'ailleurs été admise par la Cour européenne des droits de l'homme (CEDH, 18 déc. 2008, *UNEDIC c/ France*).

[3] Dans l'arrêt de la Cour de cassation du 9 octobre 2001 précité, un médecin est définitivement condamné pour ne pas avoir respecté en 1974 une règle édictée en 1998, ce qui a de quoi heurter le sentiment naturel de la justice. *Cf.*, tout spécialement, N. MOLFESSIS, *Les revirements de jurisprudence – Rapport remis à Monsieur de Premier Président Guy Canivet*, Litec, 2005 ; V. HEUZÉ, « À propos du rapport sur les revirements de jurisprudence – Une réaction entre indignation et incrédulité », *JCP G* 2005, n° 130.

critiquer un insupportable « *dog law* »[1] ; d'autres dénonceront un « panurgisme judiciaire »[2].

Carbonnier mettait en garde ses lecteurs contre la tendance à exalter la jurisprudence, à s'extasier devant elle, à ne plus avoir d'égards que pour elle, alors que, tout bien pesé, les difficultés propres à un droit jurisprudentiel paraissent prendre le pas sur ses avantages[3]. Il faut dire qu'un dernier inconvénient est lourd de conséquences : un tel droit d'essence prétorienne est problématique en ce qu'il engendre une regrettable insécurité pour les justiciables, le jugement du Tribunal des conflits à l'instant cité faisant figure d'exception.

5. La menace de l'insécurité juridique

La principale difficulté que pose un droit foncièrement prétorien est peut-être à rechercher dans l'insécurité juridique qui l'accompagne inévitablement. Cette insécurité provient déjà de la rétroactivité de la jurisprudence à l'instant évoquée dès lors que des faits quelconques peuvent être régis des décennies plus tard par des normes nouvelles. Elle est également induite par la difficile accessibilité, tant physique que cognitive, des jugements, arrêts et décisions à portée jurisprudentielle. François Terré plaide en faveur d'un droit sans jurisprudence car, explique-t-il, celle-ci est trop souvent inconnue, malgré les progrès de l'informatique juridique[4].

---

[1] Cité par P. DEUMIER, *Introduction générale au droit*, 2e éd., LGDJ, coll. Manuel, 2013, p. 306.

[2] P. DEUMIER, « L'interprétation de la loi : quel statut ? quelles interprétations ? quel(s) juge(s) ? quelles limites ? », *RTD civ.* 2011, p. 90.

[3] J. CARBONNIER, « L'État dans une vision civiliste », *Droits* 1992, n° 15, p. 35.

[4] F. TERRÉ, « Un juge créateur de droit ? Non merci ! », *Arch. phil. droit* 2007, p. 310.

Il faut rappeler que l'adage « nul n'est censé ignorer la loi » signifie « nul n'est censé ignorer le droit » ; de ce point de vue, la jurisprudentialisation ne peut guère être bénéfique à un droit déjà en difficulté sous l'angle de sa légitimité et de sa réception par ses destinataires. L'incidence d'un trop grand nombre de jurisprudences sur la structure du droit est évidente : celui-ci apparaît tel un ensemble de règles éparses et mal coordonnées[1] ; ainsi que le soulignait Max Weber, les précédents constituent un obstacle à la rationalisation du droit[2]. Pourrait être adressé aux branches du droit jurisprudentialisées le même reproche que celui que Georges Vedel faisait au droit administratif : c'est un droit « semi-secret »[3], voire ésotérique, un droit de spécialistes éloigné des objectifs constitutionnels d'accessibilité et d'intelligibilité des normes[4].

En des temps où l'État s'attache à préserver au mieux la sécurité juridique, à laquelle le Conseil d'État a consacré récemment deux de ses rapports annuels[5], il ne peut se satisfaire d'une proportion élevée de normes d'origine prétorienne. Avant même que le Conseil d'État, par un arrêt du 24 mars 2006, ne la qualifie de principe général du droit[6], la sécurité juridique était l'impératif premier devant présider au fonctionnement de tout système juridique. Pour le juge, cela se traduit par une exigence fondamentale de continuité dans les décisions qui implique que

---

[1] D. TALLON, « Précédent », in D. ALLAND, S. RIALS, dir., *Dictionnaire de la culture juridique*, Lamy-Puf, coll. Quadrige-dicos poche, 2003, p. 1187.

[2] Cité par D. TALLON, « Précédent », in D. ALLAND, S. RIALS, dir., *Dictionnaire de la culture juridique*, Lamy-Puf, coll. Quadrige-dicos poche, 2003, p. 1187.

[3] Cité par M. DE VILLIERS, « Le principe de légalité », in Th. DE BERANGER, M. DE VILLIERS, dir., *Droit public général*, 5e éd., LexisNexis, coll. Manuel, 2011, p. 436.

[4] Cons. const., déc. 16 déc. 1999, n° 99-421 DC, *Loi portant habilitation du Gouvernement à procéder, par ordonnances, à l'adoption de la partie législative de certains codes.*

[5] EDCE 1991, *De la sécurité juridique* ; EDCE 2006, *Sécurité juridique et complexité du droit.*

[6] CE ass., 24 mars 2006, *Société KPMG.*

le cadre jurisprudentiel doive être aussi clair et prévisible, donc continu, que possible et que des litiges comparables doivent recevoir des solutions identiques[1]. Or ces exigences sont loin d'être satisfaites dans les branches du « nouveau droit » : en raison à la fois de leur caractère récent et des aspects complexes et fluctuants de leurs objets, nombre de questions sont en proie à des jurisprudences incertaines et mouvantes. On qualifie de « précaires » les jurisprudences parce qu'elles doivent être constamment réaffirmées par les juges et parce qu'un seul refus d'application de la norme peut mettre son existence même en péril[2].

L' « inflation jurisprudentielle » a ainsi mauvaise réputation en raison du fait que le droit prétorien, « par son foisonnement et son infinie diversité », est générateur « d'hétérogénéité, d'instabilité et de confusion, là où la loi s'assigne les objectifs de clarté, d'uniformité et de sécurité juridique »[3]. À nouveau, la loi semble devoir l'emporter, tant quantitativement que qualitativement, sur la jurisprudence ; étant entendu que cela paraît valoir *a fortiori* aujourd'hui, alors qu'augmente le nombre des jurisprudences hétérogènes, instables et confuses.

Carbonnier soutenait que « l'interprétation est la forme intellectuelle de la désobéissance »[4], si bien qu'un juge serait forcément incité à faire œuvre originale au moment de juger. Or, s'il lui est difficile de s'éloigner par trop des dispositions

---

[1] B. STIRN, « La qualité de la norme jurisprudentielle », in M. FATIN-ROUGE STÉFANINI, L. GAY, J. PINI, dir., *Autour de la qualité des normes*, Bruylant (Bruxelles), coll. À la croisée des droits, 2010, p. 262.

[2] P. AVRIL, « La jurisprudence institutionnelle du Conseil constitutionnel est-elle créatrice de droit ? », *Arch. phil. droit* 2007, p. 33.

[3] F. ZÉNATI, « L'évolution des sources du droit dans les pays de droit civil », *D.* 2002, p. 18.

[4] J. CARBONNIER, *Droit civil – Introduction*, 26e éd., Puf, 1999, p. 304 (cité par A. POMADE, *La société civile et le droit de l'environnement – Contribution à la réflexion sur les sources et la validité des normes juridiques*, th., Université d'Orléans, 2009, p. 264).

légales applicables, il est moins lié aux dispositions jurisprudentielles, celles-ci n'étant qu'implicitement applicables — ce qui invite à juger le *common law* préférable au système des pays de droit d'essence romano-germanique dès lors que la règle du précédent est une autolimitation destinée à éviter l'arbitraire du juge, à donner une certaine cohérence aux décisions de justice et à assurer la sécurité juridique[1].

Et le doyen Carbonnier d'utiliser l'expression « pluralisme juridique » afin de désigner le pluralisme des jurisprudences « en vigueur » concernant un même problème de droit[2]. Dans cette situation, qui est de moins en moins un cas d'école à mesure que se développe la « logique centrifuge » parmi les juridictions[3], la sécurité juridique est grandement malmenée, certaines des solutions jurisprudentielles en concurrence pouvant être incompatibles et contradictoires. Certainement y a-t-il des cours régulatrices comme la Cour de cassation, mais les voies de recours ne sont pas toujours mises en œuvre, loin s'en faut. Les juges du droit doivent parfois attendre très longtemps avant d'enfin pouvoir trancher certaines problématiques, tandis que d'autres sont aujourd'hui encore abandonnées aux « essais jurisprudentiels » des juges du fond, faute pour la Cour de cassation d'avoir un jour reçu des plaideurs l'occasion de mettre fin aux tergiversations[4]. Et, lorsque les hautes juridictions ont

---

[1] D. TALLON, « Précédent », in D. ALLAND, S. RIALS, dir., *Dictionnaire de la culture juridique*, Lamy-Puf, coll. Quadrige-dicos poche, 2003, p. 1185.

[2] J. CARBONNIER, *Sociologie juridique*, Puf, coll. Quadrige manuels, 2004, p. 362. Également, M. GERMAIN, « Pluralisme et droit économique », *Arch. phil. droit* 2005, p. 236. Bien plus tôt, Carré de Malberg mettait déjà en exergue combien « le fait, si fréquent, de diversité et même de contrariété des jugements » pose problème (R. CARRÉ DE MALBERG, *Contribution à la théorie générale de l'État spécialement d'après les données fournies par le droit constitutionnel français*, t. I, Librairie du Recueil Sirey, 1920, p. 702).

[3] O. BEAUD, *La puissance de l'État*, Puf, coll. Léviathan, 1994, p. 195.

[4] *Cf.*, par exemple, B. BARRAUD, « Le droit de l'internet abandonné aux juges ? Illustration par la construction du régime de responsabilité des sites de partage de vidéos », *RLDI* 2014, n° 110, p. 48 s.

pu préciser leurs positions, il demeure toujours possible d'avoir affaire à des « dissidences jurisprudentielles »[1] qui, si elles sont anormales, sont, un temps au moins, le droit applicable ; d'autant plus qu'il n'existe pas d'équivalent du pourvoi dans l'intérêt de la loi[2] en matière de normes prétoriennes, pas de « pourvoi dans l'intérêt de la jurisprudence ».

En revanche, il semble difficile de retenir l'argument selon lequel la jurisprudence serait fragile du fait du risque planant sur elle d'être réformée tôt ou tard par quelque loi[3], car la loi elle-même est soumise à cette épée de Damoclès ; y compris la Constitution peut être modifiée à tout instant.

La grande menace réside davantage dans la possibilité d'une refonte de la jurisprudence par le juge, c'est-à-dire dans le risque de revirement de jurisprudence, auquel la doctrine s'est abondamment intéressée[4]. Le revirement de jurisprudence, au contraire de la révision par la loi, s'applique normalement rétroactivement et intervient souvent de manière imprévisible et soudaine, rendant vaine toute tentative d'anticipation du droit qui sera appliqué en recherchant l'état du droit applicable[5]. De

---

[1] D. TERRÉ, « Le pluralisme et le droit », *Arch. phil. droit* 2005, p. 82.

[2] *Cf.*, notamment, B. APOLLIS, « La persistance du recours dans l'intérêt de la loi en matière administrative », *RDP* 2010, p. 1209 s.

[3] C'est ainsi que le Conseil Constitutionnel explique que, « s'il n'appartient ni au législateur ni au Gouvernement de censurer des décisions des juridictions, de leur adresser des injonctions et de se substituer à elles dans le jugement des litiges relevant de leur compétence, ces principes ne s'opposent pas à ce que, dans l'exercice de sa compétence et au besoin, sauf en matière pénale, par la voie de dispositions rétroactives, le législateur modifie, dans un but d'intérêt général, les règles que le juge a mission d'appliquer » (Cons. const., déc. 9 avr. 1996, n° 96-375 DC, *Loi portant diverses dispositions d'ordre économique et financier*).

[4] En particulier, N. MOLFESSIS, *Les revirements de jurisprudence – Rapport remis à Monsieur de Premier Président Guy Canivet*, Litec, 2005.

[5] Sur ce point, *cf.* C. MOULY, « Comment rendre les revirements de jurisprudence davantage prévisibles ? », *LPA* 18 mars 1994.

ce point de vue, la législation apparaît à nouveau préférable à la jurisprudence.

On estime que la qualité de la justice serait comparable à « un triangle dont les côtés seraient l'efficacité, l'éthique et la légitimité » et que seraient synonymes d'une justice de qualité le système judiciaire et les procédures, le tribunal et les juges qui se situeraient à l'intérieur du périmètre ainsi délimité[1]. Mais, à l'heure actuelle, il devient difficile aux organes du pouvoir judiciaire de s'inscrire pleinement dans ce « triangle d'or » lorsqu'ils appliquent le droit ; nul doute qu'il devient encore plus difficile pour eux de satisfaire à ces conditions lorsqu'ils créent le droit.

Aux États-Unis, les illustres juges à la Cour suprême Holmes, Cardozo, Brandeis et Frankfurter ont adopté une attitude d'autolimitation et ont entendu laisser le rôle premier de réformateur au législateur[2], témoignant ainsi de leur hostilité à l'égard du « gouvernement des juges » dans le pays du « gouvernement du peuple par le peuple et pour le peuple »[3]. Et est également significatif le fait que, en cas de « vide

---

[1] S. LEYENBERGER, « Propos introductif », in Commission européenne pour l'efficacité de la justice, *La qualité des décisions de justice*, Éditions du Conseil de l'Europe (Strasbourg), 2008, p. 7 (cité par L. CADIET, « La qualité de la norme juridictionnelle », in M. FATIN-ROUGE STÉFANINI, L. GAY, J. PINI, dir., *Autour de la qualité des normes*, Bruylant (Bruxelles), coll. À la croisée des droits, 2010, p. 253).

[2] F. MICHAUT, « États-Unis (grands courants de la pensée juridique américaine contemporaine) », in D. ALLAND, S. RIALS, dir., *Dictionnaire de la culture juridique*, Lamy-Puf, coll. Quadrige-dicos poche, 2003, p. 662. *Cf.*, également, L. PECH., « Le remède au gouvernement des juges : le *judicial self restraint* », in S. BRONDEL, N. FOULQUIER, L. HEUS-CHLING, dir., *Gouvernement des juges et démocratie*, Publications de la Sorbonne, 2001, p. 63 s. ; E. ZOLLER, « La Cour suprême des États-Unis entre création et destruction du droit », *Arch. phil. droit* 2006, p. 276 s.

[3] Définition de la démocratie attribuée à Abraham Lincoln. L'article 2 de la Constitution française du 4 octobre 1958 reprend cette formule en tant que « principe de la République ».

juridique », c'est-à-dire en l'absence de jurisprudence autant que de loi, on espère que la seconde saura précéder la première car « la peur du vide, c'est aussi la peur du juge »[1], le « dé judiciaire [qui] commande nos droits »[2] pouvant désigner autant l'exercice de la fonction créatrice par les juges que l'exercice par eux de la fonction applicatrice.

En France, le Conseil constitutionnel est le premier à témoigner une hostilité envers la jurisprudence. Ainsi s'inscrit-il dans une vision modernisée du juge « bouche de la loi » selon laquelle la fonction du juge ne lui interdit pas d'exercer en pratique un pouvoir normatif dérivé, mais elle le limite drastiquement afin d'éviter les « dérives jurisprudentielles », c'est-à-dire la consécration officieuse de véritables arrêts de règlement incompatibles avec la séparation des pouvoirs[3].

Que les modes alternatifs de résolution de conflits, arbitrage et autres médiation prospèrent de plus en plus achève de convaincre du fait que les cours et tribunaux ne revêtent pas une légitimité supérieure à celle des parlements. Et, si cela concerne principalement leur activité d'application du droit, sans doute cela concerne-t-il également leur activité — normalement secondaire ou accessoire — de création du droit. Il semble fort

---

[1] M. C. RONDEAU-RIVIER, « L'alibi du vide juridique », *Économie et Humanisme* 1991, n° 318, p. 27.

[2] F. RABELAIS, *Le Tiers-Livre*, 1546, chap. 39.

[3] Cons. const., déc. 21 avr. 2005, n° 2005-512 DC, *Loi d'orientation et de programme pour l'avenir de l'école* ; Cons. const., déc. 29 juill. 2004, n° 2004-500 DC, *Loi organique relative à l'autonomie financière des collectivités territoriales*. De façon classique, le Conseil applique sa jurisprudence relative à l'incompétence négative du législateur pour considérer qu'un énoncé législatif ambigu ou imprécis va conférer à l'autorité chargée de son application un pouvoir qui la conduira, de fait, à faire la loi substantielle en choisissant parmi les sens possibles de la loi formelle. Or le législateur ne peut pas sous-traiter, en dehors des prévisions précises de la Constitution, sa mission de création du droit. *Cf.* B. MATHIEU, « La normativité de la loi : une exigence démocratique », *Cah. Cons. const.* 2007, n° 21.

que « la sécurité législative [soit] plus grande que la sécurité jurisprudentielle »[1].

Il ressort de cette critique de la jurisprudence par la doctrine que, parmi les différentes sources étatiques du droit, il faudrait privilégier la loi, le règlement ou même les actes normatifs des autorités spécialisées. Pourtant, l'expérience enseigne que la jurisprudence joue désormais souvent le premier rôle.

---

[1] Th. S. Renoux (cité par E. Kerviche, « Débats et discussions », in M. Fatin-Rouge Stéfanini, L. Gay, J. Pini, dir., *Autour de la qualité des normes*, Bruylant (Bruxelles), coll. À la croisée des droits, 2010, p. 299).

Conclusion

D'aucuns mettent en exergue l'immense rôle pratique de la « loi de la jurisprudence »[1]. Et un professeur de remarquer que « les juges détiennent un pouvoir considérable, mais tributaire de toutes sortes de conditionnements qui font que, dans l'exercice de ce pouvoir, ils ne sont pas que des juges. Ils sont conduits à dépasser la fonction. Ils sont le pluralisme en actes »[2]. Le droit du XXIe s. invite peut-être à opérer de tels constats dès lors que le pouvoir judiciaire tend à empiéter fortement sur la fonction créatrice, alors qu'il est déjà *le principal acteur de la fonction applicatrice*. C'est pourquoi il devient indispensable d'accepter que les magistrats, *de facto*, fassent œuvre créatrice et non seulement œuvre applicatrice.

Trois millions de décisions de justice sont rendues tous les ans en France[3]. Ce sont donc trois millions de situations juridiques qui sont réglées par les juges. Si ce n'est qu'une infime minorité de ces décisions de justice qui ajoutent quelques normes au droit positif, il n'en demeure pas moins que nombre de branches du droit nouvelles sont composées d'une

---

[1] J.-L. BERGEL, *Théorie générale du droit*, 5e éd., Dalloz, coll. Méthodes du droit, 2012, p. 83.

[2] J.-J. SUEUR, « Analyser le pluralisme pour comprendre la mondialisation ? », in J.-Y. CHÉROT, B. FRYDMAN, dir., *La science du droit dans la globalisation*, Bruylant (Bruxelles), coll. Penser le droit, 2012, p. 111.

[3] P. DEUMIER, *Introduction générale au droit*, 2e éd., LGDJ, coll. Manuel, 2013, p. 286.

part relativement élevée de règles de droit d'origine prétorienne, établies par les sources juridictionnelles, par ce « Tiers pouvoir »[1] de moins en moins conciliant avec la noblesse juridique. Des professeurs y perçoivent ainsi un phénomène d'une ampleur inédite[2]. « Partout s'impose à nous le fait qu'une très grande partie du droit est d'origine jurisprudentielle », écrivait déjà Michel Villey en 1974[3]. Il semble que ce fait s'impose à l'observateur de façon particulièrement pressente dans les branches du droit représentatives du droit « global » et du droit « postmoderne », c'est-à-dire dans le droit d'aujourd'hui et de demain, quand le droit d'hier a pu apparaître essentiellement législatif et décrétal.

Le regard porté sur des branches du droit telles que le droit de l'environnement ou le droit des nouvelles technologies de la communication amène, dans une certaine mesure, à contredire les avocats du déclin de la jurisprudence, selon lesquels celle-ci ne jouerait plus qu'un rôle marginal, complémentaire uniquement à la marge, à l'heure où les textes de loi traiteraient quasi-exhaustivement de tous les sujets, cela de manière suffisamment précise[4]. Concernant de plus en plus de secteurs du droit, en tout cas, il n'en va pas ainsi ; les règles d'origine prétorienne n'y jouent pas un rôle accessoire mais bien un rôle décisif concernant de nombreux problèmes de droit et il n'est que possible d'abonder dans le sens de qui observe qu'à l'ère

---

[1] Réf. à D. SALAS, *Le Tiers pouvoir – Vers une autre justice*, Hachette, 2000.

[2] P. SIRINELLI, « Introduction », in Cour de cassation, *L'innovation technologique – Rapport annuel 2005*, La documentation française, 2006, p. 50.

[3] M. VILLEY, « Préface », in S. BELAÏD, *Essai sur le pouvoir créateur et normatif du juge*, LGDJ, 1974 (cité par P. LASCOUMES, É. SERVERIN, « Théories et pratiques de l'effectivité du droit », *Dr. et société* 1986, p. 132).

[4] D. LINOTTE, « Déclin du pouvoir jurisprudentiel et ascension du pouvoir juridictionnel en droit administratif », *AJDA* 1980, p. 632.

contemporaine « s'élargit le pouvoir normatif du juge »[1]. On en vient même à considérer que, sur nombre de points, les sources juridictionnelles seraient, parmi les différentes sources, les plus légitimes à façonner le droit[2].

Ensuite, si la jurisprudentialisation et la jurisprudentialité sont des phénomènes qui attirent toute l'attention de la doctrine à l'époque actuelle, il convient de terminer ce livre en soulignant combien la juridictionnalité et la juridictionnalisation aussi sont de plus en plus au centre des attentions. *Développement de la jurisprudence et développement de la régulation juridictionnelle s'associent pour faire du juge l'acteur central, déterminant et incontournable du monde juridique.*

Par conséquent, les théories réalistes du droit, formes de théories pragmatiques du droit, peuvent légitimement triompher des autres théories du droit et en particulier des théories normativistes — c'est-à-dire que les théories concentrées sur l'application juridictionnelle des normes peuvent légitimement l'emporter sur les théories focalisées sur la validité des normes dans l'ordre juridique. C'est ainsi qu'on fait de ces théories réalistes les théories qui, à l'ère contemporaine, donneraient à voir le plus de « signes prometteurs »[3].

Les théoriciens réalistes situent l'acte normatif dans l'application-interprétation effectuée par les juges au moment de rendre leurs jugements. Ils ne s'intéressent ainsi guère à toutes les applications-interprétations potentielles des textes généraux et impersonnels. Seules intègrent leur objet d'étude les interprétations officielles ou « authentiques » — pour

---

[1] D. SALAS, « Juge (aujourd'hui) », in D. ALLAND, S. RIALS, dir., *Dictionnaire de la culture juridique*, Lamy-Puf, coll. Quadrige-dicos poche, 2003, p. 862.

[2] M.-Ch. ROQUES-BONNET, *Le droit peut-il ignorer la révolution numérique ?*, Michalon, 2010, p. 205 (« seul le juge semble devoir définir l'équilibre entre ordre public et libertés individuelles »).

[3] J.-P. HOUPPE, « À propos de deux ouvrages récents », *RGD* 1992, p. 296.

reprendre, paradoxalement, une expression kelsénienne[1] —, c'est-à-dire celles qui proviennent des destinataires secondaires[2] des « normes » que sont les juges, « tiers impartiaux et désintéressés »[3].

Le réalisme juridique désigne donc une manière de concevoir le droit qui, quand le normativisme se focalise sur les normes en tant que telles, amène à se concentrer sur les décisions des juges les interprétant ou les créant *ab initio.* Tandis que la jurisprudence n'a nul droit de cité à quelque étage de la « pyramide » kelsénienne, la loi et les textes généraux sont, du point de vue réaliste, des données secondaires dans l'analyse du droit.

Les réalistes estiment que le juge est la bouche du droit et que, sans lui, ce dernier serait inaudible. Il n'existerait de droit qu'appliqué, concrétisé, individualisé et interprété. Christian Atias notait ainsi que la jurisprudence est « le centre d'intérêt des juristes les plus "réalistes", de ceux qui vont au-delà du droit des livres pour atteindre le droit tel qu'il est dans la réalité, en acte, [...] [car] peu importe le sens de la loi ou la volonté du législateur si le juge en tire d'autres conséquences »[4]. Et l'illustre professeur d'ajouter que, pourtant, « tout en puisant à pleines mains et résolument dans le fonds jurisprudentiel, les juristes continuent [...] à douter qu'il puisse y avoir là une

---

[1] H. KELSEN, *Théorie pure du droit*, 2e éd., trad. Ch. Eisenmann, Dalloz, 1962, p. 460.

[2] Reprenant la distinction hartienne entre règles primaires et secondaires, celle des destinataires primaires et secondaires, qui correspond à celle des destinataires directs et indirects des normes, fait des particuliers privés les destinataires primaires des règles primaires, des diverses institutions étatiques les destinataires primaires des règles secondaires et des autorités juridictionnelles, quelles qu'elles soient, les destinataires secondaires de toutes les règles.

[3] P. CORNIOU, *Introduction générale au droit*, 9e éd., Dalloz, coll. Mémentos, 2005, p. 5.

[4] Ch. ATIAS, *Épistémologie juridique*, Dalloz, coll. Précis, 2002, p. 211.

véritable source du droit »[1]. Les réalistes sont justement ceux qui n'hésitent pas à faire de la jurisprudence une source du droit, qui acceptent qu'« une très grande partie du droit est d'origine jurisprudentielle »[2] et, plus encore, ceux qui en font la seule et unique source formelle de droit, les lois et règlements n'étant alors que des sources matérielles dans lesquelles les juges sont libres de piocher selon leurs besoins[3]. Selon ces réalistes, « la connaissance des devoir-être à partir d'un texte est totalement invérifiable »[4] ; il ne serait possible d'identifier une norme qu'à partir d'une décision juridictionnelle.

Or il semble que, parmi l'ensemble de la doctrine, les adeptes de ce réalisme juridique soient de plus en plus nombreux. Partant, ils ne sauraient suivre qui soutenait, au milieu du XIXe s., qu'un texte devrait être « appliqué ou brisé »[5]. Concrètement, il se trouve bien davantage de possibilités de jouer avec les textes, de les mêler incidemment à l'équité, de faire primer un esprit malléable sur une lettre inflexible. Ainsi les théories réalistes du droit ont-elles émergé à mesure que l'activité des tribunaux est devenue de moins en moins légicentrée.

En France, l'École dite « de la libre interprétation », emmenée par François Gény[6], a pris le pas sur celle de l'exégèse, estimant que les juges seraient en mesure de « juger

---

[1] *Ibid.*

[2] M. VILLEY, « Préface », in S. BELAÏD, *Essai sur le pouvoir créateur et normatif du juge*, LGDJ, 1974 (cité par P. LASCOUMES, É. SERVERIN, « Théories et pratiques de l'effectivité du droit », *Dr. et société* 1986, p. 132).

[3] F. OST, M. VAN DE KERCHOVE, « De la "bipolarité des erreurs" ou de quelques paradigmes de la science du droit », *Arch. phil. droit* 1988, p. 199.

[4] É. MILLARD, « Le droit… à l'envers », conférence à l'Agora des savoirs, Centre Rabelais de Montpellier, 8 févr. 2012.

[5] M. BATBIE, *Révision du Code Napoléon*, Cotillon, 1866, p. 1 (cité par P. DEUMIER, *Introduction générale au droit*, 2e éd., LGDJ, coll. Manuel, 2013, p. 98).

[6] F. GÉNY, *Méthodes d'interprétation et sources en droit privé positif*, 2e éd., LGDJ, 1919.

la loi ». Le bon juge n'est alors plus celui qui respecte la loi *stricto sensu* mais celui qui l'adapte à l'état actuel de la société et aux spécificités de chaque litige, en recourant à des « méthodes scientifiques » permettant de prendre en compte les données sociales, morales, historiques ou encore économiques[1], devenant ainsi un « sociologue expert dans le calcul et la balance des intérêts en conflit »[2]. Il semble que pareille conception de l'office des magistrats ne puisse que connaître un succès grandissant à l'époque actuelle, alors que le législateur se fait de moins en moins omniscient.

En outre, les véritables théories réalistes sont nées à l'étranger et ne sont arrivées que tardivement en France, où le culte du Code civil a durant de longues années interdit de travestir les dispositions légales non ambiguës, la libre interprétation ne valant qu'en cas de lacunes des textes, et interdit de tirer complètement les conséquences théoriques attachées au développement du droit administratif, même si les principes généraux du droit ont été placés à un stade « infra-législatif et supra-réglementaire » par René Chapus dans les années 1960[3]. Au contraire des pays de *common law*, le précédent n'a jamais bénéficié d'un statut officiel au sein du droit positif français. La Constitution n'a jamais octroyé d'habilitation à créer des normes générales aux tribunaux ; à l'inverse, c'est la proscription de tout précédent que le Code civil consacre.

---

[1] E. ZOLLER, « Le réalisme dans la jurisprudence constitutionnelle de la Cour suprême des États-Unis », *Cah. Cons. const.* 2007, n° 22.

[2] B. FRYDMAN, G. HAARSCHER, *Philosophie du droit*, 3e éd., Dalloz, coll. Connaissance du droit, 2010, p. 6.

[3] R. CHAPUS, « De la soumission au droit des règlements autonomes », *D.* 1960, chron. 119 ; R. CHAPUS, « De la valeur juridique des principes généraux du droit et des autres règles jurisprudentielles », *D.* 1966, chron. 99 ; également P. BRUNET, « Les principes généraux du droit et la hiérarchie des normes », in *Mélanges Michel Troper*, Economica, 2006, p. 207 s.

Reste que, aujourd'hui, cela n'empêche guère le réalisme juridique de prospérer y compris parmi la pensée juridique collective française. En particulier, l'École française de la théorie réaliste de l'interprétation, dont le fer de lance est Michel Troper, aurait provoqué diverses « mutations hiérarchiques »[1], ou même opéré un « renversement de la hiérarchie des normes »[2] : seules seraient des normes juridiques véritables les applications individuelles et déterminées, les règles générales et indéterminées étant créées par et avec celles-ci[3]. « L'existence juridique d'une norme législative, explique Michel Troper, ne résulte pas de sa conformité à la Constitution, mais de l'interprétation faite par le juge. La validité ne provient pas de la norme supérieure, mais du processus de production de normes inférieures »[4].

Normativisme et réalismes ne sont donc pas sans liens ; ils entretiennent quelques rapports[5], ne s'excluent pas radicalement l'un l'autre et l'on observe que, « du normativisme au réalisme, s'opère un simple renversement de la construction, qui n'entame pas son caractère linéaire et hiérarchisé »[6] ; ou que le

---

[1] M. MONIN, « La hiérarchie des normes n'existe pas », *D.* 1999, p. 1.

[2] À moins que ce ne soit Kelsen lui-même qui l'ait fait. On explique ainsi que la théorie de l'interprétation exposée par Kelsen au sein des dix dernières pages de *Théorie pure du droit* « subvertit la théorie de la hiérarchie des normes et de la norme fondamentale et constitue ainsi la principale et ravageuse source de contradiction interne à la pensée du maître viennois » (O. CAYLA, « Kelsen Hans », in O. CAYLA, J.-L. HALPÉRIN, dir., *Dictionnaire des grandes œuvres juridiques*, Dalloz, 2008, p. 329).

[3] O. PFERSMANN, « Hiérarchie des normes », in D. ALLAND, S. RIALS, dir., *Dictionnaire de la culture juridique*, Lamy-Puf, coll. Quadrige-dicos poche, 2003, p. 782.

[4] M. TROPER, *Pour une théorie juridique de l'État*, Puf, coll. Léviathan, 1992, p. 92.

[5] *Cf.* G. TASSITCH, « Le réalisme et le normativisme dans la science juridique », *Revue internationale de théorie du droit* 1927, n° 3 ; P. DUBOUCHET, « Herméneutique et théorie normative du droit », *RRJ* 1994, p. 745 s.

[6] F. OST, M. VAN DE KERCHOVE, « De la "bipolarité des erreurs" ou de quelques paradigmes de la science du droit », *Arch. phil. droit* 1988, p. 199.

« judicocentrisme dans lequel c'est le juge qui concentre l'essentiel du pouvoir normatif » est la suite logique du normativisme et du légicentrisme[1]. Toutefois, il n'en demeure pas moins que les théories réalistes sont plus favorables à la jurisprudence que le normativisme de Kelsen.

Si « le droit est la décision du souverain »[2], François Ost et Michel van de Kerchove soulignent que, selon que vous serez normativiste ou réaliste, le « souverain » ne sera pas le même : le législateur d'une part, le juge d'autre part[3]. Et, tandis qu'on fait des réalistes des « anti-kelséniens »[4], Kelsen a rejeté très explicitement, et jusque dans ses derniers ouvrages, les thèses réalistes[5] : « L'identification de la loi à son interprétation est intenable. Même la Bible ou Shakespeare font l'objet d'interprétations ; mais il ne viendrait à l'esprit de personne d'affirmer que la Bible a été écrite par son interprète, ou que Hamlet n'a pas été écrit par Shakespeare mais par son interprète »[6].

---

[1] Ph. LAUVAUX, C. PIMENTEL, « Fonctions juridiques de l'État », in D. ALLAND, S. RIALS, dir., *Dictionnaire de la culture juridique*, Lamy-Puf, coll. Quadrige-dicos poche, 2003, p. 736.

[2] E. PATTARO, « Définir le droit », *Droits* 1990, n° 11, p. 47.

[3] F. OST, M. VAN DE KERCHOVE, « De la "bipolarité des erreurs" ou de quelques paradigmes de la science du droit », *Arch. phil. droit* 1988, p. 200.

[4] E. ZOLLER, « Le réalisme dans la jurisprudence constitutionnelle de la Cour suprême des États-Unis », *Cah. Cons. const.* 2007, n° 22.

[5] Michel Troper observe néanmoins que les « conclusions auxquelles Kelsen est parvenu sous l'influence du réalisme américain » sont les suivantes : « Tout texte doit être interprété, parce qu'il présente toujours un certain caractère d'indétermination volontaire ou involontaire et qu'il ne comporte pas une signification unique, mais une pluralité de significations. Il est donc nécessaire de procéder à l'interprétation à l'occasion de toute application du droit » (M. TROPER, « Normativisme », in D. ALLAND, S. RIALS, dir., *Dictionnaire de la culture juridique*, Lamy-Puf, coll. Quadrige-dicos poche, 2003, p. 1078).

[6] H. KELSEN, *Théorie générale des normes*, trad. O. Beaud, Puf, coll. Léviathan, 1996, p. 561-562. *Cf.* également H. KELSEN, « Une théorie "réaliste" et la

Il semble toutefois que, à travers ces explications imagées, l'illustre théoricien du droit visait la mauvaise cible. En effet, d'un point de vue réaliste, il ne s'agit pas d'affirmer que les juges écriraient le Code civil ou la Constitution mais qu'ils produisent le droit réel. Il conviendrait ainsi de retenir plutôt qu'il ne viendrait à l'esprit de personne d'affirmer que c'est le législateur qui écrit les décisions de justice.

Ensuite, il reste à relever combien les réalismes juridiques se conjuguent au pluriel et combien, à l'inverse du normativisme, ils ne s'attachent guère à l'œuvre d'un seul homme. Ils connaissent d'importantes variations d'un auteur réaliste à l'autre, certains donnant clairement à la jurisprudence ses lettres de noblesse, d'autres n'ayant d'égards que pour la production par les juges de normes individualisées et contingentes, ne voyant pas davantage le droit réel dans une quelconque jurisprudence que dans la loi.

En particulier, les réalismes juridiques renvoient à deux courants théoriques « clairement identifiés, mais fort différents »[1]. Ceux-ci, de plus en plus, sont le terreau de sous-théories réalistes variant plus ou moins par rapport à leurs ainés que l'on qualifie de « réalismes classiques ». Christian Atias expliquait le pluralisme des réalismes juridiques en raison du fait que la teneur des décisions juridictionnelles étudiées varie selon les époques et, surtout, selon les lieux[2]. En effet, les deux théories réalistes dont il est question sont géographiquement

---

Théorie pure du droit – Remarques sur On law and Justice d'Alf Ross », *Annales de la Faculté de droit de Strasbourg* 2000, n° 4, p. 15 s.

[1] É. MILLARD, « Réalisme », in D. ALLAND, S. RIALS, dir., *Dictionnaire de la culture juridique*, Lamy-Puf, coll. Quadrige-dicos poche, 2003, p. 1297.

[2] Ch. ATIAS, *Épistémologie juridique*, Dalloz, coll. Précis, 2002, p. 211. Le professeur soulignait que sont « bien illusoires les théories de "la" jurisprudence » (*ibid.*) car certains se concentrent sur les derniers arrêts de la cour suprême quand d'autres prennent en compte de longues et anciennes séries de décisions judiciaires, intégrant les arrêts des cours d'appel et les jugements des tribunaux ».

situées : il s'agit du réalisme dit « scandinave » et du réalisme dit « américain ». Suivant la classification retenue par René David, les réalismes juridiques pouvaient émerger dans les systèmes de *common law* « ouverts » mieux que dans les systèmes romano-germaniques « fermés »[1] — quoique le réalisme scandinave se soit développé dans un contexte « hostile » de droit codifié.

Le réalisme scandinave et le réalisme américain se rejoignent à travers quelques postulats de base, bien que, de façon générale, ils ne présentent pas de véritable logique commune et soient mêmes, sous différents aspects, incompatibles[2]. En premier lieu, comme le normativisme, ils appartiennent à la famille du positivisme juridique et sont des théories générales du droit en ce qu'ils aspirent à fournir les clés d'une compréhension universelle des phénomènes juridiques, conforme à tout système juridique, du *common law* au droit codifié. Et l'un et l'autre promeuvent une description empirique de faits juridiques observables.

En second lieu, ils envisagent insidieusement le droit tel un ensemble, éventuellement un système, complet et cohérent, ne comportant pas de lacunes. Cette complétude proviendrait du fait qu'une règle de procédure (ou secondaire) confierait toujours aux juges le soin de trancher tous les litiges quels qu'ils soient, ce qui implique de systématiquement identifier la ou les règle(s) de droit applicable(s). Cette règle de procédure (ou secondaire) peut être, par exemple, « tout ce qui n'est pas interdit est permis », clôturant ainsi l'ordre juridique[3]. L'article 4 du Code civil de 1804, qui défend tout déni de

---

[1] R. DAVID, C. JAUFFRET-SPINOSI, *Les grands systèmes de droit contemporains*, 11e éd., Dalloz, coll. Précis, 2002.

[2] É. MILLARD, « Réalisme », in D. ALLAND, S. RIALS, dir., *Dictionnaire de la culture juridique*, Lamy-Puf, coll. Quadrige-dicos poche, 2003, p. 1297.

[3] M. TROPER, « Normativisme », in D. ALLAND, S. RIALS, dir., *Dictionnaire de la culture juridique*, Lamy-Puf, coll. Quadrige-dicos poche, 2003, p. 1078.

justice sous couvert du silence ou de l'insuffisance de la loi, est bien sûr une parfaite illustration puisqu'il s'agit là d'une règle de procédure explicite et non implicite. Ensuite, cela ne signifie pas que tout le droit serait dans la loi mais plutôt que tout le droit serait dans le droit de l'État, lequel emprunterait tant à l'ouvrage du législateur qu'à celui des juges, tant à la loi qu'à la jurisprudence.

Cependant, les réalistes, qu'ils soient d'obédience scandinave ou d'obédience américaine, écartent la loi du cercle du droit positif ; celle-ci ne saurait être plus qu'une source matérielle, donc plus qu'une source d'inspiration. Ils refusent, quels que soient le contenu de la loi et les données de l'espèce, l'utilisation du « raisonnement de type déductif, syllogistique et linéaire »[1]. Et ils s'opposent à la vision kelsénienne selon laquelle toute prérogative des juges ne pourrait qu'être issue d'une « délégation de la part du législateur autorisant à combler les lacunes de la loi »[2].

Peut-être la voie la plus « réaliste » consiste-t-elle à voir dans le droit, à la suite d'Herbert Hart, un « système ouvert » associé à une « texture ouverte » et comportant autant de cas simples, dans lesquels la loi doit s'appliquer sans possibilité d'adaptation, que de cas difficiles pour lesquels les choix opérés par les juges deviennent décisifs[3]. Mais alors la jurisprudence ne saurait être plus que la loi d'un précieux secours. Le propre des théories réalistes du droit est d'amener à se focaliser sur les activités juridictionnelles ; mais, parmi ces activités, la création

---

[1] G. TIMSIT, « Système », in D. ALLAND, S. RIALS, dir., *Dictionnaire de la culture juridique*, Lamy-Puf, coll. Quadrige-dicos poche, 2003, p. 1462.

[2] S. BELAÏD, *Essai sur le pouvoir créateur et normatif du juge*, LGDJ, 1974, p. 381 (cité par P. LASCOUMES, É. SERVERIN, « Théories et pratiques de l'effectivité du droit », *Dr. et société* 1986, p. 132).

[3] H. L. A. HART, *Le concept de droit*, trad. M. van de Kerchove, Publications des Facultés universitaires Saint-Louis (Bruxelles), 1994, p. 155.

de normes générales et impersonnelles n'est pas nécessairement mise en avant.

D'ailleurs, entre les deux principaux genres de réalisme juridique, il semble que le réalisme scandinave soit davantage « réaliste » que le réalisme américain. Or ce réalisme européen modéré tend à situer la jurisprudence au cœur de ses analyses[1], à l'inverse de son homologue américain radical[2].

Pour l'un et l'autre, le juge est non pas « une » mais « la » force créatrice du droit[3] ; mais ils vont au droit en suivant des routes bien différentes. Et la route de la jurisprudence ne paraît être empruntée que par les réalistes modérés, les réalistes radicaux refusant de s'y engager autant qu'ils refusent de s'engager sur la route de la loi.

---

1 Ainsi Michel Troper peut-il soutenir que « la métaphore de la pyramide des normes doit être non abandonnée, mais simplement modifiée : un ordre juridique est formé d'autant de pyramides qu'il y a d'ordres de juridictions, le sommet de chacune de ces pyramides étant constitué des normes que la cour suprême de cet ordre de juridictions énonce par la voie de l'interprétation » (M. TROPER, *Pour une théorie juridique de l'État*, Puf, coll. Léviathan, 1994, p. 94).

2 Par exemple, si cette approche est certainement fort porteuse à bien des égards, seuls les réalistes américains sont tentés de recourir à « l'analyse "littéraire" du droit [qui] recherche dans les attendus des jugements les phénomènes narratifs et interprétatifs qu'on aurait cru réservés à l'écrivain ou à l'historien » (P. LIVET, « Argumentation et rhétorique juridique », in D. ALLAND, S. RIALS, dir., *Dictionnaire de la culture juridique*, Lamy-Puf, coll. Quadrige-dicos poche, 2003, p. 85).

3 Réf. à G. RIPERT, *Les forces créatrices du droit*, LGDJ, 1955.

Orientations et illustrations bibliographiques

Ouvrages

ALARDIN J., CASTIAUX J., *Le droit disciplinaire dans la jurisprudence – Une analyse des arrêts de la Cour de Strasbourg, de la Cour constitutionnelle et de la Cour de Cassation*, Larcier (Bruxelles), 2014

ALLAND D., *Justice privée et ordre juridique international – Étude théorique des contre-mesures en droit international public*, Pedone, 1994

ALLARD J., GARAPON A., *Les juges dans la mondialisation – La nouvelle révolution du droit*, Le Seuil, coll. La République des idées, 2005

AMSELEK P., dir., *Interprétation et droit*, Bruylant-PUAM (Bruxelles-Aix-en-Provence), 1995

ANCEL P., LEQUETTE Y., *Grands arrêts de la jurisprudence française de droit international privé*, 4e éd., 5e éd., Dalloz, 2006

ANCEL P., RIVIER M.-C., dir., *Les divergences de jurisprudence*, Publications de l'Université de Saint-Étienne, 2003

ANCEL P., RIVIER M.-C., dir., *Le conventionnel et le juridictionnel dans le règlement des différends*, Economica, 2001

ANDRÉ C., HAMZI L., *L'essentiel de la jurisprudence civile – Contrats spéciaux*, 2e éd., Gualino, coll. Carrés rouge, 2010

ANDRIEUX J.-P., *Histoire de la jurisprudence – Les avatars du droit prétorien*, Vuibert, 2012

ANTONINI-COCHIN L., COURTIN C., *L'essentiel de la jurisprudence civile – Famille*, 2e éd., Gualino, coll. Carrés rouge, 2010

Arch. phil. droit 2007, « La création du droit par le juge »

Arch. phil. droit 1985, « La jurisprudence »

Arch. phil. droit 1972, « L'interprétation dans le droit »

ARNAUD C., *L'effet corroboratif de la jurisprudence*, Presses de l'Université Toulouse I – Capitole, 2016

Association Henri Capitant, *L'interprétation par le juge des règles écrites*, Economica, 1980

Autorité des marchés financiers, *Principes directeurs issus de la jurisprudence 2003-2014*, La documentation française, 2015

BAILLEUX A., *Les interactions entre libre circulation et droits fondamentaux dans la jurisprudence communautaire – Essai sur la figure du juge traducteur*, Publications des Facultés universitaires Saint-Louis (Bruxelles), 2009

BAUDOUIN, *La jurisprudence*, A. Leroy fils, 1879

BELAID S., *Essai sur le pouvoir créateur et normatif du juge*, LGDJ, 1974

BELL J., *The Judge as bureaucrats*, Oxford University Press, 1987

BERGER V., *Jurisprudence de la Cour européenne des droits de l'homme*, 13e éd., Sirey, 2014

BLANC-FILY C., *Valeurs dans la jurisprudence de la Cour européenne des droits de l'homme*, Bruylant (Bruxelles), 2016

BORE L., *La défense des intérêts collectifs par les associations devant les juridictions administratives et judiciaires*, LGDJ, 1997

BORNET Ch., *La technique jurisprudentielle en droit privé, son rôle, son domaine*, Lauverjat, 1937

BRAIBANT G., DELVOLVÉ P. et *alii*, *Les grands arrêts de la jurisprudence administrative*, 16e éd., Dalloz, coll. Grands arrêts, 2007

BRETONNIER B. J., BOUCHER D'ARGIS A. G., *Recueil par ordre alphabétique des principales questions de droit, qui se jugent diversement dans les différents Tribunaux du Royaume, avec des réflexions pour concilier la diversité de la Jurisprudence, et la rendre uniforme dans tous les Tribunaux*, Martin, 1742

BRONDEL S., FOULQUIER N., HEUS-CHLING L., dir., *Gouvernement des juges et démocratie*, Publications de la Sorbonne, 2001

BRUNET P., MILLARD É., dir., *Le réalisme juridique scandinave en question*, Presses universitaires de Rouen, 2004

BULLIER A. J., *La Common law*, 3e éd., Dalloz, coll. Connaissance du droit, 2012

BUZZINI G., DISTEFANO G., *Bréviaire de jurisprudence internationale*, Bruylant (Bruxelles), 2010

CADIET L., dir., *Dictionnaire de la justice*, Puf, 2004

CARBASSE J.-M., DEPAMBOUR-TARRIDE L., dir., *La conscience du juge dans la tradition juridique européenne*, Puf, 1999

CAPITANT H., LEQUETTE Y., TERRÉ F., *Les grands arrêts de la jurisprudence civile*, 12e éd., Dalloz, coll. Grands arrêts, 2007

CARDOZO B. N., *The Nature of the Judicial Process*, 1921

CARPANO É., dir., *Le revirement de jurisprudence en droit européen*, Bruylant (Bruxelles), 2012

CARTUYVELS Y., DUMONT H., GÉRARD Ph., HACHEZ I., OST F., VAN DE KERCHOVE M., dir., *Les sources du droit revisitées – Volume 4 : Théorie des sources du droit*, Publications de l'Université Saint-Louis-Anthémis (Bruxelles), 2013

CARTUYVELS Y., DUMONT H., GÉRARD Ph., HACHEZ I., OST F., VAN DE KERCHOVE M., dir., *Les sources du droit revisitées – Volume 1 : Normes internationales et constitutionnelles*, Publications de l'Université Saint-Louis-Anthémis (Bruxelles), 2013

CARTUYVELS Y., DUMONT H., GÉRARD Ph., HACHEZ I., OST F., VAN DE KERCHOVE M., dir., *Les sources du droit revisitées – Volume 2 : Normes internes infraconstitutionnelles*, Publications de l'Université Saint-Louis-Anthémis (Bruxelles), 2013

CARTUYVELS Y., DUMONT H., GÉRARD Ph., HACHEZ I., OST F., VAN DE KERCHOVE M., dir., *Les sources du droit revisitées – Volume 3 : Normativités concurrentes*, Publications de l'Université Saint-Louis-Anthémis (Bruxelles), 2013

CAVROIS M.-L., DALLE H., JEAN J.-P., dir., *La qualité de la justice*, La documentation française, 2002

CELICE A., *Du pouvoir législatif de la Cour de cassation ou de la permanence du droit honoraire*, Pust., 1888

Centre d'histoire judiciaire, *Les recueils d'arrêts et dictionnaires de jurisprudence (XVIe-XVIIIe siècles)*, La Mémoire du droit, coll. Bibliographie, 2005

CHAMPEIL-DESPLATS V., GRZEGORCZYK Ch., TROPER M., *Théorie des contraintes juridiques*, LGDJ, 2005

CHASLUS, *De la jurisprudence*, Chatras, 1859

COLIN F., *L'essentiel de la jurisprudence constitutionnelle*, 2e éd., Gualino, coll. Carrés rouge, 2010

COLSON R., *La fonction de juger – Étude historique et positive*, LGDJ, 2006

Commission européenne pour l'efficacité de la justice, *La qualité des décisions de justice*, Éditions du Conseil de l'Europe (Strasbourg), 2008

Conseil d'état, *Sécurité juridique et complexité du droit*, La documentation française, coll. Études et documents du Conseil d'État, 2006

Conseil d'État, *De la sécurité juridique*, La documentation française, coll. Études et documents du Conseil d'État, 1991

COQ V., *Nouvelles recherches sur les fonctions de l'intérêt général dans la jurisprudence administrative*, L'Harmattan, coll. Logiques juridiques, 2015

COSTA J.-P., *Des juges pour la liberté*, Dalloz, coll. Les sens du droit, 2013

Cour de cassation, *1807-2007 – Bicentenaire du code de commerce : la transformation du droit commercial sous l'impulsion de la jurisprudence*, Dalloz, 2007

DALLOZ A., *Dictionnaire général et raisonné de Législation, de Doctrine et de Jurisprudence en matière civile, commerciale, criminelle, administrative et de droit public*, Bureau de la Jurisprudence Générale, 1835

DAUCHY S., DEMARS-SION V., dir., *Les recueils d'arrêts et dictionnaires de Jurisprudence, XVIe-XVIIIe siècles*, La Mémoire du Droit, 2005

DEBBASCH Ch., *Les grands arrêts du droit de l'audiovisuel*, Sirey, 1991

DE BECHILLON D., *Hiérarchie des normes et hiérarchie des fonctions normatives de l'État*, Economica, 1996

DE FERRIERE, *Dictionnaire de droit et de pratique, contenant l'explication*
l'explication des termes de Droit, d'Ordonnances, de Coutumes et de Pratique avec les jurisdictions de France, 3e éd., Brunet, 1749

DE GAUDEMAR H., MONGOIN D., *Les grandes conclusions de la jurisprudence administrative*, LGDJ, coll. Les grandes décisions, 2015

DEGUERGUE M., *Jurisprudence et doctrine dans l'élaboration du droit de la responsabilité administrative*, LGDJ, 1994

DE LABOULAYE É., HALPÉRIN J.-L., *De la méthode historique en jurisprudence et de son avenir*, Dalloz, coll. Tiré à part, 2013

DENISART J.-B., *Collection de décisions nouvelles et de notions relatives à la jurisprudence actuelle*, Desaint, 1766

DE PAGE H., *De l'interprétation des lois*, Payot, 1925

DEVINAT M., *La règle prétorienne en droit civil français et dans la* common law *canadienne*, PUAM (Aix-en-Provence), 2005

DRAGO G., FRANÇOIS B., MOLFESSIS N., *La légitimité de la jurisprudence du Conseil constitutionnel*, Economica, coll. Études juridiques, 1999

DROUOT G., *La rétroactivité de la jurisprudence – Recherche sur la lutte contre l'insécurité juridique en droit civil*, LGDJ, 2016

DUCLERCQ J.-B., *Les mutations du contrôle de proportionnalité dans la jurisprudence du Conseil constitutionnel*, LGDJ, 2015

DUDOGNON Ch., *Les sources du droit du sport*, th., Université de Limoges, 2007

DUGUIT L., *Traité de droit constitutionnel – Tome deuxième : la théorie générale de l'État – Première partie : éléments, fonctions et organes de l'État*, 3e éd., De Boccard, 1928

DUPIN, *De la Jurisprudence des arrêts à l'usage de ceux qui les font et de ceux qui les citent*, Beaudouin-Frères, 1822

DUPORT A., *Principes et plan sur l'établissement de l'ordre judiciaire*, 1790

EHRLICH E., *Contribution à la théorie des sources du droit*, 1902

EISENMANN Ch., *La justice constitutionnelle et la Haute Cour constitutionnelle d'Autriche*, LGDJ, 1928

EISENMANN P., PAZARTZIS P., *La jurisprudence de la Cour internationale de justice*, Pedone, 2008

ERRERA R., *Et ce sera justice – Le juge dans la cité*, Gallimard, 2013

FAVARD DE LANGLADE, *Répertoire de la Nouvelle Législation civile*

civile, commerciale et administrative, ou analyse raisonnée des principes consacrés par le code civil, le code de commerce, et le code de procédure ; par les lois qui s'y rattachent ; par la législation sur le contentieux de l'administration et par la jurisprudence, Firmin Didot, 1823

FEREY S., *Une histoire de l'analyse économique du droit – Calcul rationnel et interprétation du droit*, Bruylant (Bruxelles), coll. Droit et économie, 2008

FISCHER J., *Le pouvoir modérateur du juge en droit civil français*, PUAM (Aix-en-Provence, 2004

FRANK J., *Courts on Trial – Myth and Reality in American Justice*, Princeton University Press, 1973

FRISON-ROCHE M.-A., HAENEL H., *Le juge et le politique*, Puf, 1996

FROMENT-MEURICE A., GROPER N., MICHAUT C., SITBON P., *Les grands arrêts de la jurisprudence financière*, 6e éd., Dalloz, coll. Grands arrêts, 2014

FRYDMAN B., *Le sens des lois – Histoire de l'interprétation et de la raison juridique*, 2e éd., Bruylant-LGDJ (Bruxelles-Paris), coll. Penser le droit, 2011

GAHDOUN P.-Y., *La liberté contractuelle dans la jurisprudence du Conseil constitutionnel*, Dalloz, coll. Nouvelle bibliothèque de thèses, 2008

GARAPON A., *Bien juger – Essai sur le rituel judiciaire*, Odile Jacob, 1997

GARAPON A., *Le gardien des promesses – Justice et démocratie*, Odile Jacob, 1996

GARAPON A., PAPADOPULOS I., *Juger en France et en Amérique*, Odile Jacob, 2003

GARAPON A., SALAS D., *La justice et le mal*, Odile Jacob, 1997

GAUDEMET E., *L'interprétation du Code civil en France depuis 1804*, La mémoire du droit, 2002

GAUDEMET Y., *Les méthodes du juge administratif*, LGDJ, 1972

GAULTIER A.-F.-R., *L'étude de la jurisprudence*, Victor Pavie, 1837

GAUTIER L., *La jurisprudence*, Baratier, 1854

GAY L., *La jurisprudence sociale du Tribunal des conflits*, PUAM (Aix-en-Provence), 2006

GÉA F., *Contribution à la théorie de l'interprétation jurisprudentielle*, LGDJ, 2009

GÉNY F., *Méthodes d'interprétation et sources en droit privé positif*, 2e éd., LGDJ, 1919

GÉNY F., *Science et technique en droit privé positif – Nouvelle contribution à la critique de la méthode juridique*, Sirey, t. I, II, III et IV, 1914-1924

GÉRARD P., OST F., VAN DE KERCHOVE M., dir., *Fonction de juger et pouvoir judiciaire – Transformations et déplacements*, Publications des Facultés universitaires Saint-Louis (Bruxelles), 1983

GERRY-VERNIÈRES S., *Les « petites » sources du droit*, Economica, 2012

GILISSEN J., *Introduction historique au droit – Esquisse d'une histoire universelle du droit – Les sources du droit depuis le XIIIe siècle – Éléments d'histoire du droit privé*, Bruylant (Bruxelles), 1979

GUARNIERI C., PÉDERZOLI P., *La Puissance de juger – Pouvoir judiciaire et démocratie*, Michalon, 1996

GUYOT, *Répertoire universel et raisonné de Jurisprudence civile, criminelle*
criminelle, canonique et bénéficiale, Panckoucke et Dupuis, 1780

HENNEBEL L., *La jurisprudence du Comité des droits de l'homme des Nations Unies*, Anthemis (Bruxelles), coll. Droit & justice, 2008

HOGUE A. R., *Origins of the Common Law*, Liberty Fund (Indianapolis), 1986

HOLMES O. W., *Collected Legal Papers*, Peter Smith (New York), 1952

HOLMES O. W., *The Common Law*, McMillan (Londres), 1881

Institut des hautes études sur la justice, *L'image doctrinale de la Cour de cassation*, La documentation française, 1994

JACOB R., dir., *Le juge et le jugement dans les traditions juridiques européennes*, LGDJ, coll. Droit et société, 1996

JEANSEN E. *L'articulation des sources du droit – Essai en droit du travail*, Economica, coll. Recherches juridiques, 2008

JESTAZ Ph., *Les sources du droit*, Dalloz, coll. Connaissance du droit, 2005

JESTAZ Ph., THOMASSET C., VANDERLINDEN J., dir., *François Gény, mythe et réalités : 1899-1999 centenaire de méthode d'interprétation et sources en droit positif – Essai critique*, Dalloz-Bruylant (Paris-Bruxelles), 2000

JOUANJAN O., dir., *Théories réalistes du droit*, Presses universitaires de Strasbourg, 2000

KARPENSCHIFF M., NOURISSAT C., *Les grands arrêts de la jurisprudence de l'Union européenne*, 3e éd., Puf, coll. Thémis, 2016

KASIRER N., NOREAU P., dir., *Sources et instruments de justice en droit privé*, Thémis (Montréal), 2002

KORSGAARD C., *The Sources of Normativity*, Cambridge University Press, 1996

KRYNEN J., *L'État de justice – France, XIIIe-XXe siècle, Tome II : L'emprise contemporaine des juges*, Gallimard, 2012

LABRUSSE-RIOU C., dir., *Les grandes décisions de la jurisprudence civile*, Puf, coll. Thémis, 2011

LACHAUME J.-F., PAULIAT H., *Droit administratif – Les grandes décisions de la jurisprudence*, 14e éd., Puf, 2007

LAMBERT E., *Le gouvernement des juges et la lutte contre la législation sociale aux États-Unis – L'expérience américaine du contrôle judiciaire de constitutionnalité des lois*, Giard, 1921

LAMBERT J., *La coopération du législateur et du magistrat, hier et aujourd'hui*, Asministrative, 1963

LE BERRE H., *Les revirements de jurisprudence en droit administratif de l'An VIII à 1998*, LGDJ, 1999

LE BIHAN-GUÉNOLÉ M., *Mémento de la jurisprudence – Droit du travail*, Hachette, coll. Les fondamentaux, 2011

LECLERC L., *De la jurisprudence*, De Nouvian, 1858

LÉCUYER Y., *Les droits politiques dans la jurisprudence de la Cour européenne des droits de l'homme*, Dalloz, coll. Bibliothèque parlementaire et constitutionnelle, 2009

LESTRADE E., *Les principes directeurs du procès dans la jurisprudence du Conseil constitutionnel*, L'Harmattan, coll. Logiques juridiques, 2015

LLEWELLYN K. N., *La voie cheyenne – Conflit et jurisprudence dans la science primitive du droit* (1941), trad. L. Assier-Andrieu, Bruylant-LGDJ (Bruxelles-Paris), 1999

LLEWELLYN K. N., *The Bramble Busch*, Oxford University Press (New York), 2008

LOISEAU, *Dictionnaire des arrêts modernes, ou Répertoire analytique*

analytique, sommaire et critique de la nouvelle jurisprudence française, civile et commerciale; contenant la Notice des Arrêts les plus importants de la Cour de cassation depuis 1790 jusqu'en 1809, et ceux des Cours d'Appel depuis la promulgation du Code Napoléon, Clament frères, Archives du droit français1809

LUCAS-ALBERNI K., *Le revirement de jurisprudence de la Cour européenne des droits de l'homme*, Anthemis (Bruxelles), coll. Droit & justice, 2009

MANDERSON D., *Songs without Music: Aesthetic Dimensions of Law and Justice*, University of California Press (Berkeley), 2000

MATHEWS R., dir., *Informal Justice?*, Sage Publications (Londres), 1988

MERLAND G., *L'intérêt général dans la jurisprudence du Conseil constitutionnel*, LGDJ, 2004

MERVEILLEUX DUVIGNAUX P.-É., De l'influence des tribunaux sur le progrès de la législation, Laîné frères, 1867

MICHAUT F., *La recherche d'un nouveau paradigme de la décision judiciaire à travers un siècle de doctrine américain*, L'Harmattan, 2000

MIRON A., PELLET A., dir., *Les grandes décisions de la jurisprudence française de droit international public*, Dalloz, coll. Grands arrêts, 2015

MODERNE F., *Sanctions administratives et justice constitutionnelle*, Economica, 1993

MOLFESSIS N., dir., *Les revirements de jurisprudence*, Litec, 2005

MONERA F., *L'idée de République et la jurisprudence du Conseil constitutionnel*, LGDJ, 2004

MORIN-GALVIN A., *La convergence des jurisprudences de la Cour de cassation et du Conseil d'État*, LGDJ, 2013

MUIR-WATT H., *Common Law et tradition civiliste : convergence ou concurrence ?*, Puf, 2006

NAVARRO J.-L., *Mémento de la jurisprudence – Droit des sociétés*, Hachette, coll. Les fondamentaux, 2011

OLIVECRONA K., *De la loi et de l'État – Une contribution de l'école scandinave à la théorie réaliste du droit*, trad. P. Jonason, Dalloz, coll. Rivages du droit, 2010

OLIVECRONA K., *Law as Fact*, 2e éd., Stevens & Sons (Londres), 1971

OST F., VAN DE KERCHOVE M., *Entre la lettre et l'esprit : les directives d'interprétation en droit*, Bruylant (Bruxelles), 1989
PANNIER J., *Recueil de jurisprudence douanière (1990-2010)*, Economica, coll. Pratique du droit, 2016
PERELMAN Ch., *Justice et raison*, Éditions de l'Université de Bruxelles, 1972
PERELMAN Ch., VANDER ELST R., dir., *Les notions à contenu variable en droit*, Bruylant (Bruxelles), 1984
PERELMAN Ch., dir., *Le problème des lacunes en droit*, Bruylant (Bruxelles), 1968
POMADE A., *La Société Civile et le droit de l'environnement – Contribution à la réflexion sur les sources et la validité des normes juridiques*, LGDJ, coll. Bibliothèque de droit privé, 2010
RENARD C., *Sources du droit et méthodologie juridique*, Presses universitaires de Liège, 1969
RIALS S., *Le juge administratif français et la technique du standard – Essai sur le traitement juridictionnel de l'idée de normalité*, LGDJ, coll. Bibliothèque de droit public, 1980
RICARD J.-D., *Droit et jurisprudence en matière de postes, télégraphes, téléphones*, Sirey, 1931
RICCI J.-C., *Mémento de la jurisprudence – Droit administratif*, 11e éd., Hachette, coll. Les fondamentaux, 2016
RICHAUD C., *Le précédent dans la jurisprudence du Conseil constitutionnel*, LGDJ-Institut Universitaire Varenne, 2016
RIGAUX F., *La loi des juges*, Odile Jacob, 1997
RIPERT G., *Les forces créatrices du droit*, LGDJ, 1955
ROSS A., *Introduction à l'empirisme juridique*, trad. É. Millard, E. Matzner, Bruylant-LGDJ (Bruxelles-Paris), coll. La pensée juridique, 2004
ROSS A., *Directives and Norms*, Routledge & Keegan (Londres), 1968
ROSS A., *On Law and Justice*, University of California Press (Berkeley), 1959
ROYER J.-P., *Histoire de la justice en France*, 4e éd., Puf, coll. Droit fondamental, 2010
SALAS D., *Le Tiers pouvoir – Vers une autre justice*, Hachette, 2000
SALLES S., *Le conséquentialisme dans la jurisprudence du Conseil constitutionnel*, LGDJ, 2016

SCARNA S., *L'évolution de la jurisprudence – Antigone sous le triple axe, pénal, social et fiscal*, Larcier (Bruxelles), 2016

SEILLER B., *Droit administratif – 1. Les sources et le juge*, 3e éd., Flammarion, coll. Champs université, 2010

SERVERIN É., *Théorie de la pratique jurisprudentielle en droit privé*, Presses universitaires de Lyon, 1985

SIREY J.-B., *Table alphabétique et raisonnée du Recueil Général des lois et des arrêts en matière civile, criminelle et commerciale ou Notices décennales de législation et de jurisprudence depuis l'avènement de Napoléon (1800-1810)*, Nacquart, 1811

SIREY J.-B., DUVERGIER J.-B., DE VILLENEUVE L.-M., *Jurisprudence du XIXe siècle*, Bureau de l'Administration Cour de Harlay, 1821

SMITH A., *Leçons sur la jurisprudence*, Dalloz, coll. Bibliothèque Dalloz, 2009

Société française pour le droit international, *La juridictionnalisation du droit international*, Pedone, 2003

STECK O., *La contribution de la jurisprudence à la renaissance du pouvoir règlementaire sous la IIIe République*, LGDJ, 2007

STRÖMHOLM S., VOGEL H.-H., *Le « réalisme scandinave » dans la philosophie du droit*, LGDJ, 1975

SUDRE, F., dir., *Les conflits de droits dans la jurisprudence de la CEDH*, Anthemis, coll. Droit & justice, 2014

TEBOUL G., *Usages et coutumes dans la jurisprudence administrative*, LGDJ, 1989

TEYSSIÉ B., dir., *Les principes dans la jurisprudence de la chambre sociale de la Cour de cassation*, Dalloz, coll. Thèmes & commentaires, 2008

TEYSSIÉ B., dir., *Les sources du droit du travail*, Puf, coll. Droit, éthique, société, 1998

TEUBNER G., dir., *Juridification of Social Spheres – A Comparative Analysis in the Areas of Labor, Corporate, Anti-Trust and Social Welfare Law*, Walter de Gruyter (Berlin-New York), 1987

THERY J.-F., *Scènes de la jurisprudence administrative*, LexisNexis, 2008

TIMSIT G., *Gouverner ou juger*, Puf, 1995

TIMSIT G., *Les figures du jugement*, Puf, coll. Les voies du droit, 1993

TREMBLAY L., *The Rule of Law, Justice and Interpretation*, McGillQueen's University Press (Montréal-Kingston), 1997

TURENNE S., *Le juge face à la désobéissance civile en droit américain et français comparés*, LGDJ, 2007

VAN DE KERCHOVE M., dir., *Interprétation et droit*, Publications des Facultés universitaires Saint-Louis, 1978

VAN DEN HAUTE E., *Le droit des obligations dans les jurisprudences française et belge*, Bruylant (Bruxelles), 2013

VERGÈS E., *Les principes directeurs du procès judiciaire*, th., Université Aix-Marseille III - Paul Cézanne, 2000

VIALA A., *Les réserves d'interprétation dans la jurisprudence du Conseil constitutionnel*, LGDJ, 1999

VIALA M., *La notion de République dans la jurisprudence du Conseil constitutionnel*, LGDJ, 2002

VIMBERT Ch., *La jurisprudence française et la "tradition républicaine" »*, L'Harmattan, 2014

VINGIANO I., *L'incidence de la jurisprudence sur la garantie et l'indemnisation de la faute inexcusable de l'employeur*, PUAM (Aix-en-Provence), 2011

ZÉNATI F., *La jurisprudence*, Dalloz, coll. Méthodes du droit, 1991

Articles et contributions

AMSELEK P., « L'interprétation dans la *Théorie pure du droit* de Hans Kelsen », in *Mélanges Pierre-André Côté*, Yvon Blais (Cowansville), 2011

AMSELEK P., « Brèves réflexions sur la notion de "source du droit" », *Arch. phil. droit* 1982, p. 251 s.

ARTUR M., « Séparation des pouvoirs et séparation des fonctions », *RDP* 1903, p. 222

ASCENSIO H., « La notion de juridiction internationale en question », in SFDI, *La juridictionnalisation du droit international*, Pedone, 2003, p. 163 s.

ATIAS Ch., « D'une vaine discussion sur une image inconsistante : la jurisprudence en droit privé », *RTD civ.* 2007, p. 23 s.

AVRIL P., « La jurisprudence institutionnelle du Conseil constitutionnel est-elle créatrice de droit ? », *Arch. phil. droit* 2007, p. 33 s.

BANCAUD A., « Considérations sur une “pieuse hypocrisie” : la forme des arrêts de la Cour de cassation », *Dr. et société* 1987, p. 373 s.

BARANGER, « Angleterre (culture juridique) », in ALLAND D., RIALS S., dir., *Dictionnaire de la culture juridique*, Lamy-Puf, coll. Quadrige-dicos poche, 2003

BARÉNOT P.-N., HAKIM N., « La jurisprudence et la doctrine : retour sur une relation clef de la pensée juridique française contemporaine », *Quaderni fiorentini per la storia del pensiero giuridico moderno* 2012, n° 41, p. 251 s.

BARRAUD B., « Le droit de l'internet abandonné aux juges ? Illustration par la construction du régime de responsabilité des sites de partage de vidéos », *RLDI* 2014, n° 110, p. 48 s.

BARRAUD B., « Les sources du droit administratif – Évolution et actualité de l'“exception administrative” », *Rev. adm.* 2013, p. 49 s.

BARRAUD B., « L'épique contentieux des antennes-relais de téléphonie mobile – De l'incertitude scientifique à l'insécurité juridique », in BUGADA A., dir., *Énergies, environnement et développement durable*, PUAM (Aix-en-Provence), coll. Espace et développement durable, 2013, p. 97 s.

BATIFFOL H., « Questions de l'interprétation juridique », *Arch. phil. droit* 1972, p. 2 s.

BEIGNER B., « Les arrêts de règlement », *Droits* 1989, n° 9, p. 45 s.

BENHAMOU Y., « Vers une inexorable privatisation de la justice ? Contribution à une étude critique de l'une des missions régaliennes de l'État », *D.* 2003, p. 2771 s.

BENSAMOUN A., « Les mutations de la norme en droit d'auteur (réflexion sur les sources) », in BEHAR-TOUCHAIS M., MARTIAL-BRAZ N., RIFFARD J.-F., dir., *Les mutations de la norme*, Economica, coll. Études juridiques, 2011, p. 279 s.

BERGEL J.-L., « Et ferez bonne justice… », *RRJ* 2002, p. 2203 s.

BERGEL J.-L., « La coordination des sources du droit », in BERGEL J.-L., dir., *La méthodologie de l'étude des sources du droit*, PUAM (Aix-en-Provence), 2001, p. 125 s.

BERGEL J.-L., « Le processus de transformation de décisions de justice en normes juridiques », *RRJ* 1993, p. 1055 s.

BERGEL J.-L., « La “loi du juge” : dialogue ou duel ? », in *Mélanges Pierre Kayser*, t. I, PUAM (Aix-en-Provence), 1979, p. 21 s.

BERGUIG M., RABANT T., « Moteurs de recherche et liens sponsorisés : quand la jurisprudence se cherche », *Légipresse* 2008, p. 83 s.
BEROUJON Ch., « Contentieux au singulier et jurisprudence au pluriel », *RTD civ.* 1995, p. 549 s.
BOBBIO N., « Kelsen et les sources du droit », *Arch. phil. droit* 1982, p. 135 s.
BROUARD-GALLET C., « Les mutations de la norme et le renouvellement des sources du droit : questions pratiques de légistique », in BEHAR-TOUCHAIS M., MARTIAL-BRAZ N., RIFFARD J.-F., dir., *Les mutations de la norme*, Economica, coll. Études juridiques, 2011, p. 65 s.
BRUNET F., « La force normative de la loi d'après la jurisprudence constitutionnelle », in THIBIERGE C., dir., *La force normative – Naissance d'un concept*, LGDJ-Bruylant (Paris-Bruxelles), 2009, p. 403 s.
BRUNET P., « Les principes généraux du droit et la hiérarchie des normes », in *Mélanges Michel Troper*, Economica, 2006, p. 207 s.
BRUNET P., CHAMPEIL-DESPLATS V., « La théorie des contraintes face à la théorie des sources du droit », in CARTUYVELS Y., DUMONT H., GÉRARD Ph., HACHEZ I., OST F., VAN DE KERCHOVE M., dir., *Les sources du droit revisitées – Volume 4 : Théorie des sources du droit*, Publications de l'Université Saint-Louis-Anthemis (Bruxelles), 2013, p. 1 s.
CADIET L., « La qualité de la norme juridictionnelle », in FATIN-ROUGE STÉFANINI M., GAY L., PINI J., dir., *Autour de la qualité des normes*, Bruylant (Bruxelles), coll. À la croisée des droits, 2010, p. 233 s.
CANIVET G., « Le juge et la force normative », in THIBIERGE C., dir., *La force normative – Naissance d'un concept*, LGDJ-Bruylant (Paris-Bruxelles), 2009, p. 23 s.
CANIVET G., « Les influences croisées entre juridictions nationales et internationales – Éloge de la bénévolence des juges », *Rev. sc. crim.* 2005, p. 799 s.
CANIVET G., « Régulateurs et juges : conclusions générales », *LPA* 23 janv. 2003, p. 50 s.
CANIVET G., « Comment concilier le respect des principes de qualité du procès équitable avec les flux d'affaires dont sont saisies les

juridictions ? », in CAVROIS M.-L., DALLE H., JEAN J.-P., dir., *La qualité de la justice*, La documentation française, 2002, p. 213 s.

CANIVET G., MOLFESSIS N., « La politique jurisprudentielle », in *Mélanges Jacques Boré*, Dalloz, 2007, p. 79 s.

CAPPELLETTI M., « Des juges législateurs ? », in CAPPELLETTI M., dir., *Le pouvoir des juges*, Economica-PUAM (Paris-Aix-en-Provence), 1990, p. 23 s.

CARBASSE J.-M., « Coutume, temps, interprétation », *Droits* 2000, n° 30, p. 15 s.

CARCASSONNE G., « Faut-il maintenir la jurisprudence issue de la décision n° 74-54 DC du 15 janvier 1975 ? », *Cah. Cons. const.* 1999, n° 7, p. 93 s.

CHAMPEIL-DESPLATS V., « N'est pas normatif qui peut – L'exigence de normativité dans la jurisprudence du Conseil constitutionnel », *Cah. cons. const.* 2007, n° 21

CHAMPEIL-DESPLATS V., TROPER M., « Proposition pour une théorie des contraintes juridiques », in CHAMPEIL-DESPLATS V., GRZEGORCZYK C., TROPER M., dir., *Théorie des contraintes juridiques*, Bruylant-LGDJ (Bruxelles-Paris), coll. La pensée juridique, 2005, p. 11 s.

CHAPUS R., « De la valeur des principes généraux du droit et autres règles jurisprudentielles du droit administratif », *D.* 1966, chron. 119

CHATILLON G., « Points de vue doctrinaux et solutions législatives et jurisprudentielles concernant les nouveaux procédés de télécommunications interactives (internet) », in CHATILLON G., dir., *Droit européen comparé d'Internet*, Bruylant (Bruxelles), 2000, p. 103 s.

CHENE Ch., « L'arrestographie, science fort douteuse », *Recueil des mémoires et travaux publiés par la Société d'Histoire du droit et des institutions des anciens pays de droit écrit* 1985, fasc. XIII, p. 179 s.

CHEVALLIER J., « L'interprétation des lois », in FAURÉ G., KOUBI G., dir., *Le Titre préliminaire du Code civil*, Economica, 2003, p. 125 s.

CHEVALLIER J., « Les interprètes du droit », in AMSELEK P., dir., *Interprétation et droit*, Bruylant-PUAM (Bruxelles-Aix-en-Provence), 1995, p. 117 s.

CHEVALLIER J., « For intérieur et contrainte institutionnelle », in CHEVALLIER J. et *alii*, *Le for intérieur*, Puf, 1995, p. 251 s.

CHEVALLIER J., « L'interdiction pour le juge administratif de faire acte d'administrateur », *AJDA* 1972, p. 67 s.

COMBACAU J., « La souveraineté internationale de l'État dans la jurisprudence du Conseil constitutionnel français », *Cah. Cons. const.* 2000, n° 9, p. 113 s.

CONDORELLI L., « L'autorité de la décision des juridictions internationales permanentes », in SFDI, *La juridiction internationale permanente*, Pedone, 1987, p. 277 s.

CONSTANTINESCO V., « Nationalité et citoyenneté à l'épreuve du droit européen – Retour sur quelques arrêts de la Cour de Justice des Communautés européennes », in *Mélanges Jean Charpentier*, Pedone, 2008, p. 267 s.

COTE P.-A., « L'interprétation de la loi – Une création sujette à des contraintes », in BOURCIER D., MACKAY P., dir., *Lire le droit – Langue, texte, cognition*, LGDJ, coll. Droit et société, 1992, p. 133 s.

COUSY H., « Les normes techniques en doctrine et en jurisprudence », in *Le droit des normes professionnelles et techniques*, Bruylant (Bruxelles), 1985

CUBERTAFOND B., « Du droit enrichi par ses sources », *RDP* 1992, p. 353 s.

DAUCHY S., « L'arrestographie, un genre littéraire ? », *Revue d'histoire des facultés de droit et de la culture juridique, du monde des juristes et du livre juridique* 2011, n° 31, p. 41 s.

DE BÉCHILLON D., « Un an de fabrication du droit administratif dans la jurisprudence du Conseil d'État », in *Mélanges Michel Troper*, Economica, 2006, p. 359 s.

DEBET A., « Des limites strictes posées au filtrage des contenus sur Internet par la CJUE », *Comm. com. électr.* 2012, n° 6, comm. 63

DEBET A., « L'encadrement juridique du commerce électronique : réflexions sur les sources du droit », in *Mélanges Marie-Stéphane Payet*, Dalloz, 2011, p. 129 s.

DEBET A., « Qualification d'hébergeur : la CJUE se serait-elle trompée de considérant ? », *Comm. com. électr.* 2011, comm. 23

DEGUERGUE M., « Jurisprudence », in ALLAND D., RIALS S., dir., *Dictionnaire de la culture juridique*, Lamy-Puf, coll. Quadrige dicos poche, 2003

DEGUERGUE M., « Les commissaires du gouvernement et la doctrine », *Droits* 1994, n° 20, p. 125 s.

DE HASS C., « L'omnipotence du juge français de la propriété intellectuelle face à l'internet ou l'histoire d'une incompétence largement ignorée », *LPA* 13 nov. 2001, p. 4 s.

DELHOSTE M.-F., « Antenne de radiotéléphonie mobile : le jeu subtile des juges pour appliquer le principe de précaution sans l'invoquer comme motif premier de leur décision », *Droit env.* 2009, n° 165, p. 18 s.

DEL VECCHIO G., « Le problème des sources du droit positif », *Arch. phil. droit* 1934, p. 20 s.

DENOIX DE SAINT-MARC R., « Régulateurs et juges : introduction générale », *LPA* 23 janv. 2003, p. 6 s.

DE PALMARI P.-A., « La norme et la liberté technique scientifique : une analyse critique de l'œuvre de François Gény », in THOMASSET C., VANDERLINDEN J., JESTAZ Ph., dir., *François Gény, mythes et réalités – 1899-1999 : centenaire de* Méthode d'interprétation et sources en droit positif – *Essai critique*, Dalloz-Bruylant-Yvon Blais (Paris-Bruxelles-Montréal), 2000, p. 233 s.

DEPAMBOUR-TARRIDE L., « Juge (dans la longue durée) », in ALLAND D., RIALS S., dir., *Dictionnaire de la culture juridique*, Lamy-Puf, coll. Quadrige dicos poche, 2003

DERIEUX E., « Le juge et la loi, en droit d'auteur et des médias – À propos de quelques affaires récentes », *Légipresse* 2008, n° 252, p. 91 s.

DEUMIER P., « Les sources du droit et les branches du droit – À propos d'une conception doctrinale des sources du droit du commerce international », in *Mélanges Jean-Michel Jacquet*, LexisNexis, 2013, p. 181 s.

DEUMIER P., « L'interprétation de la loi : quel statut ? quelles interprétations ? quel(s) juge(s) ? quelles limites ? », *RTD civ.* 2011, p. 90 s.

DEUMIER P., « Les raisonnements des juges judiciaire et administratif : éléments de comparaison », in BONNET B., DEUMIER P., dir., *La summa divisio droit privé-droit public présente-t-elle encore un intérêt aujourd'hui ?*, Dalloz, coll. Thèmes et commentaires, 2010, p. 199 s.

DEUMIER P., « Pouvoir créateur du juge et rédaction des décisions de justice », *Arch. phil. droit* 2007, p. 49 s.

DEUMIER P., REVET Th., « Sources du droit (problématique générale) », in ALLAND D., RIALS S., dir., *Dictionnaire de la culture juridique*, Lamy-Puf, coll. Quadrige dicos poche, 2003

DJUVARA M., « Quelques considérations sur la nature des sources et sur la formation du droit positif », in *Mélanges Henri Capitant*, Dalloz, 1939, p. 231 s.

DJUVARA M., « Sources et normes du droit positif », *Arch. phil. droit* 1934, p. 83 s.

D'ORS A., « Le droit ? Tout ce qu'approuvent les juges », *Droits* 1989, n° 10, p. 51 s.

DRAGO G., « Justice constitutionnelle », in ALLAND D., RIALS S., dir., *Dictionnaire de la culture juridique*, Lamy-Puf, coll. Quadrige dicos poche, 2003

DUFOUR A., « La théorie des sources du droit dans l'école de droit historique », in DUFOUR A. et *alii*, *Droits de l'homme, droit naturel et histoire*, Puf, 1991, p. 221 s.

DUFOUR A., « La théorie des sources du droit et l'École du droit historique », *Arch. phil. droit* 1982, p. 85 s.

DUONG L., « Le pluralisme des sources du droit d'Internet », in BOY L., RACINE J.-B., SUEUR J.-J., dir., *Pluralisme juridique et effectivité du droit économique*, Larcier, 2011, p. 187 s.

DUONG L.-M., « Les sources du droit d'Internet : du modèle pyramidal au modèle en réseau », *D.* 2010, p. 783 s.

DUPEYROUX O., « La jurisprudence, source abusive de droit », in *Mélanges Jacques Maury*, t. II, Dalloz, 1960, p. 349 s.

DUPUIS-TOUBOL F., « Le juge en complémentarité du régulateur », *LPA* 23 janv. 2003, p. 17 s.

DUPUY P.-M., « Le juge et la règle générale », *RGDI publ.* 1989, p. 569 s.

DURAND E., « La loi et la jurisprudence », *La Gazette des Tribunaux* 16-17 octobre 1931

EGRET B., KAPLUN Y, « La nécessaire interprétation des licences relatives aux logiciels libres », *RLDI* 2006, n° 12, p. 51 s.

EISENMANN Ch., « Fonctions de l'État », in *Encyclopédie française*, 2e éd., t. X, 1950, p. 291 s.

EISENMANN Ch., « L'esprit des lois et la séparation des pouvoirs », in, *Mélanges Raymond Carré de Malberg*, Sirey, 1933, p. 165 s.

ESMEIN A., « La jurisprudence et la doctrine », *RTD civ.* 1902, p. 5 s.

FARCY J.-C., « Juridictions (évolution du système français) », in ALLAND D., RIALS S., dir., *Dictionnaire de la culture juridique*, Lamy-Puf, coll. Quadrige dicos poche, 2003

FELDMAN J.-Ph., « La séparation des pouvoirs et le constitutionnalisme », *RFD const.* 2010, n° 83

FORTIER V., « La fonction normative des notions floues », *RRJ* 1991, p. 755 s.

FRANK J., « What Courts Do in Fact », *Illinois Law Review* 1932

FRISON-ROCHE M.-A., « Logique, hiérarchie et dépendance des sources de droit », in BOURCIER D., MACKAY P., dir., *Lire le droit – Langue, texte, cognition*, LGDJ, coll. Droit et société, 1992, p. 121 s.

FRISON-ROCHE M.-A., « L'office de règlement des différends, entre régulation et juridiction », in *Les risques de régulation*, Dalloz-Presses de Sciences Po, coll. Droit et économie de la régulation, 2004, p. 269 s.

FRISON-ROCHE M.-A., « Les offices du juge », in *Mélanges Jean Foyer*, Puf, 1997, p. 463 s.

FRYDMAN B., « Le projet scientifique de François Gény », in JESTAZ Ph., THOMASSET C., VANDERLINDEN J., dir., *François Gény, mythes et réalités – 1899-1999 : centenaire de Méthode d'interprétation et sources en droit positif – Essai critique*, Dalloz-Bruylant-Yvon Blais (Paris-Bruxelles-Montréal), 2000, p. 213 s.

FRYDMAN B., « Le calcul rationnel des droits sur le marché de la justice : l'école de l'analyse économique du droit » in FRYDMAN B. et *alii*, *Structure, système, champ et théories du sujet*, L'Harmattan, 1997, p. 127 s.

GARAPON A., « Culture(s) judiciaire(s) », in CADIET L., dir., *Dictionnaire de la justice*, Puf, 2004

GARAPON A., « Comment penser l'acte de juger après le positivisme ? », *Droit et cultures* 1993, n° 26, p. 143 s.

GASNIER J.-P., ROUX O., « Promenade en forme de synthèse dans la jurisprudence relative à la responsabilité des plates-formes internet », *RLDI* 2010, n° 60, p. 1

GAUDEMET Y., « Méthodes du juge », in ALLAND D., RIALS S., dir., *Dictionnaire de la culture juridique*, Lamy-Puf, coll. Quadrige dicos poche, 2003

GAUDEMET J., « Pouvoir d'ordre et pouvoir de juridiction – Quelques repères historiques », *L'Année canonique* 1985, p. 83 s.

GUASTINI R., « Interprétation et description des normes », in AMSELEK P., dir., *Interprétation et droit*, Bruylant-PUAM (Bruxelles-Aix-en-Provence), 1995, p. 93 s.

GUASTINI R., « Alf Ross : une théorie du droit et de la science juridique », in AMSELEK P., dir., *Théorie du droit et science*, Puf, coll. Léviathan, 1994, p. 249 s.

GAUTRAUD N., « Internet, le législateur et le juge », *Gaz. Pal.* 2 oct. 1996, p. 1331 s.

GIESEY R. E., « Medieval Jurisprudence in Bodin's Concept of Sovereignity », in *Verhandlungen in München*, Munich, 1973, p. 183 s.

GOYARD-FABRE S., « Les sources du droit et la révolution copernicienne : quelques réflexions sur Kant et Rousseau », *Arch. phil. droit* 1982, p. 247 s.

GRZEGORCZYK Ch., « Le droit comme interprétation officielle de la réalité », *Droits* 1990, n° 11, p. 31 s.

GRZEGORCZYK Ch., « Jurisprudence : phénomène judiciaire, science ou méthode ? », *Arch. phil. droit* 1985, p. 35 s.

GURVITCH G., « Théorie pluraliste des sources du droit positif », *Arch. phil. droit* 1934, p. 113 s.

HABA E. P., « Logique et idéologie dans la théorie des sources », *Arch. phil. droit* 1982, p. 235 s.

HALPÉRIN J.-L., « Gény, Méthode d'interprétation », in CAYLA O., HALPÉRIN J.-L., dir., *Dictionnaire des grandes œuvres juridiques*, Dalloz, 2008, p. 201 s.

HALPERIN J.-L., « La place de la jurisprudence dans les revues juridiques en France au XIXe siècle », in STOLLEIS M., SIMON T., dir., *Juristische Zeitscriften in Europa*, Frankfurt am Main, 2006, p. 374 s.

HALPERIN J.-L., « Quelques Janus au XIXe siècle entre magistrature et doctrine », in *Figures de Justice – Études en l'honneur de Jean-Pierre Royer*, Presses du Septentrion, coll. Centre d'histoire judiciaire, 2004, p. 79 s.

HALPERIN J.-L., « Le Tribunal de cassation et la naissance de la jurisprudence moderne », in BADINTER R., dir., *Une autre Justice*, Fayard, 1989, p. 225 s.
HAMON F., « Quelques réflexions sur la théorie réaliste de l'interprétation », in *Mélanges Michel Troper*, Economica, 2006, p. 487 s.
HART H. L. A., « Sur le réalisme scandinave », *Annales de la Faculté de droit de Strasbourg* 2000, p. 43 s.
HENNETTE-VAUCHEZ S., « Pound, Mechanical Jurisprudence », in CAYLA O., HALPÉRIN J.-L., dir., *Dictionnaire des grandes œuvres juridiques*, Dalloz, 2008, p. 463 s.
HENNETTE-VAUCHEZ S., « Holmes, The Common Law », in CAYLA O., HALPÉRIN J.-L., dir., *Dictionnaire des grandes œuvres juridiques*, Dalloz, 2008, p. 275 s.
HERRERA C.-M., « Décisionnisme », in ALLAND D., RIALS S., dir., *Dictionnaire de la culture juridique*, Lamy-Puf, coll. Quadrige-dicos poche, 2003
HERVADA J., « Le droit dans le réalisme juridique classique », *Droits* 1989, n° 10, p. 31 s.
HEUZÉ V., « À propos du rapport sur les revirements de jurisprudence – Une réaction entre indignation et incrédulité », *JCP G* 2005, n° 130
HILAIRE J., « Le Code civil et la Cour de cassation durant la première moitié du XIXe siècle », in *Le Code Civil – 1804-2004 – Un passé, un présent, un avenir*, Dalloz, 2004, p. 157 s.
HILAIRE J., « Jugement et jurisprudence », *Arch. phil. droit* 1995, p. 181 s.
HOLMES O. W., « The Path of the Law », *Harward Law Review* 1920, p. 457 s.
HORVATH B., « Les sources du droit positif », *Arch. phil. droit* 1934, p. 131 s.
HOUPPE J.-P., « Le réalisme "judicialiste" d'Alvaro d'Ors », *RGD* 1992, p. 295 s.
IDOUX P., « Offices respectifs du juge, du droit commun de la concurrence et du régulateur sectoriel : l'exemple de l'encadrement tarifaire des prestations de terminaison d'appel vocal », *RLDC* 2010, n° 22, p. 51 s.

JAMIN Ch., « Dix-neuf cents (crise et renouveau dans la culture juridique) », in ALLAND D., RIALS S., dir., *Dictionnaire de la culture juridique*, Lamy-Puf, coll. Quadrige-dicos poche, 2003

JAMIN Ch., « La rupture de l'École et du Palais dans le mouvement des idées », in *Mélanges Christian Mouly*, Litec, 1998, p. 69 s.

JARROSSON Ch., « Arbitrage et juridiction », *Droits* 1989, n° 9, p. 107 s.

JESTAZ Ph., « François Gény : une image française de la loi et du juge », in JESTAZ Ph., THOMASSET C., VANDERLINDEN J., dir., *François Gény, mythes et réalités – 1899-1999 : centenaire de* Méthode d'interprétation et sources en droit positif *– Essai critique*, Dalloz-Bruylant-Yvon Blais (Paris-Bruxelles-Montréal), 2000, p. 37 s.

JESTAZ Ph., « Les sources du droit : le déplacement d'un pôle à l'autre », *RTD civ.* 1996, p. 299 s.

JESTAZ Ph., « Sources délicieuses, remarques en cascades sur les sources du droit », *RTD civ.* 1993, p. 73 s.

JESTAZ Ph., « La jurisprudence, ombre portée du contentieux », *D.* 1989, p. 149 s.

JESTAZ Ph., « La jurisprudence : réflexions sur un malentendu », *D.* 1987, p. 11 s.

JESTAZ Ph., JAMIN Ch., « Doctrine et jurisprudence : cent ans après », *RTD civ.* 2002, p. 1 s.

JEZ E., PANSIER F.-J., « Responsabilité des hébergeurs à l'aune de la loi du 1er août 2000 : bilan des acquis jurisprudentiels et d'une réforme législative amputée », *Gaz. Pal.* 2000, p. 1511

JOUANNET E., « Le juge international face aux problèmes d'incohérence et d'instabilité du droit international – Quelques réflexions à propos de l'arrêt CIJ du 6 novembre 2003, affaire des plates-formes pétrolières », *RGDI publ.* 1994, p. 917 s.

KALINOWSKI G., « L'interprétation du droit : ses règles juridiques et logiques », *Arch. phil. droit* 1985, p. 191 s.

KARPIK L., « Comment le juge trace son chemin entre l'État et la société civile », in BERTHOUD A., SERVERIN É., *La production des normes entre État et société civile – Les figures de l'institution et de la norme entre État et sociétés civiles*, L'Harmattan, 2000, p. 77 s.

KELSEN H., « Une Théorie “réaliste” et la *Théorie pure du droit* – Remarques sur *On law and Justice* d'Alf Ross », *Annales de la Faculté de droit de Strasbourg* 2000, n° 4, p. 15 s.

KIRAT T., « Les théories de la jurisprudence de François Gény et Édouard Lambert et la *Common Law* : remarques sur la position de la *case law method* par rapport à l'œuvre des deux juristes français », in JESTAZ Ph., THOMASSET C., VANDERLINDEN J., dir., *François Gény, mythes et réalités – 1899-1999 : centenaire de Méthode d'interprétation et sources en droit positif – Essai critique*, Dalloz-Bruylant-Yvon Blais (Paris-Bruxelles-Montréal), 2000, p. 321 s.

LAHMER M., « Séparation et balance des pouvoirs », in ALLAND D., RIALS S., dir., *Dictionnaire de la culture juridique*, Lamy-Puf, coll. Quadrige dicos poche, 2003

LAMPE A.-S., LEMARCHAND S., « L'arrêt eBay c/ L'Oréal de la CJUE du 12 juillet 2011 revisite les conditions de la qualification de fournisseur d'hébergement au sens de l'article 14 de la directive “e-commerce” », *RLDI* 2011, n° 75, p. 53 s.

LASSERRE V., « L'ordre des sources ou le renouvellement des sources du droit », *D.* 2006, p. 2279 s.

LATTY F., « La diversité des sources du droit de l'internet », in Société française pour le droit international, *Internet et le droit international*, Pedone, 2013, p. 49 s.

LAUVAUX Ph., PIMENTEL C., « Fonctions juridiques de l'État », in ALLAND D., RIALS S., dir., *Dictionnaire de la culture juridique*, Lamy-Puf, coll. Quadrige dicos poche, 2003

LE BERRE H., « La jurisprudence et le temps », *Droits* 2000, n° 30, p. 71 s.

LEGEAIS D., « Avant-propos – Les mutations de la norme : le renouvellement des sources du droit en question », in BEHAR-TOUCHAIS M., MARTIAL-BRAZ N., RIFFARD J.-F., dir., *Les mutations de la norme*, Economica, coll. Études juridiques, 2011, p. XI s.

LEHOT M., « Propositions pour une rénovation de la théorie générale des sources du droit », *RRJ* 2003, p. 2335 s.

LEPAGE A., « Du sens de la mesure en matière de responsabilité civile sur internet : la loi, la jurisprudence et le fournisseur d'hébergement », *D.* 2001, p. 322 s.

LEPETIT J.-F., « État, juge et régulateur », *LPA* 6 janv. 2003, p. 9 s.

LE ROY E., « Anthropologie (de la justice) », in CADIET L., dir., *Dictionnaire de la justice*, Puf, 2004

LEVY-BRUHL H., « Esquisse d'une théorie des sources du droit », *L'Année sociologique* 1951, p. 3 s.

LIBCHABER R., « Les articles 4 et 5 du Code civil ou les devoirs contradictoires du juge civil », in FAURÉ G., KOUBI G., dir., *Le titre préliminaire du Code civil*, Economica, 2003, p. 143 s.

LIBCHABER R., « Une doctrine de la Cour de cassation ? », *RTD civ.* 2000, p. 197 s.

LINOTTE D., « Déclin du pouvoir jurisprudentiel et ascension du pouvoir juridictionnel en droit administratif », *AJDA* 1980, p. 632 s.

LIVET P., « Argumentation et rhétorique juridique », in ALLAND D., RIALS S., dir., *Dictionnaire de la culture juridique*, Lamy-Puf, coll. Quadrige dicos poche, 2003

LOQUIN É., « Les sources du droit mondialisé », *Dr. et patrimoine* 2001, n° 96, p. 78 s.

MACLOUF P., « Crise de la Common Law », *Arch. phil. droit* 2000, p. 333 s.

MALAURIE Ph., « La jurisprudence combattue par la loi », in *Mélanges Jean Savatier*, Dalloz, 1965, p. 603 s.

MARINO L., « Les droits fondamentaux émancipent le juge : l'exemple du droit d'auteur », *JCP G* 2010, n° 829

MATHIEU B., « Remarques sur un conflit de légitimité entre le juge et le législateur dans la détermination de l'intérêt général et la protection de la sécurité juridique – À propos de la décision de l'Assemblée plénière de la Cour de cassation du 24 janvier 2003 », *RFDA* 2003, p. 470 s.

MAURY J., « Observations sur la jurisprudence en tant que source de droit », in *Mélanges Georges Ripert*, t. I, LGDJ, 1950, p. 27 s.

MEEUS A., « Le problème de la validité de la norme dans la jurisprudence de la Cour de cassation », in HAARSCHER G., RIGAUX F., VASSART P., dir., *Droit et pouvoir – t. I : La validité*, Story-Scientia (Bruxelles), 1987, p. 177 s.

MEYNIAL E., « Les recueils d'arrêts et les arrêtistes », in *Le Code Civil – Le livre du centenaire*, Dalloz, 2004, p. 12 s.

MICHAUT F., « L'approche scientifique du droit chez les réalistes américains », in AMSELEK P., dir., *Théorie du droit et science*, Puf, coll. Léviathan, 1994, p. 265 s.

MICHAUT F., « Le rôle créateur du juge selon l'École de la Sociological Jurisprudence et le mouvement réaliste américain – Le juge et la règle de droit », *RID comp.* 1987, p. 343 s.
MILLARD É., « Quelques remarques sur la signification politique de la théorie réaliste de l'interprétation », in *Mélanges Michel Troper*, 2006, p. 725 s.
MILLARD É., « Ross, On Law and Justice », in CAYLA O., HALPÉRIN J.-L., dir., *Dictionnaire des grandes œuvres juridiques*, Dalloz, 2008, p. 488 s.
MILLARD É., « Réalisme scandinave, réalisme américain : un essai de caractérisation », in BRUNET P., MILLARD É., dir., *Le Réalisme juridique scandinave en question*, Presses universitaires de Rouen, 2004
MILLARD É., « Réalisme », in ALLAND D., RIALS S., dir., *Dictionnaire de la culture juridique*, Lamy-Puf, coll. Quadrige dicos poche, 2003
MOLFESSIS N., « La réécriture de la loi relative au Pacs par le Conseil constitutionnel », *JCP G* 2000, n° 210
MONNIER F., « Déni de justice », in ALLAND D., RIALS S., dir., *Dictionnaire de la culture juridique*, Lamy-Puf, coll. Quadrige dicos poche, 2003
MONTEILLET I., « L'influence à l'égard des juridictions ordinaires des réserves d'interprétation formulées par le Conseil constitutionnel dans ses décisions », *Gaz. Pal.* 1er juin 2002, p. 3 s.
MORAND Ch.-A., « La jurisprudence : de la pyramide au réseau », in BERGEL J.-L., dir., *La méthodologie de l'étude des sources du droit*, PUAM (Aix-en-Provence), 2001, p. 231 s.
MORISSETTE Y.-M., « Figure actuelle du juge dans la cité », *RDUS* 1999, n° 30
MORVAN P., « Le revirement de jurisprudence pour l'avenir : humble adresse aux magistrats ayant franchi le Rubicon », *D.* 2005, p. 247 s.
MOULY C., « Comment rendre les revirements de jurisprudence davantage prévisibles ? », *LPA* 18 mars 1994
MUIR-WATT H., « La gestion de la rétroactivité des revirements de jurisprudence : systèmes de common law », in MOLFESSIS N., dir., *Les revirements de jurisprudence*, Litec, 2005, p. 53 s.

NAVARRO J.-S., « La coordination des sources du droit et la notion d'intérêt », in BERGEL J.-L., dir., *La méthodologie de l'étude des sources du droit*, PUAM (Aix-en-Provence), 2001, p. 243 s.

NOGUELLOU R., « Le Conseil d'État et la régulation des télécommunications », *RDP* 2010, p. 825 s.

OLIVIER J.-M., « Les conflits de sources en droit du travail » in TEYSSIE B., dir., *Les sources du droit du travail*, Puf, coll. Droit, éthique, société, 1998, p. 201 s.

OPPETIT B., « Les principes généraux de la jurisprudence de cassation », *JCP E* 1989, p. 13 s.

OST F., « Jupiter, Hercule, Hermès : trois modèles du juge », in BOURETZ P., dir., *La force du droit*, Esprit, 1991, p. 241 s.

OST F., VAN DE KERCHOVE M., « *Juris-dictio* et définition du droit », *Droits* 1989, n° 10, p. 53 s.

OST F., VAN DE KERCHOVE M., « Le "jeu" de l'interprétation en droit – Contribution à l'étude de la clôture du langage juridique », *Arch. phil. droit* 1982, p. 396 s.

PARRET H., « Au-delà de la rhétorique du juridique : justifier par l'éthique, légitimer par l'esthétique », *Dr. et société* 1988, p. 77 s.

PATTARO E., « Le concept de "sources de droit" », in Ch. GRZEGORCZYK, F. MICHAUT, M. TROPER, *Le positivisme juridique*, LGDJ-Story Scientia (Paris-Bruxelles), coll. La pensée juridique, 1993, p. 311 s.

PECH L., « Le remède au gouvernement des juges : le *judicial self restraint* », in BRONDEL S., FOULQUIER N., HEUSCHLING L., dir., *Gouvernement des juges et démocratie*, Publications de la Sorbonne, 2001, p. 63 s.

PELLET A., « Lotus, que de sottises on profère en ton nom – Remarques sur le concept de souveraineté dans la jurisprudence de la Cour mondiale », in *Mélanges Jean-Pierre Puissochet*, Pedone, 2008, p. 215 s.

PERELMAN Ch., « Ontologie juridique et sources du droit », *Arch. phil. droit* 1982, p. 23 s.

PERELMAN Ch., « L'interprétation juridique », *Arch. phil. droit* 1972, p. 29 s.

PICARD É, « Common law », in ALLAND D., RIALS S., dir., *Dictionnaire de la culture juridique*, Lamy-Puf, coll. Quadrige-dicos poche, 2003

PIERI G., « *Ius* et *iurisprudentia* », *Arch. phil. droit* 1985, p. 53.

PIZZORUSSO A., « La question des sources du droit au début du XXIe siècle », in *Mélanges Francis Delpérée*, Bruylant-LGDJ (Bruxelles-Paris), 2007, p. 1197 s.
PIZZORUSSO A., « Les sources du droit en tant que faits juridiques », in BERGEL J.-L., dir., *La méthodologie de l'étude des sources du droit*, PUAM (Aix-en-Provence), 2001, p. 283 s.
POUND R., « The Call for a Realist Jurisprudence », in *American Legal Realism*, New York, 1993
PROUST S., « Propos critiques à l'encontre de l'orientation actuelle de la jurisprudence face au développement du web 2.0 », *RLDI* 2007, n° 30, p. 29 s.
PUCHTA G., « La théorie des sources du droit dans l'École historique », *Arch. phil. droit* 1982, p. 85 s.
RADÉ C., « De la rétroactivité du revirement de jurisprudence », *D.* 2005, p. 988 s.
REMY P., « La part faite au juge », *Pouvoirs* 2003, n° 107, p. 22 s.
RIALS S., « Sur une distinction contestable et un trop réel déclin – À propos d'un récent article sur le pouvoir normatif du juge », *AJDA* 1981, p. 115 s.
RICCI R., « L'ordonnancement d'un système juridique par la recherche de la cohérence : l'apport des études comparatives de jurisprudence », in DOAT M., LE GOFF J., PÉDROT P., dir., *Droit et complexité – Pour une nouvelle intelligence du droit vivant*, Presses universitaires de Rennes, 2007, p. 195 s.
RIGAUX F., « Une machine à remonter le temps : la doctrine du précédent », in OST F., VAN HOECKE M., dir., *Temps et droit – Le droit a-t-il pour vocation de durer ?*, Bruylant (Bruxelles), 1998, p. 55 s.
RIVERO J., « Sur la rétroactivité de la règle jurisprudentielle », *AJDA* 1968, p. 15 s.
RIVERO J., « Sanction juridictionnelle et règle de droit », in *Mélanges Louis Julliot de la Morandière*, Dalloz, 1964, p. 457 s.
RIVERO J., « Le Conseil d'État, cour régulatrice », D. 1954, p. 28 s.
RIVERO J., « Le juge administratif français, un juge qui gouverne ? », *D.* 1951, p. 21 s.
ROBERT J., « Les sanctions administratives et le juge constitutionnel », *LPA* 17 janv. 1990, p. 42 s.
ROCHE J., « Réflexions sur le pouvoir normatif de la jurisprudence », *AJDA* 1962, p. 532 s.

RONDEAU-RIVIER M.-C., « L'alibi du vide juridique », *Économie et Humanisme* 1991, n° 318, p. 22 s.
ROUSSEAU D., « L'élaboration de la loi et l'action du juge », *Cahiers français* 1998, n° 288, p. 9 s.
ROSS A., « Le problème des sources du droit à la lumière d'une théorie réaliste du droit », *Arch. phil. droit* 1934, p. 167 s.
ROUBIER P., « L'ordre juridique et la théorie des sources du droit », in *Mélanges Georges Ripert*, t. I, LGDJ, 1950, p. 9 s.
ROUIT V., « Le contrôle juridictionnel des conflits entre règles de droit nationales et règles de droit communautaires », in BERGEL J.-L., dir., *Le plurijuridisme*, PUAM (Aix-en-Provence), 2005, p. 149 s.
ROUX O., « Synthèse de décisions récentes relative à la qualification des plates-formes internet : la jurisprudence se précise », *RLDI* 2009, n° 50
RUIZ FABRI H., « Le règlement des différends au sein de l'OMC : naissance d'une juridiction, consolidation d'un droit », in *Mélange Philippe Kahn*, Litec, 2000, p. 303 s.
SACASE J., Jurisprudence du XIXe siècle ou Table générale du Recueil général des lois et arrêts (1797 à 1850) », *Revue critique de législation et de jurisprudence* 1855, t. VI, p. 83 s.
SAINT MARTIN A., « Hébergeur et identification des contributeurs à un contenu : dans l'attente du décret d'application, la jurisprudence est fluctuante », *RLDI* 2009, n° 47
SALAS D., « Juge (aujourd'hui) », in ALLAND D., RIALS S., dir., *Dictionnaire de la culture juridique*, Lamy-Puf, coll. Quadrige dicos poche, 2003
SALAS D., « Le juge aujourd'hui », *Droits* 2002, n° 34, p. 61 s.
SALAS D., « Le juge dans la cité, nouveaux rôles, nouvelle légitimité », *Justices* 1995, p. 181 s.
SALUDEN M., « La jurisprudence, phénomène sociologique », *Arch. phil. droit* 1985, p. 191 s.
SAVATIER R., « Les creux du droit positif au rythme des métamorphoses d'une civilisation », in PERELMAN Ch., dir., *Le problème des lacunes en droit*, Bruylant (Bruxelles), 1968, p. 534 s.
SCHILLER S., « L'extension du rôle de la jurisprudence en droit des affaires », *Arch. phil. droit* 2007, p. 213 s.
SCHNAPPER D., *Une sociologue au Conseil constitutionnel*, Gallimard, coll. NRF essais, 2010

SERVERIN É., « Juridiction et jurisprudence : deux aspects des activités de justice », *Dr. et société* 1993, p. 339 s.

SERVERIN É., « Jurisprudence », in ARNAUD A.-J., dir., *Dictionnaire encyclopédique de théorie et de sociologie du droit*, 2e éd., LGDJ, 1993, p. 325 s.

SINTEZ C., « À l'origine de la sanction, la norme ou son interprétation ? Une question théorique féconde pour la pratique », *Arch. phil. droit* 2011, p. 389 s.

SINZHEIMER H., « La théorie des sources du droit et le droit ouvrier », *Arch. phil. droit* 1934, p. 73 s.

SIZAIRE V., « La force normative de la loi à l'épreuve de l'affaiblissement de l'autorité juridictionnelle du pouvoir judiciaire », in THIBIERGE C., dir., *La force normative – Naissance d'un concept*, LGDJ-Bruylant (Paris-Bruxelles), 2009, p. 733 s.

SOULA L., « Les recueils d'arrêts et de jurisprudence des Cours d'Appel, miroirs de la formation et de l'évolution de la jurisprudence au XIXe siècle », in *Histoire, théorie et pratique du droit – Études offertes à Michel Vidal*, Presses Universitaires de Bordeaux, 2010,p. 989 s.

SOURIOUX J.-L., « Source du droit en droit privé », *Arch. phil. droit* 1982, p. 33 s.

SOYER J.-C., « Pèlerinage aux sources du droit privé », in *Mélanges Pierre Catala*, Litec, 2001, p. 33 s.

STIRN B., « La qualité de la norme jurisprudentielle », in FATIN-ROUGE STÉFANINI M., GAY L., PINI J., dir., *Autour de la qualité des normes*, Bruylant (Bruxelles), coll. À la croisée des droits, 2010, p. 261 s.

TALLON D., « Précédent », in ALLAND D., RIALS S., dir., *Dictionnaire de la culture juridique*, Lamy-Puf, coll. Quadrige dicos poche, 2003

TASSITCH G., « Les sources du droit positif », *Arch. phil. droit* 1934, p. 235 s.

TASSITCH G., « Le réalisme et le normativisme dans la science juridique », *Revue internationale de théorie du droit* 1927, n° 3

TERRÉ F., « Un juge créateur de droit ? Non merci ! », *Arch. phil. droit* 2007, p. 305 s.

TERRÉ F., « Crise et sources du droit », in *Droit de la crise : la crise du droit ?*, Puf, 1997, p. 47 s.

THIBIERGE C., « Sources du droit, sources de droit : une cartographie », in *Mélanges Philippe Jestaz*, Dalloz, 2006, p. 519 s.

THOMASSET C., LA PERRIERE R., « François Gény, la libre recherche scientifique et la nature des choses », in JESTAZ Ph., THOMASSET C., VANDERLINDEN J., dir., *François Gény, mythe et réalités – 1899-1999 – Centenaire de* Méthode d'interprétation et sources en droit positif – *Essai critique*, Dalloz-Bruylant-Yvon Blais (Paris-Bruxelles-Montréal), 2000, p. 251 s.

THUILLIER G., « Probabilisme et art de juger », in ALLAND D., RIALS S., dir., *Dictionnaire de la culture juridique*, Lamy-Puf, coll. Quadrige dicos poche, 2003

TROPER M., « Le gouvernement des juges, mode d'emploi », in *Grandes conférences de la Chaire d'étude des fondements philosophiques de la justice et de la société démocratique*, Les Presses de l'Université Laval (Québec), coll. Mercure du Nord-Verbatim, 2006

TROPER M., « Ross, Kelsen et la validité », *Dr. et société* 2002, p. 43 s.

TROPER M., « Les contraintes juridiques dans la production des normes », in BERTHOUD A., SERVERIN É., *La production des normes entre État et société civile – Les figures de l'institution et de la norme entre État et sociétés civiles*, L'Harmattan, 2000, p. 27 s.

TROPER M., « Une théorie réaliste de l'interprétation », *Annales de la Faculté de droit de Strasbourg* 2000, n° 4, p. 51 s.

TROPER M., « Charles Eisenmann contre le mythe de la séparation des pouvoirs », *Cahiers de philosophie politique* 1985, n° 2-3, p. 67 s.

TROPER M., « Kelsen et la jurisprudence », *Arch. phil. droit* 1985, p. 83 s.

TROPER M., « La théorie de l'interprétation et la structure de l'ordre juridique », *Revue internationale de philosophie* 1981, p. 519 s.

TROPER M., « Le problème de l'interprétation et la théorie de la supra-légalité constitutionnelle », in *Mélanges Charles Eisenmann*, Cujas, 1975, p. 133 s.

TUNC A., « La Cour de cassation en crise », *Arch. phil. droit* 1985, p. 157 s.

VAN COMPERNOLLE J., « Vers une nouvelle définition de la fonction de juger : du syllogisme à la pondération des intérêts », in *Mélanges François Rigaux*, Bruylant (Bruxelles), 1993, p. 495 s.

VAN DE KERCHOVE M., « Jurisprudence et rationalité juridique », *Arch. phil. droit* 1985, p. 220 s.

VAN DE KERCHOVE M., « Les lois pénales sont-elles faites pour être appliquées ? Réflexions sur les phénomènes de dissociation entre la validité formelle et l'effectivité des normes juridiques », *Journal des tribunaux* 1985, p. 329 s.

VANDERLINDEN J., « Le juriste et la coutume : un couple impossible ? ou à propos de la méthode d'interprétation et sources, contrepoint au départ d'une image française de la loi et du juge », in JESTAZ Ph., THOMASSET C., VANDERLINDEN J., dir., *François Gény, mythe et réalités – 1899-1999 – Centenaire de* Méthode d'interprétation et sources en droit positif – *Essai critique*, Dalloz-Bruylant-Yvon Blais (Paris-Bruxelles-Montréal), 2000, p. 55 s.

VANDERLINDEN J., « Contribution en forme de mascaret à une théorie des sources du droit au départ d'une source délicieuse », *RTD civ.* 1995, p. 73 s.

VARNEROT V., « Entre essentialisme et existentialisme de la théorie des sources : les sources non formelles du droit fiscal », *Arch. phil. droit* 2002, p. 139 s.

VEDEL G., « Jurisprudence et doctrine : deux discours », *Rev. adm.* 2001, p. 7 s.

VINEY G., « Brèves remarques à propos d'un arrêt qui affecte l'image de la justice dans l'opinion », *JCP G* 2001, p. 65 s.

VIVANT M., « Le commerce électronique, défi pour le juge », *D.* 2003, p. 674 s.

VIVIEN D., « Essai sur l'art de juger », *Rev. adm.* 1999, p. 463 s.

VULLIERME J.-L., « Les anastomoses du droit (spéculation sur les sources du droit) », *Arch. phil. droit* 1982, p. 5 s.

WALINE M., « Le pouvoir normatif de la jurisprudence », in *Mélanges Georges Scelle*, t. II, LGDJ, 1950, p. 613 s.

WEIL P., « Le Conseil d'État statuant au contentieux : politique jurisprudentielle ou jurisprudence politique ? », *Annales de la faculté de droit d'Aix* 1959, p. 281 s.

WRÓBLEWSKI J., « L'interprétation en droit : théorie et idéologie », *Arch. phil. droit* 1972, p. 51 s.

ZÉNATI F., « L'évolution des sources du droit dans les pays de droit civil », *D.* 2002, p. 15 s.
ZOLLER É., « Le réalisme dans la jurisprudence constitutionnelle de la Cour suprême des États-Unis », *Cah. Cons. const.* 2007, n° 22
ZOLLER É., « La Cour suprême des États-Unis entre création et destruction du droit », *Arch. phil. droit* 2006, p. 275 s.
ZOLLER É, « États-Unis (culture juridique) », in ALLAND D., RIALS S., dir., *Dictionnaire de la culture juridique*, Lamy-Puf, coll. Quadrige-dicos poche, 2003

Table des matières

Questions juridiques

aux éditions L'Harmattan

Dernières parutions

CONCILIATION ET MÉDIATION DEVANT LA JURIDICTION ADMINISTRATIVE
Actes du colloque du Conseil d'État du 17 juin 2015
Sous la direction de Jacques Biancarelli et Béatrice Blohorn-Brenneur
Voici près de 25 ans que le Conseil d'État, confronté à une judiciarisation croissante de la société, réfléchit aux modes alternatifs de règlement des différends afin de les pacifier et de rendre les justiciables davantage confiants en la justice administrative. Après avoir rappelé le contexte juridique et les enjeux d'une telle impulsion, un bilan comparatif des pratiques du juge administratif et du juge judiciaire a permis de mesurer combien il est nécessaire et urgent de compléter la boîte à outils dont dispose le premier. Voici une réflexion, les références et les outils nécessaires à la juridiction administrative.
(Coédition GEMME, 24.00 euros, 246 p.)
ISBN : 978-2-343-07270-8, ISBN EBOOK : 978-2-336-39774-0

L'ERREUR JUDICIAIRE
Apprendre à douter pour lutter contre les erreurs judiciaires
Sous la direction de Xavier Pin
L'erreur judiciaire hante autant qu'elle jalonne l'histoire de notre justice pénale. Nous avons tous en mémoire de retentissants procès ayant vu des individus accusés ou condamnés, avant d'être disculpés, graciés ou réhabilités. Le législateur y est sensible au point de réformer régulièrement la procédure pénale pour tenter d'éviter, de corriger ou de réparer, autant que possible, de telles erreurs. Une loi du 20 juin 2014 réforme les procédures de révision et de réexamen des condamnations pénales définitives : elle est l'occasion d'essayer de comprendre ces fiascos judiciaires.
(Coll. Droit privé et sciences criminelles, 15.00 euros, 126 p.)
ISBN : 978-2-343-07284-5, ISBN EBOOK : 978-2-336-39807-5

LE DROIT CONSTITUTIONNEL DE LA Ve RÉPUBLIQUE
(Treizième édition)
Lascombe Michel, Toulemonde Gilles
Cet ouvrage s'adresse aux étudiants en droit, aux élèves des instituts d'études politiques et aux candidats aux concours administratifs. Il couvre l'essentiel

du programme de droit constitutionnel, c'est-à-dire aussi bien les constitutions françaises depuis 1789 que l'actuel texte constitutionnel. Cette nouvelle édition tient compte des derniers développements induits par les changements politiques, des dernières réformes des règlements des assemblées et de la jurisprudence la plus récente.
(Coll. Logiques Juridiques, 42.00 euros, 506 p.)
ISBN : 978-2-343-07916-5, ISBN EBOOK : 978-2-336-39877-8

LA PROXIMITÉ EN DROIT INTERNATIONAL PRIVÉ DE LA FAMILLE
Bouyahia Sabrine Maya - Préface de Lotfi Chedly et Marie Goré
Parmi les méthodes proposées pour trancher les litiges présentant un élément d'extranéité, figure celle reposant sur le principe de proximité. L'étude porte sur deux systèmes de droit international privé de la famille différents (droit français et droit tunisien) pour mettre en exergue d'une part l'adaptation de cette méthode aux spécificités de chaque ordre étatique et d'autre part son adéquation avec tous les différents systèmes de droit.
(Coll. Logiques Juridiques, 54.00 euros, 618 p.)
ISBN : 978-2-343-05464-3, ISBN EBOOK : 978-2-336-39866-2

QUARTIER-FEMMES ÉCROU 10970
Boh-Petit Dominique
Cellule 24 : une femme dit toute sa souffrance d'être enfermée. Elle a tué. Son histoire est à la rubrique des faits divers. La Cour d'assises la jugera. Bien des années plus tard, elle est libérée. La vie doit reprendre. Ce récit est parfaitement conforme à la réalité. Tout a existé et existe encore.
(Coll. La justice au quotidien, 15.00 euros, 130 p.)
ISBN : 978-2-343-07436-8, ISBN EBOOK : 978-2-336-39812-9

GABELOUS ET CONTREBANDIERS
Histoire des fermiers généraux de Dijon (1760-1780)
Evrard Sébastien - Préface de Marc Fradet
En exhumant un registre du personnel de la direction des fermes de Dijon, l'auteur retrace, entre 1760 et 1780, la vie méconnue de centaines d'agents au service du doit et de l'impôt. Ces derniers servaient un système protecteur (la retraite fait son apparition dès 1768), parfois très rémunérateur, mais qui s'avère aussi, sous certains aspects, une machine à broyer les hommes : le régime des sanctions que met en place la Ferme est d'une efficacité redoutable. En définitive, la Ferme présente un aspect mitigé.
(Coll. Mémoires des Douanes, 28.50 euros, 278 p.)
ISBN : 978-2-343-06683-7, ISBN EBOOK : 978-2-336-39845-7

DICTIONNAIRE OHADA
(3e édition)
Bitsamana Hilarion Alain
Ce dictionnaire spécial du droit des affaires OHADA propose une définition claire et précise, avec tous les compléments nécessaires, des principaux termes utilisés tous les jours se rapportant à l'OHADA. Un ouvrage de référence

permettant de décoder l'OHADA, accessible à toute personne s'intéressant au monde des affaires en Afrique comme à l'étranger.
(39.00 euros, 398 p.)
ISBN : 978-2-343-07656-0, ISBN EBOOK : 978-2-336-39786-3

LA DÉJUDICIARISATION ET LES PROCÉDURES NON CONTENTIEUSES EN AFRIQUE
Amboulou Hygin Didace
La déjudiciarisation comprend l'ensemble des mécanismes de gestion des différends en rationalisant les moyens matériels et humains de la justice, afin de pallier les déficiences du système judiciaire et de limiter les surcharges des juridictions. Les institutions de nombreux pays sont analysées et les déjudiciarisations en droit public et en droit privé sont abordées.
(Coll. Études africaines, 17.50 euros, 156 p.)
ISBN : 978-2-343-06928-9, ISBN EBOOK : 978-2-336-39805-1

COMMENT RENFORCER L'INDÉPENDANCE DE LA MAGISTRATURE AU SÉNÉGAL ?
Ngom Babacar
Préface de Amadou Mahtar Mbow
L'ouvrage présente dans une première partie les garanties légales d'indépendance de la justice, notamment la règle de la séparation des pouvoirs, le principe de la soumission des juges à l'autorité de la loi et celui de l'inamovibilité du magistrat du siège. Après une analyse critique de ces dispositions, l'auteur formule des propositions de renforcement de l'indépendance de la magistrature.
(13.50 euros, 124 p.)
ISBN : 978-2-343-05158-1, ISBN EBOOK : 978-2-336-39837-2

LE DROIT PÉNAL DES AFFAIRES AU CAMEROUN
Djila Kouayi Kemajou Rose
Préface de Victor-Emmanuel Bokalli
Dans le domaine des affaires, la liberté d'entreprendre et d'investir comporte de nombreux risques, au rang desquels le risque pénal. La délinquance en col blanc n'étant plus réservée aux grandes sociétés commerciales, les moyens de lutte et de sécurisation des investisseurs nécessitent un droit pénal des affaires dont l'objectif est la recherche d'une éthique dans ce domaine.
(Coll. Études africaines, 35.50 euros, 350 p.)
ISBN : 978-2-343-07840-3, ISBN EBOOK : 978-2-336-39777-1

50 ANS DE MARIAGE
Réflexions d'un notaire sur l'évolution du couple ces cinquante dernières années
Dauptain Pierre
De la pilule contraceptive jusqu'au mariage pour tous, l'auteur nous propose une réflexion sur les lois qui ont accompagné l'évolution du couple au cours des cinquante dernières années. Il analyse cette évolution pour aborder les problématiques juridiques et morales qui font tant débat de nos jours. Il s'appuie sur des travaux de juristes ou de sociologues, des articles de presse, mais aussi sur

les chansons et les films qui ont marqué ces années et qui témoignent de façon si éclairante des changements de mentalités.
(Éditions Pepper, 16.50 euros, 148 p.)
ISBN : 978-2-343-07677-5, ISBN EBOOK : 978-2-336-39690-3

MÉTHODOLOGIE ET ASPECTS FORMELS DE LA RECHERCHE
Petit manuel à l'usage des juristes
Marain Gaëtan
L'ouvrage propose un véritable apprentissage du formalisme qui doit permettre aux étudiants et aux professionnels confrontés à la rédaction d'une thèse ou d'un mémoire juridique d'aborder ce travail avec sérénité. L'auteur donne une méthode de recherche pour définir le sujet, trouver et compulser les références utiles, échafauder un plan. Il aborde également les thèmes des citations d'auteur, notes de bas de page, mise en page. Il traite enfin du travail de relecture et de l'épreuve de soutenance.
(19.00 euros, 178 p.)
ISBN : 978-2-343-07638-6, ISBN EBOOK : 978-2-336-39556-2

RISQUES, ACCIDENTS ET CATASTROPHES
Liber amicorum
En l'honneur de Madame le professeur Marie-France Steinlé-Feuerbach
Sous la direction Hervé Arbousset, Caroline Lacroix et Benoît Steinmetz
L'étude et l'analyse des risques sont au cœur des réflexions du Professeur Steinlé-Feuerbach. Ses nombreux écrits de doctrine sur la thématique des accidents et des catastrophes ont amené à ce que ses collègues et amis lui dédient cet ouvrage. Ces mélanges donnent une vue d'ensemble d'une matière devenue une véritable discipline transcendant le clivage droit public-droit privé.
(Coll. Sciences criminelles, 34.00 euros, 334 p.)
ISBN : 978-2-343-07169-5, ISBN EBOOK : 978-2-336-39677-4

ÉTAT, COLLECTIVITÉS TERRITORIALES ET DROITS SOCIAUX
Étude du droit comparé
Sous la direction d'Olivier Lecucq
Comment, selon leur organisation territoriale respective, La France, l'Espagne et l'Italie œuvrent à la satisfaction des droits sociaux. Quels sont les rôles de l'État en ce domaine ? Quelles sont les actions qui en découlent et comment se coordonnent-elles ? Quelles en sont les implications en termes d'égalité des citoyens et des territoires ? L'ouvrage tente de répondre à ces questions en interpellant la réalisation de l'État social dans un contexte de crise, de réduction des déficits et de maîtrise des dépenses.
(Coll. Bibliothèques de droit, 22.50 euros, 221 p.)
ISBN : 978-2-343-07585-3, ISBN EBOOK : 978-2-336-39683-5

L'HARMATTAN ITALIA
Via Degli Artisti 15; 10124 Torino
harmattan.italia@gmail.com

L'HARMATTAN HONGRIE
Könyvesbolt ; Kossuth L. u. 14-16
1053 Budapest

L'HARMATTAN KINSHASA
185, avenue Nyangwe
Commune de Lingwala
Kinshasa, R.D. Congo
(00243) 998697603 ou (00243) 999229662

L'HARMATTAN CONGO
67, av. E. P. Lumumba
Bât. – Congo Pharmacie (Bib. Nat.)
BP2874 Brazzaville
harmattan.congo@yahoo.fr

L'HARMATTAN GUINÉE
Almamya Rue KA 028, en face
du restaurant Le Cèdre
OKB agency BP 3470 Conakry
(00224) 657 20 85 08 / 664 28 91 96
harmattanguinee@yahoo.fr

L'HARMATTAN MALI
Rue 73, Porte 536, Niamakoro,
Cité Unicef, Bamako
Tél. 00 (223) 20205724 / +(223) 76378082
poudiougopaul@yahoo.fr
pp.harmattan@gmail.com

L'HARMATTAN CAMEROUN
TSINGA/FECAFOOT
BP 11486 Yaoundé
699198028/675441949
harmattancam@yahoo.com

L'HARMATTAN CÔTE D'IVOIRE
Résidence Karl / cité des arts
Abidjan-Cocody 03 BP 1588 Abidjan 03
(00225) 05 77 87 31
etien_nda@yahoo.fr

L'HARMATTAN BURKINA
Penou Achille Some
Ouagadougou
(+226) 70 26 88 27

L'HARMATTAN SÉNÉGAL
10 VDN en face Mermoz, après le pont de Fann
BP 45034 Dakar Fann
33 825 98 58 / 33 860 9858
senharmattan@gmail.com / senlibraire@gmail.com
www.harmattansenegal.com

Achevé d'imprimer par Corlet Numérique - 14110 Condé-sur-Noireau
N° d'Imprimeur : 136305 - Dépôt légal : février 2017 - *Imprimé en France*

www.ingramcontent.com/pod-product-compliance
Lightning Source LLC
LaVergne TN
LVHW011255061026
849535LV00005B/1267
* 9 7 8 2 3 4 3 1 1 5 5 2 8 *